Das Buch der Tafelfreuden

LAMBERT SCHNEIDER

Am besten lesen.   *Am besten lesen.*   *Am besten lesen.*

Curt Sigmar Gutkind (Hg.)

Das Buch der Tafelfreuden

*Die schönsten Texte
zum Essen und Trinken*

Die Deutsche Nationalbibliothek verzeichnet diese Publikation in der
Deutschen Nationalbibliografie; detaillierte bibliografische Daten sind im Internet
über http://dnb.d-nb.de abrufbar.

Das Werk ist in allen seinen Teilen urheberrechtlich geschützt.
Jede Verwertung ist ohne Zustimmung des Verlags unzulässig.
Das gilt insbesondere für Vervielfältigungen, Übersetzungen,
Mikroverfilmungen und die Einspeicherung in und Verarbeitung
durch elektronische Systeme.

Der Lambert Schneider Verlag ist ein Imprint der WBG.

© 2014 by WBG (Wissenschaftliche Buchgesellschaft), Darmstadt
Die Textauswahl folgt in Auszügen dem „Buch der Tafelfreuden" aus allen Zeiten und Breiten
gesammelt von Curt Sigmar Gutkind, Hyperion-Verlag, Leipzig 1929.
Die Herausgabe des Werkes wurde durch die Vereinsmitglieder der WBG ermöglicht.
Lektorat: Elke Austermühl, Berlin
Satz: Vollnhals Fotosatz, Neustadt a. d. Donau
Einbandabbildung: Georg Flegel: Mahlzeit mit Erdbeeren, Walnüssen, Brot,
Butter und Wein (Ausschnitt). © akg-images
Einbandgestaltung: Peter Lohse, Heppenheim
Gedruckt auf säurefreiem und alterungsbeständigem Papier
Printed in Germany

Besuchen Sie uns im Internet: www.lambertschneider.de

ISBN 978-3-650-40007-9

Elektronisch sind folgende Ausgaben erhältlich:
eBook (PDF): 978-3-650-73794-6
eBook (epub): 978-3-650-73795-3

Inhalt

Zum Geleit 11

Merlin Cocai: Opus maccheronicum 15
I. Buch Mose 16
Micha Josef bin Gorion: Die Sagen der Juden
    (Von dem Leben in der Arche) 17
Micha Josef bin Gorion: Die Sagen der Juden
    (In der Wüste: „Das Manna") 18
Woodards Nachrichten von der Insel Celebes 20
Otto Friedrich von der Groeben: Guinesische Reisebeschreibung 21
Friedrich Theodor Vischer: Auch Einer
    (Speisezettel aus der Pfahlbaunovelle) 21
Ovids Verwandlungen, Achelous 30
Pietro Quirini: Reise nach Spitzbergen 31
Francesco Marcolini: Reise des Nicolò Zeno nach Grönland 33
Voyage du Capitaine de Gonneville ès nouvelles terres des Indes,
    1503–1505 34
Horaz, Vierte Satire 34
Johann Wolfgang von Goethe: Italienische Reise 38
Kapitän Heinrich Wilson: Nachrichten von den Pelew-Inseln
    in der Westgegend des Stillen Ozeans 39
Nikolai Wassiljewitsch Gogol: Die toten Seelen 42
Litauische Sage: Die Erfindung des Bratens 44
Seneca: Episteln 123, 2 44
Sprichwort aus dem Hannoverschen 44
Suidas in der Übersetzung des Erasmus 45
Neapolitanisches Sprichwort 45
Johann Wolfgang von Goethe: Campagne in Frankreich 45
Provenzalisches Sprichwort 46
Jean d'Antville „Archithrenius": Über das magere Essen in
    der Klosterschule 46

Don Francisco Gomez de Quevedo: Geschichte und Leben
  des großen Spitzbuben Paul von Segovia 47
Jonathan Swift: Reise nach Liliput 54
Aus der Chronika derer von Zimmern 55
Gespräche des Erasmus von Rotterdam: Von Gasthäusern 56
Aus der „Piazza Universale di tutte le professioni del mondo"
  des Thomaso Garzoni 62
Aus den „Trattatelli" des Sperone Speroni 63
Johann Wolfgang von Goethe: Der brave Koch 64
Restif de la Bretonne: La femme de laboureur 64
Französisches Sprichwort 66
Aus der Reisebeschreibung des Lionardo Frescobaldi 66
Aus den Memoiren des Barons von Pöllnitz 66
Küchenzettel des Königs Friedrich des Großen von Preußen 67
Aus dem „Kalewala" 67
Alexander Mackenzie: Reise durch das nördlichste Amerika 69
Aus den „Opera" des Bartolomeo Scappi 69
Apulejus: Der goldene Esel 69
Antonio Pucci: „Das Saucenrezept" 72
Aus den „Opera" des Bartolomeo Scappi 73
Molière: „Le Bourgeois-Gentilhomme", IV, I 74
Indisches Märchen 75
Nikolai Wassiljewitsch Gogol: Die toten Seelen 77
Vergil: „Ländliche Gedichte", Das Mörsergericht 79
Die Historie vom Herzog Ernst 83
Homer: „Odyssee." Siebenter Gesang 84
Novelle von Franco Sacchetti 85
Antwerpener Sprichwort 87
Johann Wolfgang von Goethe: Reineke Fuchs 87
Sueton: Tiberius Claudius Drusus Cäsar 90
Horatius Flaccus: Zweite Satire 91
Niederländisches Sprichwort 98
Homer: „Odyssee". Elfter Gesang 98
Sueton: Aulus Vitellius 98
Aus dem „Corbaccio" von Boccaccio 99
Béroalde de Verville: Le moyen de parvenir XXI 100

Johann Wolfgang von Goethe: Sprüche in Reimen 102
Das Leben des Buddha 102
Sprüche Salomonis 27,7 104
Portugiesische Sprichwörter 104
Mong Dsi (Mong Ko): Der Hunger 104
Mailänder Sprichwort 104
Böhmisches Sprichwort 104
Giacomo Casanova: Denkwürdigkeiten 105
Porphyrius: Über die Enthaltsamkeit vom Fleischessen 105
Newton: Rückkehr zur Natur oder Verteidigung der
    vegetarischen Lebensweise 106
Shakespeare: Coriolanus 106
Abûbekr ar Râzî: Arzneibuch 108
Il Libro di Sidrach 109
Florentiner Gesetze gegen die Üppigkeit der Hochzeitsfeste .. 109
Synode zu Riesbach 110
Reimser Synode von 1304 110
Synode zu Prag 111
Aus Marin Sanutos „Diarii" 111
Aus Platons „Staat" 112
5. Buch Mose 114
Serbisches Sprichwort 115
Aus dem „Klosterspiegel" 115
Albertus Magnus: Paradisus Animae 115
Aus dem „Fiore di virtù" 116
Aus Luigi Cornaros Traktat „Das mäßige Leben" 117
Sperone Speroni: Gegen den Traktat des Messer Luigi Cornaro . 118
Buch des Kabus oder Lehren des persischen Königs Kiekįwus für
    seinen Sohn Ghilan Schach 119
Pierre de Bourdeille, seigneur de Brantôme: Des Dames Gallantes ... 121
Aus den Memoiren der Marquise de Créqui 122
Honoré de Balzac: Physiologie der Ehe 124
Aus den Briefen der Mademoiselle Laure de Malboissière 125
Christophorus Achatius: Jugendspiegel 125
Niederdeutsche Tischzucht 126
Aus dem „Nuovo Galateo" von Melchior Gioia 126

Geoffrey Chaucer: Canterbury-Geschichten 128
Thomas von Aquino: Summa Theologica 130
Aus der Chronika derer von Zimmern 131
Aus den „Opera" des Bartolomeo Scappi 132
Arabisches Sprichwort 137
Baron de Montesquieu: Pensées diverses 138
Spruch aus einer Orakelpuppe 138
Leipziger Spruch 138
Spanische Regel 138
Florentiner Sprichwörter 138
Schwedisches Sprichwort 139
Jean-Jacques Rousseau: Emile 139
Eustache Dechamps: Ballade gegen das Fasten 140
Marc-Antoine-Madeleine Désaugiers: Das Lied vom Essen 142
Anonymer Brief von 1540 (Codex Marcianus XI, 66) 143
Aus den „Storie milanesi" des Corio 144
Charles Dickens: Amerikanische Reisebeschreibungen
    (Essen an Bord) 146
Charles Dickens: Amerikanische Reisebeschreibungen
    (Boston/London) 147
Thomas Cook: Tagebuch einer Entdeckungsreise nach der Südsee
    in den Jahren 1776–1780 148
Johann Wolfgang von Goethe: Campagne in Frankreich 148
Johann Wolfgang von Goethe: Italienische Reise 149
Aus dem „Dictionnaire de la cuisine" von Alexandre Dumas 153
Aus den Memoiren der Frau von Genlis 154
Nikolai Wassiljewitsch Gogol: Die toten Seelen 155
Adolph Stahr: Aus der Jugendzeit 157
Friedrich Saß: Berlin in seiner neuesten Zeit und Entwicklung 159
Hoffmann von Fallersleben: Café National in Berlin 164
Theodor Fontane: Meine Kinderjahre 165
William Makepeace Thackeray: Das Snobsbuch (26. Kapitel) 168
Voltaire: Candide ou L'optimisme 173
Lucians Werke 174
Homer: „Ilias". Neunter Gesang 176
Vergil: „Äneis". Erster Gesang 176

Aus den „Banchetti" des Christoforo di Messisbugo 177
Brief des Herrn Alessandro Sansedoni an Madonna Isifile Toscani .. 183
Giorgio Vasari: Lebensbeschreibungen der hervorragendsten
    Maler, Bildhauer und Architekten 186
Johann Peter Hebel: Schatzkästlein 188
Homer: „Odyssee". Vierzehnter Gesang 188
François Fénélon: Les aventures de Télémaque (VIII. Buch) 190
Ottavante Barducci aus Florenz: Böse Mahlzeit 191
Drei Engel als Gäste Abrahams 192
Orfino aus Lodi: Vom klugen Stadthauptmann 193
Aus der Beschreibung eines Sieneser Festes anläßlich des
    Ritterschlags des Francesco Bandinelli 194
Anonimo Fiorentino: Vom Festessen, das der Kardinal Pelagrù
    dem Papst Clemens V. gab 194
Brief des Venezianer Humanisten Ermolao Barbaro an den
    Rechtsgelehrten Pietro Cara 197
Aus den „Diarii" des Marino Sanudo 198
Brillat-Savarin: Physiologie du Goût (Definition der Gastronomie) .. 199
Blaise Pascal: Provinciales XI, 17 200
Aus dem „Theatro de' Vari' e Diversi Cervelli Mondani" des
    Thomaso Garzoni 200
Ciacco in den „Miniature Letterarie" 201
Jean Anthelme Brillat-Savarin: Physiologie du Goût (Unterschied
    zwischen Essensfreuden und Tafelfreuden) 202
Jean de Lafontaine: 18. Fabel (Der Fuchs und der Storch) 202
Savinien de Cyrano de Bergerac: L'autre Monde ou les Etats et
    Empires de la Lune 203
Die Abenteuer des Herrn Dassoucy, von ihm selbst geschrieben,
    V. Kapitel 205
Aus den Memoiren des Olivier de la Marche: Der Hausstand
    Karls des Kühnen von Burgund 210
Aus den Fioretti des hl. Franz von Assisi 212
Miguel de Cervantes: Don Kichote de la Mantzscha, das ist:
    Junker Harnisch auss Fleckenland 213
Charles de Coster: Vlämische Mären 215
Ovids Verwandlungen: Prokne und Philomela 216

Calderón de la Barca: Das Festmahl des Belsazer 218
Aus der „Semiramis" von A. G. Barrili 219
Micha bin Gorion: Sagen der Juden 221
Geschichte des Herodotus. Viertes Buch 222
Josaphat Barbaro: Reise nach dem Kaspischen Meer 223
Geschichte des Herodotus. Zweites Buch 224
Woodards Nachrichten von der Insel Celebes 225
Aus dem Brief des Indienfahrers Filippo Sassetti an den
    Kardinal Ferdinando de' Medici vom 10. Februar 1585 227
Walmiki: Rama 227
Lucian: Prometheus 228
Il Libro di Sidrach, 28. Kapitel 229
Aus der Predigt des Fra Giordano da Rivalto vom Sonntag,
    20. Oktober 1303 230
Angelus Silesius: Heilige Seelenlust 230
Evangelium Johannes, Kapitel 6 231
Evangelium Johannes, Kapitel 6, 30–35 232
Friedrich Gottlieb Klopstock: Messias. Neunzehnter Gesang 232
Jean Racine: IV. Geistliches Lied 233
François-René de Chateaubriand: Génie du christianisme (I. Teil) ... 234
Angelus Silesius: Die ewigen Freuden der Seligen 235
Jean Paul: Jean Pauls Leben 236
Novalis: Hymne 237
Paul Verlaine aus „Sagesse" 239

Zum Geleit!

Zu den purpurnen und goldenen Wonnen des traubenseligen Dionysos gesellen sich die vielfarbenen, saftigen und knusprigen Freuden der Erdenmutter Demeter. Wein und Speise: beide werden geweckt, aus dem trächtigen Boden geholt, werden genährt und gefüllt von der Sonne. Der Mensch pflückt diese Gaben des Lichts; aber sein ratender Sinn hütet, pflegt oder erjagt sie mit immer kunstfertigerem Griff. Er baut die Rebe, schneidet sie, preßt sie und birgt das feurige Naß in Kufen und Fässern.

Der Lebensweg des Weines hängt ab nur von Sonne, Pflege und Wasser, denn in der Traube halten Sonne und Wasser eine mystische Hochzeit. Der Wein trägt sein Feuer in sich. Anders bei den Speisen: Wenn der Wilde auf der primitivsten Stufe sich von Wurzeln, Pflanzen und Früchten nährt, die ihm hilfreich eine günstige Natur in die Hände spielt, so bedarf der Höherentwickelte, mit seinem Appetit auf Fleisch und Gebratenes, Gesottenes, Gedämpftes, für sein Brot und alle Erzeugnisse seines Pflügerfleißes der Unterstützung: des Feuers. Erst die Glut des Holzes und der Kohlen macht ihm seine Speise schmackhaft. Das Essen muß am Feuer bereitet werden. Und die Ausnützung der Herdwärme oder des einfachen Scheiters, verbunden mit der Gewürze und Zutaten wägenden Kenntnis und der mischenden, komponierenden Kennerschaft der Lockungen des Gaumens: sie zeigen von je und je den langsamen, oft unterbrochenen, aber in immer ähnlichen Formen wiederkehrenden Kreislauf menschlicher Zivilisierung.

Von der sündigen Apfelzehrung Adams und Evas, vom einfachen, biblischen Mahl des geschlachteten Lämmleins und der ungesäuerten Brote bis zu den sinnenschweren, üppigen Gelagen des Salomo und Belsazar; vom spartanischen Suppenessen bis zum Schwelgerschmaus des Lucullus und dem Zungenschnalzen des Vitellus, vom kargen Imbiß im klösterlichen Refektorium bis zum lüsternen Fraß der Visconti und Sforza; vom derben Bratenduft und Bierdunst der Simplicii bis zum Gönnertafeln des Grimod de la Reynaudière ist es immer und immer der Übergang von Arm zu Reich, von der einfachen Hausmannskost zur verwöhnten Gelüstigkeit, ja vielleicht schon müden, wegschiebenden Übersättigung. Ob Süd, ob Nord, ob Asien, ob Europa: von der wohlschmeckenden Frucht, die der Primitive sich rupft, bis zum luxuriösen „Schnepfendreck", von dem dürftigen Wasserreis des chinesischen Kulis bis zum raffinierten, gottgesegneten Reismus des Inders – liegen nur jeweils Jahrhunderte und Jahrtausende wachsender Beherrschung der Mittel, steigender Verfeinerung der Geschmacks- und Erfindungsorgane, überfließender Betriebsamkeit kulturbesessener Menschen.

Das Kochen wurde eine Kunst, wurde ein Erzeugnis gottbegnadeter schöpferischer Kraft. Die Antike und großenteils auch der Orient verehrten in der Speise den zeugenden Gott. Das Mahl war ihnen unmittelbares, heiliges Symbol des Göttlichen: selbst in den Schlemmerzeiten des Römischen Kaisertums ging dieses Gefühl nie ganz verloren. Das Christentum bewahrte dem Brot stets die kultische Würde der Eucharistie. Erst die letzten Jahrhunderte verselbständigten die Kunst des Kochens zu einem „Art-pour-art"-Gepränge und mechanisierten den Kochkünstler zum Küchenchef, erfanden das Menü.

Es ist ein männliches Amt, das Küchefführen. Ganz wie der Dichter, der Maler, der Bildhauer, der Architekt bekommt der Hüter des Herdes ein Rohmaterial unter die Hände, das der Formung – gemäß den bestimmten Gesetzen des modischen Geschmacks – entgegenharrt. Auch ein Koch kann seine Mode schaffen. Ist nicht das Mehl, der Zucker, die Äpfelbrut, aus der ein „Strudel" lieblich und duftend gebacken werden soll, mit Recht vergleichbar dem Wortschatz des Poeten, der Farbenskala des schönen Künstlers, dem Marmorblock des Plastikers? Im Ofenfeuer (oder „fornello" wie in Italien, oder im elektrischen Kochherd wie im Grandhotel) soll die Speise gefertigt werden, deren Komposition der Kochkünstler in spielender Verteilung der Zutaten und Gewürze, der Elementarstoffe und Wärmespende weise und erfinderisch ersinnen und überwachen muß. Das Essenmachen der Hausfrau gehört dem Gleichmaß des Alltags an. Die Hausfrau übernimmt die Anweisungen einer festen Tradition und kocht, wie sie es nun einmal gelernt hat; denn auch die Erweiterung der Kochkenntnisse durch ein sogenanntes Kochbuch (eine Erfindung der letzten Jahrhunderte im wesentlichen) ist immer wieder Herübernahme einer fertigen Regel mit etwas mehr oder weniger Salz oder Zucker. Die wirklich schaffende Leistung eines Mahles ist ein echtes Produkt männlicher Schöpfung, nicht minder als die Bestellung, Bereitung, Lagerung, Auswahl des Weines, dieser Würze des Essens!

Petronius, der arbiter elegantiarum im Neronischen Rom, berichtet uns in seinem Gastmahl des Trimalchio, wie hoch der Wert eines echten Koches war; daß kochbegabte Sklaven (sie entstammten meist dem Orient) zu den gesuchtesten Gütern eines römischen Pierrenhauses gehörten; wie der alte Parvenu Trimalchio mit hingegebener Großmannssucht und unbändigem Stolz jeden einzelnen Gang seiner „Coena" mit lobpreisenden Kommentarpredigten begleitete. Im alten Rom, im Mailand der Renaissance, im Venedig des Secento und seinen deutschen Nachfahren war das Gastmahl ein endlos ausgedehntes, ununterbrochen auf Tag und Nacht berechnetes Zurschaustellen, umrankt vom Gesang oder Geklimper der Kastraten und Musikanten, das lustreizend, appetitanregend ein dekoratives Völlern sein sollte. Ebenso ausschließlich dekorativ wie der eifersüchtige Wettkampf fürstlicher Mäzene von Urbino oder Ferrara um werkstättliches Kunstgewerbe oder die Parfümdestillerie der Isabella d'Este, der Modekönigin der Renaissance.

Anders der Sinn des Gastmahls bei den Orientalen und bei den Griechen: Stätte geistigen Austauschs, den Trinken und Essen fördern sollen, Stätte ritueller Gepflogenheiten, Ort feierlicher Symbole und tiefsinniger Mysterien, von denen uns vielleicht noch manches aus den Brüdermählern (selbst noch in ihren modernen dürren Verästelungen) wie versunkener Leibvergottungs- und mannmännlicher Seelenverbrüderungsritus herauftönt: ein Akt religiöser Feierlichkeit. Ursprünglich durfte die Frau nicht daran teilnehmen. Sie blieb verbannt von den großen Symposien – und erst das hellenistische Zeitalter erlaubte es der Hetäre, sich lockend auf die Liegepolster der Männer zu schmiegen. Sie war fern den Mählern und Gelagen der Germanen und der Ritter, und überall, wo noch die Erinnerung an das religiöse Ursymbol des Brotbrechens und des Weingenusses, wo noch der Sinn der Wandlung des göttlichen Leibes in Brot und Wein lebendig war. Erst Zeiten, die das Sinnbild von Brot und Wein vergaßen und sich, wenn überhaupt, mit der Tätigkeit des priesterlichen Mittlers am Altar begnügten, der die Eucharistie für sie vollzog, erst diese Zeiten vermischten die Geschlechter an den Tafeln. Hochzeitsmähler, Leichenschmäuse büßten ihren tieferen Sinn ein und wurden um der Essensfreuden willen allein genossen. Tafeleien der Städter und Bauern endeten in Prügeleien oder im Gebüsch, Gastmähler der Renaissancefürsten und Barockkönige endeten im Prunkbett. Das Sinnbildhafte macht der Etikette Platz, verbindet sich mit ihr, um schließlich in erstarrter Routine doch vergessen zu werden: so bei der Tafelhierarchie der Burgunderherzöge und der steifen Feierlichkeit im Escorial. Und immer, wenn jeder tiefere Sinn für das Gleichnishafte der gemeinsamen Nahrungsaufnahme verlorenging, wenn die Religion vor der „reinen Kunst" wich, tritt der Küchenmeister als wichtigste Persönlichkeit in den Vordergrund, komponiert der Gourmet die Letze seines Gaumens, setzt ein Brillat-Savarin seine Regeln des snobistischen Geschmacks auf, flüchtet die Kochkunst in die Breviere und Handbücher. Jede Zeit hat ihren Essensstil und ihre Essensfreude: Wenn am Hofe des Cesare Borgia im Flitter seidener Gewänder auf kostbarsten Geschirren die Fasanen mit der Hand zerrissen und zernagt wurden (ehe im 16. Jahrhundert die Gabel aufkam), so spüren wir trotz allem Oberflächentand noch deutlich etwas von unbeschwerter Ursinnlichkeit; – wenn das Bürgertum des ausgehenden 19. Jahrhunderts seine Einladungen zu zwölfgängigen Völlereien verschickte und seine Geselligkeit im Abessen der Menükarte beschlossen sah, so erkennen wir, daß ein gleicher Unstil auch die scheußliche ornamentale Überladenheit parvenuhafter Häuserfassaden geschaffen hat; wenn wir Heutigen langsam und zwangsläufig zum einfachen Essen, ja zur Rohkost zurückkehren, so fühlen wir in diesem Umschwung die mächtige Forderung einer neuen Zeit und den Beginn eines neuen Lebensstils. Nicht mehr religiöser Akt wie einst – was sollte dies auch in einer entgötterten Epoche? –, nicht mehr Essen um des Essens willen – dafür sind wir zu unsinnlich geworden –, sondern einfache notwendige Nahrungsaufnahme, wie auch eine Maschine Öl und Benzin braucht, um arbeiten zu können. Das ist unser Essen beute: ein Koch ist nur noch romantischer Überrest einer erledigten Vergangenheit oder selbst Maschine im Menüsmus der internationalen Herberge.

Ehe auch die Freude nachschmeckender Erinnerung im mechanisierten Füllsel des nur der Wärme harrenden Büchsengerichts und im mageren Geschnipsel der Rohkostrezepte auf Nimmerwiederkehr versunken ist, will dieses Buch hier noch einmal Kunde geben von Küche und Kellermeisterei, von der Kunst der Tafel, von den tausend Freuden des Essens, von den Mysterien der Kennerschaft:

So laden wir dich, geneigter Leser, herzhaft ein zu einer Fahrt durch alle Zeiten und Gebreiten des Schlaraffenlands, dessen zahllose Inseln wir in Zeugnis und Bild wie auf einer gastrosophischen Weltkarte vor dir – steig ein, du lieber Pantagruel! – auseinanderfalten.

Merlin Cocai (Teofilo Folengo)
„Opus maccheronicum" 1. Gesang (um 1521):

Das Schlaraffenland

Groß wächst dort in die Höh zu den Stiefeln des Monds ein Gebirge;
Wenn du diesem vergleichst des Olympos erkleckliche Nummer,
Wirst du diesen Olymp nur ein winziges Buckelchen nennen.
Doch die Alpen erfüllt hier Schweizer, da Limburger Käse:
Schmatzenden Maules durchfraßen wir dort die käsigen Alpen.
Glaubt meinem Eid von dem Käs, auch was ich noch ferner berichte;
Um alle Schätze der Welt! Ich kann nicht flunkern und schwindeln.
Fleischbrüh säftelt ins Tal in dampfend duftigen Kandeln:
Gießen die Supp in den See und päppeln das Meer mit Ragoût an.
Dort siehst du ein Tortengemeng von tausend Materien.
Kommen und gehen mit Anker und Mast Fregatten und Barken.
Dorten mit Seil und mit Netz exerzieren die fleißigen Musen
– Netze salamigeschwellt und trächtig von Kalbsleberblunsen –
Fischen da Nockerlgeflock, Omelettes und Goldfrikadellen.
Unklar ist die Geschieht, wenn der See emotioniert ist,
Wenn der Wellen Getös aufspritzt zu den Himmelsgestirnen.
Dort sind kühle Gestad, auch butterzerschwitzende Wiesen,
 Wo zu den Wolken der Dampf aus hundert Kochkesseln aufsteigt.
Voll mit dem Spätzelgemampf, Makkaroni und zipfligen Nudeln.
Nymphen versehen Service auf dem Gipfel des hohen Gebirges,
Kratzen den Käse hinab mit den rings durchlöcherten Reiben.
Andere sind okkupiert zartissime Nockerln zu kneten,
Die durchs Käsegewölk en masse zerstäuben zur Tiefe,
Doch nach der Kimme des Bergs in dem Hupsen und Sprungkollern werden
 Dick wie Tonne und Faß mit gar ungeheuerem Wanste.
Wieviel Müh, Herrgott, die breiten Backen zu spannen,
Wenn du weidest den Bauch an solchenem Nockerlgefräße!
Andere quetschen den Teig der Spaghetti für fünfzig Terrinen.
Andere ziehn, daß ja nicht das Fleisch im Topfe verbrotzle,
Krachende Scheiter beiseit und blasen wohl binnen die Brühe,
Denn von zuviel Glut läufts gerne und schauerlich über.

Andere lagern noch dort, so ihr Horsdœuvre bereiten,
Ringsum räuchert der Schlot, rings plotzen die tausend Kamine,
Brodeln an Ketten gehängt alle freßgewaltigen Kessel.
Hier habe ich mir gefischt zuerst maccheronische Dichtkunst,
Hier zum Dichter des Bauchs schuf mich Mafelina, die Muse.

Aus dem makkeronischen Latein übertragen von C. S. G.

I. Buch Mose. Kapitel 2 und 3:

Und Gott der Herr gebot dem Menschen und sprach: Du sollst essen von allerlei Bäumen im Garten;

Aber von dem Baum der Erkenntnis des Guten und Bösen sollst du nicht essen. Denn welches Tages du davon issest, wirst du des Todes sterben.

Und die Schlange war listiger denn alle Tiere auf dem Felde, die Gott der Herr gemacht hatte, und sprach zu dem Weibe: Ja, sollte Gott gesagt haben: Ihr sollt nicht essen von allerlei Bäumen im Garten?

Da sprach das Weib zu der Schlange: Wir essen von den Früchten der Bäume im Garten;

Aber von den Früchten des Baumes mitten im Garten, hat Gott gesagt: Esset nicht davon, rühret's auch nicht an, damit ihr nicht sterbet.

Da sprach die Schlange zum Weibe: Ihr werdet mitnichten des Todes sterben;

Sondern Gott weiß, daß, welches Tages ihr davon esset, so werden eure Augen aufgetan, und werdet sein wie Gott, und wissen, was gut und böse ist.

Und das Weib schauete an, daß von dem Baum gut zu essen wäre, und lieblich anzusehen, daß es ein lustiger Baum war, weil er klug machte; und nahm von der Frucht und aß, und gab ihrem Manne auch davon.

Und zu Adam sprach Er: Dieweil du hast gehorchet der Stimme deines Weibes, und gegessen von dem Baum, davon ich dir gebot und sprach: Du sollst nicht davon essen; verflucht sei der Acker um deinetwillen, mit Kummer sollst du dich darauf nähren dein Leben lang.

Dornen und Disteln soll er dir tragen, und sollst das Kraut aufessen.

Im Schweiße deines Angesichts sollst du dein Brot essen, bis daß du wieder zu Erde werdest, davon du genommen bist. Denn du bist Erde und sollst Erde werden.

Micha Josef bin Gorion: Die Sagen der Juden:

Von dem Leben in der Arche

Die zwölf Monde hindurch, da Noah in dem Kasten saß, taten die Planeten nicht ihren Dienst; der Herr hatte die Sonne und den Mond eingeschlossen, und die schienen nicht das ganze Jahr hindurch. Wie konnte da Noah seine Arbeit tun? Ja, der Herr wies ihm einen Edelstein zu, der leuchtete ihm.

Andere sagen, Noah hätte gleich, als er in den Kasten ging, Perlen und Edelsteine mitgenommen; waren sie stumpf, so wußte er, daß es Tag war, funkelten sie jedoch, so wußte er, daß es Nacht war. Wozu brauchte er es aber zu wissen, ob Tag oder Nacht war? Es gibt nämlich Tiere, die am Tage fressen, und es gibt Tiere, die in der Nacht fressen.

Es heißt: Ein großes Geheimnis offenbarte der Herr Noah, indem er ihn wissen ließ um die Nahrung, die jedem Tier zukommt; kein Lebendes wäre von selber darauf gekommen. Aber nicht das allein, sondern er ließ ihn auch wissen, wieviel jedes Tier tagüber verzehrt, wieviel jeder Vogel tagsüber bedarf, sowie zu welcher Stunde sie gespeist werden müssen, welches Tier in der ersten Tagesstunde gespeist werden muß, welches in der zweiten Tagesstunde, welches in der dritten. Und siehe auch den Beweis: Noah speisete sie auch richtig die ganze Zeit hindurch.

Und wieder heißt es:

Die zwölf Monde hindurch, die Noah in dem Kasten war, kannten seine Augen nicht den Schlaf, weder tags noch nachts, weder er schlief, noch seine Söhne, die mit ihm waren, denn sie mußten die Tiere, das Vieh und die Vögel speisen. Einmal vergaß es Noah, dem Löwen seinen Fraß zu geben, da biß ihn der Löwe in den Fuß, daß er lahm wurde.

Noah pflegte die Tiere zu speisen, Sem speiste das Vieh, Ham speiste die Vögel, Jafeth speiste das Gewürm.

All die zwölf Monde, die Noah mit den Seinen in dem Kasten war, traten sie auf Schlangen, und die taten ihnen nichts zuleide, wie es auch heißt: Auf Schlangen und Ottern wirst du treten.

Micha Josef bin Gorion: Die Sagen der Juden:

In der Wüste: „Das Manna"

Als Jethro zum Lager kam, freute er sich über all das Gute, das Gott an Israel getan hatte.

Das Gute, das war das Manna. So sprachen die Kinder Israel zu Jethro: Dies Manna, das uns der Herr beschert hat, mundet uns wie Brot und wie Fleisch, wie Fische und wie Heuschrecken; es hat den Geschmack aller köstlichen Speisen, die es in der Welt gibt.

Andere aber sagen, das Gute, das sei der Mirjambrunnen gewesen, und die Kinder Israel hätten so zu Jethro gesprochen: Der Brunnen, den Gott vor uns sprudeln läßt, sein Wasser ist uns wie alter und neuer Wein, wie Milch und wie Honig so lieblich; wenn wir es kosten, schmecken wir alle süßen Getränke, die es gibt.

Vom Manna heißt es das eine Mal, daß es wie Brot war, an einer anderen Stelle, daß es dem Öl glich, an einer dritten, daß es wie Honig schmeckte. Wie ist das zu verstehen? Den Jünglingen, wenn sie es aßen, war es Brot; wie Öl ging es den Greisen ein; und den kleinen Kindern mundete es süß wie Honig.

Das eine Mal heißt es vom Manna, wie Brot sei es gewesen; ein anderes Mal habe man Aschenkuchen daraus gemacht; und wieder wird erzählt, man habe es erst mahlen müssen. Das muß man so erklären: Den Gerechten war das Manna fertiges Brot; denen, die schlecht und recht dahinlebten, wurde es in der Gestalt von Aschenkuchen gegeben; und die Bösewichter, die mußten es erst zermahlen.

Wie kam das Manna zu Israel? Ein Nordwind wehte und fegte die Wüste rein; ein Regen fiel und wusch die Erde blank; ein Tau stieg auf, in den der Wind blies, und es entstanden Tische wie aus Gold; auf diese dann kam das Manna.

Wenn des Nachts der Tau über das Lager fiel, so fiel das Manna mit darauf. Also, auch auf die Schwellen und Türpfosten fiel das Manna. Aber, wenn man's essen wollte, war es da nicht verunreinigt und mit Erde vermischt? Die Schrift lehrt: Es lag auf der Erde wie Schuppen – nämlich, ein Reif lag auf der Erde, gleichsam ein großer Teller, und darauf lag das Manna, daß die Kinder Israel es sauber auflesen konnten. So war es denn

Dieric Bouts d. Ä.: Die Feier des Passahmahles, Basel, Kunstmuseum

von unten geschützt, aber konnten denn nicht Fliegen und Ungeziefer sich daraufsetzen? Auch das beantwortet die Schrift, denn es heißt: der Tauerguß stieg empor. Das bedeutet nämlich, daß der Tau sich darauflegte und es zudeckte wie eine Glocke.

Warum ließ Gott das Manna nicht bloß an einem Tag im Jahre herniederfallen, daß es für ein ganzes Jahr reichte? Das geschah, damit sie stets an Gott gedenken sollten. Denn ein Hausvater, wenn er zehn Seelen in seinem Hause hatte, dachte jeden Tag mit Bangen an den folgenden und sprach bei sich: Vielleicht, daß morgen kein Manna vom Himmel kommt und wir Hungers sterben müssen! Ach, daß es doch der Wille des Herrn wäre, auch uns morgen das Himmelsbrot zu spenden.

Wenn die Sonne auf das Manna schien, wurde es warm und löste sich auf und die Flüsse führten es mit sich und schwemmten es ins große Meer. Da kamen Hirsche, Rehe, Antilopen und alles Wild des Waldes und tranken von dem Wasser. Geschah es sodann, daß einer von den Heiden eins dieser Tiere erjagte und sein Fleisch briet, so schmeckte er noch darin ein weniges von dem Geschmack des würzigen Manna und brach in die Worte aus: Selig das Volk, dem es also ergeht! Mose sprach zu den Kindern Israel: Der Herr wird euch am Abend Fleisch zu essen geben und am Morgen Brots die Fülle. Im Anfang waren die Kinder Israel wie die Hühner, die im Miste scharren, bis daß Mose aufkam und fest bestimmte, wann sie ihre Mahlzeiten halten sollten.

Woodards Nachrichten von der Insel Celebes (18. Jahrh.):

Ihre Art zu essen und ihre Kocherei ist einfach, da sie bloß von Reis, Indianischem Korn, Kokosnüssen und Sago leben. Das Indianische Korn kochen sie oft in Ommani. Sie halten während des Tages nur zwei Mahlzeiten; die eine Mittags gegen zwölf Uhr, und die andere unmittelbar nach dem Untergang der Sonne. Ihre Speisen bereiten sie gewöhnlich in holländischen, kupfernen Kesseln oder in den in ihrem eigenen Lande verfertigten Töpfen, die von Ton gemacht sind, aber das Feuer nicht lange aushalten.

Wenn sie essen, so bedecken sie ihre Gerichte mit einem Deckel, den sie aus einem Nissablatte machen, das viele Ähnlichkeit mit dem Sagobaumblatte hat. Diesen Blättern geben sie zierliche Farben und oft werden sie eingelegt. Sie sehen sehr niedlich aus und halten lange. Die Malaien haben die Gewohnheit, mit der rechten Hand zu essen, sich zu waschen aber mit der linken.

Aus dem Englischen übertragen von Johann Reinhold Forster.

O. Fr. von der Groeben „Guinesische Reisebeschreibung":

Ihre Speise wird von den Weibern zubereitet, als nämlich an etlichen Orten Rindfleisch und Milie, welche eine Spezies von Korn, die man erstlich kochet, nachmals trocknet und in hölzernen Stampfern so klein wie Sand zerstoßet; folgends wird sie von den Weibern in einem Kessel oder Topf dicke wie gequollener Reis gekocht, in eine hölzerne Schüssel getan und mit den Händen zu Kügelchen geknetet und gebacken. Dieses Gericht ist mir gleich so vorgekommen, als wenn man bei uns die Kapaunen mit Teig mästet. Etliche stampfen sie auch mit einem hölzernen Stampfer zu Mehl, machen einen Teig daraus und folgends kleine Kügelchen wie Erbsen, welche sie in einen Sack von Baumbast tun und in dem Rauch trocknen lassen. Dieses Gericht essen sie anstatt des Brotes oder Zugemüses. Im Geschmack sind sie süß, schmecken aber ein wenig nach Rauch.

Friedrich Theod. Vischer „Auch Einer":

Speisezettel aus der Pfahlbaunovelle

I. Voressen
1. Schlehen in Obstweinessig und Bucheöl. (Zur Appetitschärfung.)
2. Mark verschiedener Art.
   a) Aus den Knochen d. Rindes.
   b) Aus den Knochen d. Keilers.
   c) Aus den Knochen d. Bären.
   d) Aus den Knochen d. Wisents.
   e) Aus den Knochen d. Elchs.
3. Kuttelfleck, gesotten.

4. Früchte, eingemacht in Obstweinessig und Honig.
   a) Preiselbeeren.
   b) Himbeeren.
   c) Erdbeeren.
   d) Birnen u. Äpfel gemischt.

> Begleitendes Getränke: Metbock.
> II. Essen
> 1. Eingangs.

a) Suppe mit Speckknödel.
b) Suppe mit Leberknödel.
c) Gesottene Krebse.
d) Forellen, blau gesotten.
e) Aal mit Salbeiblättern, gebraten.
f) Kibitzeneier.
g) Saure Nieren.

> 2. Mittelpunkt
> In zwei Abschnitten, deren erster wiederum eine Art Vorstufe für den zweiten, den Blütenpunkt, bildet.

> Abschnitt A.

a) Rindfleisch, gesotten.
b) Zuspeisen:
1. Rettich als Salat angemacht mit Metessig und Bucheöl.
2. Brunnenkresse mit Gelberüben, ebenso angemacht.
3. Ochsenmaulsalat, ebenso.
4. Boragen, ebenso.
   c) Deckelschnecken mit Zwiebeln, gedämpft.
   d) Gemüse mit Beilagen.
1. Bohnen m. Bärenschinkenschnitten.
2. Erbsen mit Landjägern.
3. Rüben mit Schübling.
4. Sauerkraut mit Blunse und geräuchertem Fleisch des Murmeltiers.
   e) Kuttelfleck, gedämpft.

Abschnitt B.

a) Zahmbraten und Zahmgesulztes
   1. Kalbsbraten.
   2. Lammsbraten.
   3. Rindsbraten.
   4. Gesulzte Spansau.

b) Wildbraten von Vierfüßlern.
   1. Wildschwein in Brühe von Blut und Mehl mit Thymian, Kümmel,
      Wacholderbeeren, Zwiebeln und Pilzen gewürzt.
   2. Hase, gespickt.
   3. Wisentbraten.
a) In größeren Stücken als Lummelbraten, Ziemer.
b) Rippchen.
c) Schwanz, gebeizt.
   4. Elchbraten in den Formen a) und b).

c) Geflügel.
   1. Wildente.
   2. Wildtaube.
   3. Rebhuhn.
   4. Zwei Schnepfen.
   5. Auerhahn, gebeizt.

d) Kuttelfleck in Sauerbrühe.

e) Salate.
   1. Eier und wilder Lattich, angemacht wie die Zuspeisen II 2, A, b, 1, 2, 3, 4.
   2. Meerrettich mit Sauerampfer, ebenso.
   3. Schlehen mit Zwiebeln und Kümmel, ebenso.

Getränke zu II: Einfacher Met und Obstwein.

III. Nachtisch.

1. Natürliches Obst.
   a) Stachelbeeren.
   b) Brombeeren.
   c) Himbeeren.

    d) Zwetschgen.
    e) Äpfel.
    f) Birnen.
 2. Gedämpftes Obst. Schnitzli.
 3. Backwerk.
    a) Riniturleckerli.
    b) Hutzelbrot.
    c) Wähen, das heißt Kuchen m. verschiedenem Obst.
    d) Mohnkrapfen.
    e) Krone des Ganzen: eine Pastete drei Fuß hoch.

Inhalt:
Füllsel von Zahmgeflügelstücken, Milken, Mausschlegeln und Eidechsenschwänzen.

Form:
Rund, mit Blumen garniert, Honigüberguß mit Safran gefärbt.

Spitze: Plastische Gruppe aus Mehl mit Honig, in polychromer Behandlung darstellend: die Feen Selinurs umschmeicheln den Drachen Grippo; Fülle weiblicher Grazie, im Kontrast mit dem dämonisch Häßlichen doppelt wirksam.

    Getränke: Außer Metbock – Stachelbeerwein.

Anmerkungen

Ad. I. 2. Daß die Menschen der Steinzeit große Liebhaber von Mark waren, geht aus der Menge gespaltener Knochen hervor, die man in ihren Niederlassungen findet. In der Kunst des Spaltens hatte zwar jedermann Übung, doch auch hier war bereits eine Teilung der Arbeit eingedrungen. So exakt, so glattweg verstand es nicht jeder zu machen, wie der Techniker in diesem Fach, der Knochenschlitzer, der hinten in der Feldküche schon seit ein paar Stunden seine Virtuosität in diesem Zweige der feineren Arbeit entfaltete. Den Knochen senkrecht stellen, den Feuersteinmeißel haarscharf auf die Achse ansetzen, einen mathematisch geraden Schlag mit dem Holzhammer darauf führen: Es ging wie gehext; wer ihm zusah, konnte nur wünschen, es möchten verwickelte politische Fragen einen solchen Schlitzkünstler finden, wie es der wackere Meister Binuschnidur war.

Ad. I. 2. e. Elch oder Ellen (nicht Elend); das Wort Ellen ist aus einer slawischen Umbildung entstanden) war nicht selten, obwohl weit seltener als der gewöhnliche Hirsch und das Reh, die auf unserer Liste fehlen, weil sie für ein Festessen zu gewöhnliche Speise waren. Das Tier ist von ochsenartig starkem Leib, auch der Geschmack seines Fleisches schwebt in einer feinen Mitte zwischen ochsenhaft und hirschähnlich.

Ad. I. 3. Die Beliebtheit des edlen Gerichts Kuttelfleck erkennt der geneigte Leser daraus, daß er nicht nur hier, sondern auch unter II. 2. A. e., ferner II. 2. B. d. auftritt. Eine der Gassen von Robanus hieß zu Ehren dem Hause, worin die Gekröse kochfertig zubereitet wurden, Kuttelgasse. Starke Spuren dieser Beliebtheit bemerkt man noch heutzutage bei den Enkeln der Pfahlbewohner jener Gegenden, wie sich der Durchreisende bei Lesung der Speisezettel selbst feinerer Garküchen überzeugen kann.

Ad. I. 4. Das Früchteeinmachen verstand zwar auch die Hausfrau, aber auch in diesem Gebiete gab es schon Techniker, gab es Fachmänner. Wir werden den Künstler nennen, wenn unsere Erläuterungen erst bei seinem Meisterwerk angelangt sein werden. Nicht erwähnt ist damals die höchst beliebte Speise Haselnuß, denn sie trat nicht eingemacht auf, sondern wurde einfach im Naturzustand immer mit dem Brot aufgetragen und mit ihm gegessen, um ihm feineren Beischmack zu geben. – Eine Zeile ohne Einteilungszeichen nennt als begleitendes Getränke des Voressens: Metbock. Es war sehr starker Doppelmet, bestimmt, in zierlichen Holzkelchen zum Voressen nur genippt zu werden, um den Appetit zu schärfen; eine diätetische Bemessung, an die man sich doch nicht ängstlich zu halten pflegte.

Ad. II, 1. d) e). Es mag Verwunderung erregen, daß außer Forellen und Aal keine Fische auftreten. Die Erklärung ist einfach: die Pfahlbewohner aßen jahraus, jahrein so viel Fische jeder Sorte, daß sie bei Festmahlzeiten wenig Wert auf diese Speise legten. Nur die Forelle und der Aal genossen ein Vorrecht, jene bloß nicht wegen der Feinheit ihres Geschmacks, sondern wegen der großen Schwierigkeit sie zu fangen. Dieses blitzschnelle und höchst vorsichtige Flossentier ließ sich ja durch die plumpe beinerne Angel nicht täuschen, in die Reusen, so grob wie sie damals waren, äußerst selten verlocken, gleich selten mit der Hand fangen, wenn sie schlummernd in den Höhlungen an dem Ufer schwamm, und nur ab und zu gelang es einem sehr geschickten Schützen – nicht, den Fisch zu treffen, aber den Pfeil so unter ihm durchzuschießen, daß er aus seinem Waldbach ans Ufer geschnellt wurde. Den Aal mit Salbei umwickelt zu braten, war eine neue Erfindung, und man wußte den Wert der leckeren Zubereitung allerdings zu würdigen.

Ad. II. 2. A). b) 4. Boragen: Borago officinalis, mit bläulichen Blumen, haarigen Blättern, jetzt fast für Unkraut geltend, hat einen sehr angenehm heringähnlichen Geschmack. Durch ihren Genuß gaben sich die Pfahlmänner die Vorahnung der Gaumenfreude, welche der ihnen noch unbekannte Meerfisch im eingepökelten Zustande uns späteren Geschlechtern bereitet.

Ad. II. 2. A). d) 1. Es darf nicht unterdrückt werden, daß die Bohnen unentfasert auf den Tisch kommen. Die Schüsseln mit diesem Gerichte sahen daher aus wie eine borstige Perücke. Pietät gegen die Altvordern hat diesen Brauch bis heute in der bürgerlichen Küche jener Gauen fromm erhalten.

Ad. II. 2. A). d) 2. Erbsen mit Landjägern: die Erbsen, wie man sich denken kann, nicht zerrieben, große gelbe Gattung, hart wie Bleikugeln. Die Verdauung war eben eine vortreffliche. „Mit Landjägern." Der Verfasser bedarf Nachsicht. Diese Würste hießen damals wegen ihrer gediegenen Härte Lederwürste; er hat den modernen Namen vorgezogen, um dem Kenner das Objekt rascher zu vergegenwärtigen. Der Ursprung der letzteren Benennung ist von der Philologie noch nicht erforscht. Schreibt man etwa den Landjägern besonders gute Zähne zu? Oder vergleicht man die länglich hagere, flache Gestalt der Wurst mit der Dürrheit, welcher die Figur der Landjäger durch ihre Streifstrapazen wohl häufig verfällt?

Ad. II. 2. A). d) 3. Rüben mit Schübling. Schübling heute noch in ganz Süddeutschland bekannte Wurst, nahe Verwandte der Knackwurst. Fischart beehrt sie mit Aufführung, wo er Gargantuas Speisekammer beschreibt.

Ad. II. 2. A). d) 4. Daß das beliebte Sauerkraut schon zu jenen Zeiten bekannt war, ergibt sich keineswegs aus dem sicheren Schluß, den man aus der Gemütlichkeit der Zustände ziehen darf, sondern auch aus verbürgter Überlieferung. Blunse; was wir jetzt Blutwurst nennen, war unbekannt; in die Blutwurst gehört außer Blut und Gewürze auch Speckwürfel; dies wäre jenen kernigen Menschen zu künstlich erschienen, auch wenn sie Gewürze gekannt hätten. Die Blunse, ein Darmhautrund einfach mit Blut gefüllt, entsprach besser der Biederkeit ihres Wesens. Doch verschmähten sie nicht, durch Hinzunahme geräucherten Murmeltierfleisches der Zunge gleichzeitig einen schärferen Reiz zu bieten.

Ad. II, B). a) 4. Gesulzte Spansau: besonders behebt, hatte einen gebratenen Apfel zierlich im Maul stecken.

Ad. II. 2. B). b) 1. Wir haben nur hier die Brühe erwähnt, weil sie bei dieser Speise extrafein war, und fügen bei dieser Gelegenheit eine sprachliche Bemerkung bei. Wir sagen jetzt Sauce, weil wir uns des guten Wortes Brühe dadurch beraubt haben, daß wir es verächtlich von unsauberer Flüssigkeit gebrauchen. Diese Einschränkung hatten sich die Pfahlbewohner noch nicht beikommen lassen, daher sich auch nicht in die Lage gebracht, für ein ganz ausreichendes eignes Wort ein Fremdwort zu entlehnen.

Ad. II. 2. B). b) 2. Hase gespickt. Es war nur einer. Lampe war damals außerordentlich selten; er hatte zu viele Feinde, deren nicht die geringsten die Adler und Geier waren, die auch als Räuber der kleinen Lämmer den Hirten nicht wenig zu schaffen machten. Das Exemplar, in einer Schlinge gefangen, war etwas alt, desto neuer die Kunst des Spickens, die sich am zähen Stoff siegreich bewährte. Der seltene Bissen, der nicht für alle sein konnte, war den Gemeindeältesten vorbehalten.

Ad. II. 2. B). b) 3. Wir gestehen, daß der Wisentbraten, obwohl von einem Stier in den besten Jahren, ziemlich hart war, allein das andere Fleisch war nicht viel weicher. Die Pfahlbürger liebten das Weiche, Kätschige nicht, die prächtigen Zähne jener Geschlechter hatten Jahrhunderte hindurch den schädlichen Einflüssen der Seenebel bis dahin noch fest widerstanden, und insofern war Arthurs Behauptung in seiner Rede ein Vorgriff. Zu 3 a ist zu wissen, daß die Pfahlleute den Namen: Kotelette noch nicht kannten. Hat doch der Berichterstatter mitzuteilen, daß manches Jahrtausend später, nämlich in seiner Knabenzeit, noch kein Mensch Kotelette, alle Welt nur Ripplein sagte. Jenes waren nun freilich keine Ripplein, sondern Rippen. Sie waren mit Speckstücken und Petersilie höchst appetitlich belegt und wurden zuerst nur als Schaustücke, dann zerlegt zum praktischen Gebrauch aufgesetzt. Der Wisentschwanz galt als großer Leckerbissen; auf ein genußreiches Benagen folgte ein genußreiches Aussaugen. Das war denn natürlich nicht für alle, sondern Vorrecht des Druiden; dies Hauptstück wurde also ihm allein vorgesetzt, und kunstgerecht machte er sich an die Arbeit.

Ad. II. 2. B). c) 4. Armer Arthur! Niemand gedachte deiner bei den zwei Schnepfen! So sind die Menschen. Während der Geber im Gefängnis schmachtet, wird unter Scherzen seine Gabe herausgeknöchelt und mit Schmatzen von den Gewinnern verzehrt! Arthur hatte auch einige Pfeilspitzen von Erz mitgebracht, in Robanus auf Schäfte gesetzt, war mit ein paar Burschen auf den Schnepfenstrich gegangen und hatte den einen Vogel durch den Kopf, den andern unter den Flügeln in die Seite getroffen. So etwas war mit Steinpfeilspitzen begreiflicherweise nicht, aber auch nur so einem Falkenauge wie dem seinen und einer Hand so flink und zugleich so stet wie die seine möglich. Schnepfen wurden sonst, und natürlich schwer und selten genug, wie auch die Rebhühner, nur in Netzen gefangen.

Ad. III. 2. „Schnitzli" war ein Lieblingsgericht, wie schon früher angedeutet. Das Wort wurde in engerer und weiterer Bedeutung gebraucht, in jener bedeutete es Apfelschnitze, gedämpft in Speckwürfelchen, und so ist der Ausdruck hier gemeint. Es darf nicht verschwiegen werden, daß die Schnitze nicht geschält waren. Auch diese Speise pflegen in Ehrfurcht vor alter Sitte heute noch die späten Enkel der Pfahlbürger als Nachtisch gerne auf ihre Tafel zu setzen.

Ad. III. 3. a). Riniturleckerli. Leckerli sind die heute noch bekannten Leb- oder Honigkuchen. Sie wurden besonders schmackhaft in der Stadt Rinitur, dem jetzigen Basel, bereitet. Die Pfahlniederlassungen waren nicht so außer Verkehr, daß nicht wandernde Händler ein Produkt der Küche, worin eine Gemeinde die andere überflügelt hatte, weit ringsum verbreitet hätten. Bald aber wurde dieses Backwerk nachgeahmt, und der Name bezeichnete nicht mehr die Herkunft, nur die Güte.

Ad. III. B). 3. b). Hutzelbrot. Welcher Kenner der deutschen Literaturgeschichte weiß nicht, daß Schiller noch in späten Jahren dies Gebäck aus gedörrten Birnen, Mehl, Zibeben, Mandeln von einer schwäbischen Köchin sich bereiten ließ, Gästen zu versuchen gab und verlangte, daß sie es

*Mosaik aus dem Haus des Fauns (Pompeii), Neapel,
Museo Archeologico Nazionale*

lobten? Man sieht nun aus unserem Berichte, daß es uralt ist und sich von jenen Gegenden über den Podamursee nach Schwaben verbreitet haben muß. Die Stelle der Mandeln vertraten damals Haselnüsse, die der Zibeben Brombeeren.

Ad. III. 3. c). „Wähen": uralter Name für Kuchen; Ableitung dunkel.

Ad. III. 3. e). 1. Der Leser hat wohl längst die Frage auf den Lippen, wo denn das Zahmgeflügel bleibe? Hier, bei diesem Gipfel der Küchenkunst, bei der Pastete, hat er die Antwort. Im Bauche dieses Prachtgebäudes befanden sich butterweich gebettet die Mäglein, Leberlein, Herzlein von Hühnern, Enten, Gänsen, nicht minder Flügel, Schlegel, Pfaffenschnitze, und zwar vereinigt mit Milken (was wir jetzt Brieschen nennen, die drüsenartigen Knollen am Halse des Kalbes) und mit Mausschlegeln. Mausbraten wird jetzt infolge törichten Vorurteils vernachlässigt. Warum sollte eine Maus unappetitlicher sein als eine Ente, eine Sau? Mausfleisch, insbesondere Schlegelstück, verbindet in feiner Einheit Wildfleischgeschmack mit dem zarten Geschmacke des Nußkerns. Etwas salzig Prickelndes enthält dagegen der Eidechsenschwanz, man möchte sagen, er bewirke ein gewisses wuseliges Gefühl auf der Zunge.

Ovids Verwandlungen, Achelous:

Als nun das himmlische Paar sich genaht der ärmlichen Wohnung,
Und die Scheitel gebückt, zur niedrigen Pforte hineinging,
Heißt sie der freundliche Greis ausruhn auf gestelletem Sessel,
Den mit grobem Gewebe die emsige Baucis bedeckte.
Drauf, dem Herde genaht, zerwühlt sie die lauliche Asche,
Weckt das gestrige Feuer, mit Laub und trocknerer Rinde
Nährend, und bläst aus dem Rauche mit keuchendem Atem die Flammen.
Kleingespaltenes Holz und gedörretes Holz von dem Boden
Trägt sie herab, und zerknickt's, und legt es dem Kesselchen unter.
Auch was der Mann an Gemüs' im gewässerten Garten gesammelt,
Blättert sie ab. Doch jener mit zweigehörneter Gaffel
Hebt den geräucherten Rücken des Schweins von der rußigen Latte,
Wo er ihn lange gespart, und schneidet ein Stück von der Schulter,
Weniges nur. Und zähmet den Schnitt in der brausenden Wallung.
Beide verkürzen indes die Zwischenstund' in Gesprächen,
Daß den Verzug nicht fühlen die Fremdlinge. Nahe dem Herde
Hing die buchene Wann' am Pflock mit gebogenem Handgriff.
Diese, mit laulichem Wasser gefüllt, empfänget die Glieder
Bähend. Es steht in der Mitte, von fedrichten Kolben des Teichschilfs
Weich ein Lager gestopft, das Gestell und die Füße von Weiden.
Dieses umhüllen sie nun mit Teppichen, die sie gewöhnlich

Nur am festlichen Tag' ausbreiteten; aber auch diese
Waren schlecht und veraltet, der weidenen Flechte nicht unwert.
Hierauf ruhn die Götter. Geschürzt dann stellet und zitternd
Baucis den Tisch; doch einer der drei Tischfüße war ungleich;
Bald macht's gleich die Scherbe: da untergefügt sie den Höcker
Heilete, jetzo reibt den geebneten grünende Minze.
Aufgetischt wird dann die gesprenkelte Beere der Pallas,
Auch des Herbstes Kornelle, bewahrt in gekläreter Lake;
Rettich, Endivien auch, und Milch zu Käse gerundet;
Eier zugleich, behutsam in warmer Asche gewendet:
Alles auf irdnem Geschirr. Der aus Ton gebildete Mischkrug
Prangt nun bunt auf der Tafel, und buchene Becher mit Zierat
Reichlich geschnitzt, und die Höhlung mit gelblichem Wachse gefirnißt.
Wenige Frist, da sendet der Herd die dampfenden Speisen.
Wieder enthebt man jetzo die nicht hochaltrigen Weine;
Daß sie, entfernt ein kleines, den Raum nicht engen dem Nachtisch,
Hier ist Nuß, hier Feige, gemischt mit runzlichen Datteln,
Pflaumen im kleineren Korb, im größeren duftende Äpfel,
Und großbeerige Trauben, von purpurnen Reben gesammelt;
Mitten die weißliche Scheibe des Honigs; aber vor allem
Ladet der heitere Blick, und ein Herz, nicht träge noch kargend.
       Aus dem Lateinischen übertragen von Johann Heinrich Voß.

Pietro Quirini, „Reise nach Spitzbergen" um 1430:

Mit anbrechendem Tage gingen die 16 von 46 Übriggebliebenen ans Ufer und legten sich in den Schnee. Der Hunger nötigte sie, nachzusehen, ob nicht noch etwas Vorrat übriggeblieben wäre; sie fanden aber nichts weiter als einige Brosamen von Schiffszwieback mit Mäusekot vermischt in einem Sacke, einen ganz kleinen Schinken und weiße Käse. Sie wärmten diese Speise bei einem kleinen Feuer, das sie von den Sitzbrettern im Boote angezündet, und stillten damit einigen Hunger. Nachdem sie es nun mit einiger Gewißheit erfahren, daß dieser Felsen ganz wüste war, so wollten sie tags darauf wegfahren und füllten fünf ihrer Fäßchen mit Schneewasser, stiegen ins Boot und sobald sie hereingetreten, drang das

Wasser stromweise zu allen Fugen herein, da die vorige lange Nacht hindurch das Boot an dem Felsen so stark zerstoßen worden war, daß es sogleich zugrunde ging und sie alle ganz naß genötigt waren, ans Land zu gehen. Sie verfertigten sich von Rudern und Segeln zwei kleine Hütten zum Obdache, und von den Kielen des Bootes und der Planken, welche sie zerhackten, machten sie ein Feuer an, um sich zu erwärmen. Die einzige Nahrung, die ihnen übrigblieb, bestand in den am Ufer aufgelesenen wenigen Muscheln und Schnecken. Dreizehn waren unter der einen Hütte und drei unter der zweiten. Der Rauch des nassen schwelenden Holzes ward ihnen dergestalt beschwerlich, daß ihnen die Augen und das Gesicht so heftig aufgeschwollen, daß sie besorgten, um den Gebrauch der Augen zu kommen, dazu wurden sie beinahe von Läusen und Gewürme aufgefressen, und mußten sie händeweise ins Feuer werfen. Dem Schreiber des Quirini hatte das Ungeziefer das Fleisch am Halse bis auf die Sehnen abgezehrt, welches auch seinen Tod verursachte. Es starben auch noch drei Spanier, welche zwar von starkem Gliederbaue waren, aber wahrscheinlich von den Folgen des getrunkenen Seewassers umkamen. Die annoch übrigen 13 waren so schwach, daß sie die Körper der Toten in drei Tagen von der Seite des Feuers, an dem sie gelegen, nicht fortschaffen konnten.

Nach elf Tagen ging des Quirini Bedienter längs des Ufers, um Muscheln, ihre einzige Nahrung, einzusammeln, und fand an der äußersten Spitze des Felsens ein Häuschen aus Holz erbaut, in welchem und in dessen Nachbarschaft Rindsmist gefunden ward: Woraus sie nun sicher auf das Dasein von Menschen und Vieh in der Nachbarschaft schließen konnten, welcher Umstand ihre Hoffnung nun auch von neuem belebte. Sie hatten nun in der Wohnung Dach und Fach, und alle bis auf drei, die zu schwach waren, gingen hin es zu genießen, und nahmen Bündel Holz von ihrem Boote mit. Es ward ihnen der Weg von anderthalb Meilen in tiefem Schnee sehr sauer. Zwei Tage darauf gingen sie längs dem Ufer ihre gewöhnliche Nahrung von Muscheln und Schnecken aufzulesen, einer von der Gesellschaft fand einen von der See ausgeworfenen sehr großen Fisch, der wohl 200 Pfund wiegen mochte und der noch ganz frisch zu sein schien. Man zerschnitt ihn in kleine Stücke und brachte diese in ihre Wohnung und fing an, den Fisch zu kochen und zu braten. Allein der Geruch war so sehr angenehm verführerisch, daß sie ihn halb roh aßen, und nun speiste man ganze vier Tage unmäßig davon nach Belieben; allein das Abnehmen des Vorrats lehrte sie, wirtschaftlicher damit umzugehen, so daß sie noch zehn Tage damit reichten: die bei den ersten Hütten zurückgebliebenen drei hatten auch einen abgeschickt, sich nach den übrigen umzusehen, und da derselbe mit Fisch erquickt worden war, brachte er seinen Kameraden davon, und alle vereinigten sich nun wieder in dem gefundenen hölzernen Häuschen. Die Zeit über, da sie von dem Fische lebten, war es äußerst stürmisches Wetter, so daß sie gewiß keine Muscheln hätten suchen können.

Aus dem Italienischen übertragen von C. S. G.

Francesco Marcolini, „Reise des Nicolò Zeno nach Grönland" um 1380:

Sie haben eine Quelle kochend heißen Wassers, mit dem sie die Kirche, das Kloster und der Mönche Zimmer heizen: Es kommt gleichfalls so heiß in die Küche, daß sie gar kein Feuer brauchen zur Bereitung ihrer Speisen. Sie tun auch ihr Brot in kupferne Töpfe, ohne Wasser, und backen es darin so gut als in einem geheizten Ofen. Sie haben kleine, im Winter bedeckte Gärten, welche durch dies Wasser gewärmt, gegen Schnee und Kälte bewahrt werden, welche in diesen dem Pole nahegelegenen Gegenden äußerst groß ist. Sie erziehen auf diese Weise Blumen und Früchte und allerlei Kräuter, so wie in den gemäßigten Himmelsstrichen. Die rohen Wilden daselbst sehen dies für übernatürliche Wirkungen an und halten die Mönche für Götter; sie bringen ihnen daher allerlei Geschenke, Hühner (es sollen aber wohl nur Schneehühner sein), Fleisch (von Rentieren) und andere Sachen; überdem bezeugen sie ihnen große Achtung als ihren Herren. Wenn der Schnee und die Kälte groß sind, so heizen sie ihre Zimmer nach der obengenannten Art und können in denselben, durch Einlassung des Wassers oder Öffnung der Fenster, in einem Augenblicke nach Belieben die Hitze und Kälte mindern.

Aus dem Lateinischen übertragen von C. S. G.

Voyage du Capitaine de Gonneville ès nouvelles terres des Indes, 1503–1505:

Verproviantierung des Schiffes L'Espoir aus Honfleur.
 Dann war das besagte Schiff wohlversehen mit Zwieback, Korn, Mehl, für ungefähr zwei Jahre, entsprechend der Anzahl der Bemannung.
 Erbsen, Bohnen, Speck, gesalzene und getrocknete Fische, Apfelwein und andere Getränke, nicht zu vergessen des Wasservorrats, für reichlich ein Jahr; und außerdem wurde vor der Abreise noch für mancherlei andere Erfrischung gesorgt. Die Hausgeräte der Eingeborenen sind aus Holz, sogar ihre Kochtöpfe; doch sind diese von einer fingerdicken Tonschicht umldeidet, die verhindert, daß das Feuer sie verbrennt.

Aus dem Französischen übertragen von L. M. K.

Horaz, Vierte Satire:

I. Vereiß nicht in der Wahl der Eier stets
Die länglichen, als feiner von Geschmack
Und nährender, den runden vorzuziehen.
Der letztern dicke Schale zeigt dem Kenner
Das männliche Geschlecht des Dotters an.

II. Dem nahe bei der Stadt gezognen
Gemüs' ist, was auf trocknem Acker wächst
An Süßigkeit und Zärte überlegen.
Nichts taugt zu Kohlgewächsen minder als
Ein durch Begießen ausgewaschner Boden.

III. Kommt abends spät ein unversehner Gast
Dir übern Hals, so merke dir, das Huhn,
Womit du ihn bewirten willst, damit
Es nicht dem Gaum' durch Zähheit widerstehe,
Lebendig in Falernmost zu ersticken.
Dies macht es zart.

IV. Von allen Schwämmen sind
Die aus den Wiesen von der besten Art;
Den andern ist nicht immer recht zu trauen.

V. Wer sich im Sommer wohl befinden will,
Beschließe seine Mahlzeit stets mit reifen Maulbeern,
Die, eh die Sonne hoch stieg, abgelesen werden.
VI. Aufidus nahm, zu seinem Frühstück, Met
Aus Honig und Falerner. Fehlerhaft!
In leere Adern schickt sich nichts, was nicht
Gelind ist. Besser wirst du tun, die Brust
Mit mildem Met aus Wasser anzufeuchten.
VII. Bei hartem Leibe werden die gemeinen Muscheln
Mit Sauerampfer gute Dienste tun,
Doch ist dabei der weiße Wein von Kos
Nicht zu vergessen.
VIII. Alle Schalfisch-Arten
Sind voller, wenn der Mond im Wachsen ist.
Nicht alle Meere sind an edeln Sorten fruchtbar:
So sind, zum Beispiel, im Lucrinersee
Sogar Gähnmuscheln besser als zu Bajä
Die Stachelschnecke. Ihrer Austern rühmt
Die Bucht der Circe sich, der besten Wasserigel
Misenum, und mit seinen flachgewölbten
Kammuscheln prangt das üppige Tarent.
IX. Daß ja sich keiner in der Gastmahlskunst
Für einen Meister halte, der die feinern Regeln
Der guten Zubereitung nicht genau
Studirt hat. Mancher meint, es sei damit
Schon ausgerichtet, wenn er nur das teuerste,
Was auf dem Fischmarkt aufzutreiben ist,
Zusammenraffen läßt, unwissend welchem
Die Brühe angemeßner ist, und was
Gebraten den erschlafften Appetit
Des müden Gastes wieder wecken kann.
X. Ein wildes Schwein aus Umbrien, genährt
Mit derben Eicheln, soll die Schüssel dessen drücken
Der fades Wildbret scheut: das Laurentische
Das sich mit Schilf und Riedgras mästet, ist
Von allzu weichem Fette aufgedunsen.

In Gegenden, wo Wein gebaut wird, sind
Die Rehe nicht die besten; und die Hasen
Betreffend, wird's ein Weiser mit dem Vorderbug
Der Häsin halten.

XI. Das Talent, der Fische
Und Vögel Alter und Geburtsort durch
Den bloßen Gaumen auszuschmecken, hat vor meinem
Sich keiner angemaßt.

XII. Es gibt so eingeschränkte
Genies, die auf Erfindung eines neuen
Pastetchens oder andern kleinen Naschwerks
Sich viel zugute tun; doch, all sein Dichten
Nur auf ein Fach zu stellen, macht's noch lange
Nicht aus:

XIII. Als wenn, zum Beispiel, einer bloß
Für gute Weine sorgte, unbekümmert
Mit was für Öl er seine Fische träufte.

XIV. Den Trinker zu erfrischen, der den Kopf
Schon hängen läßt, setz' ihm gebratne Hummern
Und afrikan'sche Schnecken vor; denn Lattich
Schwimmt nur im weinerhitzten Magen oben,
Und gibt ihm nichts zu tun: in diesem Zustand
Verlangt er derbe Bissen, Schinken, Würste;
Das erste beste, was nicht allzu lieblich dämpfend,
Vom Garkoch kommt, würd' ihm willkommen sein.

XV. Noch ist's der Mühe wert, der beiden Saucen
Natur und Art sich recht bekannt zu machen!
Die simple wird aus süßem Öl, vermischt
Mit fettem Wein und Lake zubereitet,
Wohl zu verstehn, mit Lake von Byzanz!
Läßt man sie nun mit kleingehackten Kräutern
Zusammenkochen, tut ein wenig Safran
Von Korykus daran, läßt's eine Weile stehn,
Und mischt noch Venafranisch Öl, soviel
Vonnöten ist, dazu, so ist die zweite fertig.

XVI. Die Tiburtinschen Äpfel weichen an Geschmack
Den Pizentinischen, wiewohl sie schöner
Ins Auge fallen. Unter den Zibeben
Ist die Venucula in Töpfchen eingemacht,
Geräuchert die Albanische die beste.
Ich, ohne Ruhm zu melden, war der erste,
Der den Gedanken hatte, Früchte, Tunken,
Sardellenbrüh und groben weißen Pfeffer,
Mit schwarzem Salz, und was dergleichen ist,
In netten kleinen Näpfchen um den Tisch herum
Zu setzen; denn dazu sind kleine Näpfchen schicklich:
Hingegen ist's ein ungeheurer Unfug,
Dreihundert Taler auf den Markt zu schicken,
Um Fische, die des Schwimmens doch gewohnt sind,
In eine Schüssel einzuzwängen.
Im übrigen ist auch die Reinlichkeit
Bei einem Gastmahl nicht zu übersehn.
Nichts setzt den Magen mehr in böse Laune,
Als wenn ein naschiger Lakai den Becher dir
Mit Spuren seiner schmutz'gen Finger reicht,
Und alter Bodensatz in einer Tasse
Erraten läßt, wie lange man sie auszuspülen
Vergessen hat. Wie wenig Aufwand steckt
In Besen, Sägemehl und Küchenquehlen,
Und doch, wenn's dran ermangelt, welche Schande?
Wie? denkt man, schämt der Mann sich nicht, ein Estrich
Von Mosaik mit schmutz'gen Palmen kehren
Zu lassen, oder prächtge Purpurdecken
Um ungewaschne Polsterüberzüge
Zu legen? Man verzeiht dir leichter, wenn dir fehlt
Was reichen Tafeln nur gebührt, als Dinge, die
So wenig Aufwand und Bemühung kosten.
      Aus dem Lateinischen übertragen von C. M. Wieland.

Goethe, Italienische Reise:

Neapel, den 29. Mai 1787.
Es ist keine Jahreszeit, wo man sich nicht überall von Eßwaren umgeben sähe, und der Neapolitaner freut sich nicht allein des Essens, sondern er will auch, daß die Ware zum Verkauf schön aufgeputzt sei.

Bei Santa Lucia sind die Fische nach ihren Gattungen meist in reinlichen und artigen Körben, Krebse, Austern, Scheiden, kleine Muscheln, jedes besonders aufgetischt, und mit grünen Blättern unterlegt. Die Läden von getrocknetem Obst und Hülsenfrüchten sind auf das mannigfaltigste herausgeputzt. Die ausgebreiteten Pomeranzen und Zitronen von allen Sorten, mit dazwischen hervorstechendem grünen Laub, dem Auge sehr erfreulich. Aber nirgends putzen sie mehr als bei den Fleischwaren, nach welchen das Auge des Volks besonders lüstern gerichtet ist, weil der Appetit durch periodisches Entbehren nur mehr gereizt wird.

In den Fleischbänken hängen die Teile der Ochsen, Kälber, Schöpse niemals aus, ohne daß neben dem Fett zugleich die Seite oder die Keule stark vergoldet sei. Es sind verschiedene Tage im Jahr, besonders die Weihnachtsfeiertage, als Schmausfeste berühmt; alsdann feiert man eine allgemeine Cocagna, wozu sich fünfhunderttausend Menschen das Wort gegeben haben. Dann ist aber auch die Straße Toledo, und neben ihr mehrere Straßen und Plätze auf das appetitlichste verziert. Die Butiken, wo grüne Sachen verkauft werden, wo Rosinen, Melonen und Feigen aufgesetzt sind, erfreuen das Auge auf das allerangenehmste. Die Eßwaren hängen in Girlanden über die Straße hinüber; große Paternoster von vergoldeten, mit roten Bändern geschnürten Würsten; welsche Hähne, welche alle eine rote Fahne unter dem Bürzel stecken haben. Man versicherte, daß deren dreißigtausend verkauft worden, ohne die zu rechnen, welche die Leute im Hause gemästet hatten. Außer diesem werden noch eine Menge Esel, mit grüner Ware, Kapaunen und jungen Lämmern beladen, durch die Stadt und über den Markt getrieben, und die Haufen Eier, welche man hier und da sieht, sind so groß, daß man sich ihrer niemals so viel beisammen gedacht hat. Und nicht genug, daß alles dieses verzehrt wird; alle Jahre reitet ein Polizeidiener mit einem Trompeter durch die Stadt und verkündigt auf allen Plätzen und Kreuzwegen, wieviel tausend Ochsen, Kälber, Lämmer, Schweine usw. der Neapolitaner verzehrt habe. Das Volk hört aufmerksam zu, freut sich unmäßig über die großen Zahlen, und jeder erinnert sich des Anteils an diesem Genüsse mit Vergnügen.

Was die Mehl- und Milchspeisen betrifft, welche unsere Köchinnen so mannigfaltig zu bereiten wissen, ist für jenes Volk, das sich in dergleichen Dingen gerne kurz faßt und keine wohleingerichtete Küche hat, doppelt gesorgt. Die Makkaroni, ein zarter, stark durchgearbeiteter, gekochter, in gewisse Gestalten gepreßter Teig von feinem Mehle, sind von allen Sorten überall um ein geringes zu haben. Sie werden meistens nur in Wasser abgekocht und der geriebene Käse schmälzt und würzt zugleich die Schüssel. Fast an der Ecke jeder großen Straße sind die Backwerksverfertiger mit ihren Pfannen voll siedenden Öls, besonders an Fasttagen, beschäftigt, Fische und Backwerk einem jeden nach seinem Verlangen sogleich zu bereiten. Diese Leute haben einen unglaublichen Abgang, und viele tausend Menschen tragen ihr Mittag- und Abendessen von da auf einem Stückchen Papier davon.

Kapitän Heinrich Wilson, Nachrichten von den Pelew-Inseln in der Westgegend des Stillen Ozeans:

Üppigkeit kann mit einer so geringen Verschiedenheit von Lebensmitteln schwerlich bestehen. Bei gewissen Gelegenheiten bereiten indessen die Einwohner von Pelew, außer ihren gewöhnlichen Speisen, eine Art von Süßigkeiten oder Konfitüren, mit Hilfe eines von dem Palmbaum oder dem wildwachsenden Zuckerrohr erhaltenen Syrup, welcher zugleich zur Bereitung ihres süßen Getränkes dient. Von Süßigkeiten gab es drei verschiedene Sorten. Die erste, die zugleich am häufigsten zu haben war, machte man aus dem Kern alter Kokosnüsse, zu grobem Mehl geraspelt, mit Sirup vermischt und über einem gelinden Feuer zur gehörigen Dicke eingekocht. Die annoch warme Masse ward in Blätter gewickelt und erhärtete mit der Zeit so sehr, daß man sie kaum mit Messern schneiden konnte. Die Eingeborenen nannten sie Wutteil, und unsere Matrosen Würgehund. Die zweite Sorte verfertigte man von den bereits erwähnten mandelähnlichen Catappnüssen, wovon man die Kerne ganz im Sirup kochte und dann in Blätter wickelte. Die dritte war ein klares, feuchtes, durchsichtiges Süß, welches Kapitän Wilson vor seiner Abreise erhielt,

Jan Davidszoon de Heem: Stilleben (Frühstück mit Champagnerglas und Pfeife), Salzburg, Residenzgalerie

und zwar in der großen hölzernen Suppenschale, die man bereits bei dem ersten Besuch in Pelew gesehen hatte. Abba-Thulle sagte dabei, indem er dem Kapitän das Geschenk überreichte, die Schale sei von ihm, das darin Enthaltene aber hätten seine Weiber für den Kapitän mit eigener Hand bereitet. Der Kapitän bemerkte, daß dieses Gericht von allem bisher Gesehenen verschieden war, und wünschte zu wissen, wovon es bereitet würde. Raa-Kuk fertigte unverzüglich einen Menschen ab, der in der Zeit von einer Stunde mit ein paar frisch ausgerissenen Pflanzen wiederkam. Die Wurzeln dieses Gewächses, welche an Gestalt, Größe und Farbe einer Rübe ähnlich sahen, werden zur Bereitung dieser Süßigkeit gebraucht; die Blätter sind drei Fuß und darüber lang, schmal und grün. Kapitän Wilson wollte etwas von der rohen Wurzel kosten, allein die Eingeborenen ließen dies nicht zu und gaben ihm zu verstehen, daß sie übel schmeckte, indem sie ausspuckten, als ob sie etwas Widriges im Munde hätten. Diese Zubereitung hielt sich nicht so gut als die beiden anderen, sondern ward sehr bald sauer. Außerdem hatte man noch eine Art, die Kokoskerne zu einem Brei zu raspeln, welcher mit etwas von dem süßen Getränk und ein wenig Pomeranzensaft gemischt, aussah wie Molken und Käsematten.

Von derjenigen Zubereitung der Fische, wodurch sie sich ein paar Tage lang aufbewahren lassen, ist oben ausführlich geredet worden. Andere Fischsorten wurden in Seewasser gekocht, und ohne Tunke gegessen; den Seekrebs pflegte man ebenfalls zu kochen. Hingegen kleinere Schaltiere, und selbst die Kimamuschel wurde roh gegessen, indem man nur wenig Pomeranzen oder Zitronensaft drüber ausdrückte. Die graue Seebarbe wurde zwar zuweilen gekocht, öfter aber auch roh verzehrt; gleich nachdem man diesen Fisch gefangen hatte, machte man ihn rein, legte ihn eine Stunde lang an die Sonne, um ihn ein wenig zu härten, worauf er völlig nach ihrem Geschmacke war.

Die Pelewaner haben kein Salz und bedienen sich auch keiner Brühe oder Würze zu allem, was sie essen. Ihr Getränk ist ebenso ungekünstelt wie ihre Speisen; bei dem Essen pflegten sie gewöhnlich das in den Kokosnüssen enthaltene Wasser oder die sogenannte Kokosmilch zu trinken. Reines Wasser tranken sie nur selten, und überhaupt erstaunten die Unsrigen über die ganz geringe Quantität des Getränkes, welche sie zu sich nahmen. Bei ihren Besuchen, oder bei festlichen Gelegenheiten schien ihnen jedoch ihr süßes Getränk und ihr Scherbett zu schmecken, welcher letztere zum Unterschied nur etwas Pomeranzensaft enthielt.

Die Insulaner standen gemeiniglich bei Tagesanbruch auf, und das erste Geschäft der Männer als auch der Weiber war das Baden in frischem Wasser. Die Badeplätze waren für jedes Geschlecht abgesondert, und ein Mann, dessen Geschäft ihn in die Nähe des Weiberbades führte, mußte seine Annäherung durch einen gewissen Ruf zu erkennen geben; antwortete ihm alsdann eine weibliche Stimme, so durfte er nicht weitergehen, sondern mußte entweder einen anderen Weg gehen oder warten, bis die Weiber das Bad verlassen hatten.

Die Stunde des Frühstücks war ungefähr um acht Uhr. Sollte eine Ratsversammlung gehalten werden, so pflegte dies nach dem Frühstück zu geschehen; der König und seine Rupacks versammelten sich, und das gemeine Volk ging an sein gewöhnliches Tagewerk. Um Mittag ward Mahlzeit gehalten und bald nach Sonnenuntergang zu Abend gegessen; zwei

Stunden später legte man sich zur Ruhe. Diese bestimmte Tagesordnung ward jedoch an öffentlichen Festen beiseitegesetzt, indem man bei solchen Gelegenheiten die Nacht hindurch zu tanzen pflegte.

Aus dem Englischen übertragen von Kaps.

Gogol, Die toten Seelen:

„Nun, mein Schatz, gehen wir zu Tische", sagte die Hausfrau zum Manne.

„Ich bitte!" sagte Sabakowitsch.

Sie näherten sich dem Tische, auf dem, wie in allen Städten und Dörfern des weiten Rußlands, Branntwein und verschiedene gesalzene, appetiterregende kalte Speisen, als: geräucherte Fische, Heringe und dergleichen Dinge aufgestellt waren. Sie griffen tüchtig zu, der Gast und der Wirt leerten ein paar Spitzgläschen, und gingen dann ins Speisezimmer, ihnen voran die Hausfrau, wie eine segelnde Gans. Es befanden sich auf dem Tische vier Gedecke. Für den vierten Platz erschien sehr rasch, es läßt sich nicht bestimmt sagen, eine Dame oder ein Fräulein, eine Verwandte oder Gesellschafterin, ein Wesen in den Dreißigern, ohne Haube und in einem bunten Kleide. Es gibt Personen, die auf der Welt nicht als eigene Wesen, sondern als Pünktchen oder Fleckchen auf anderen Wesen existieren. Sie sitzen immer auf derselben Stelle, ihr Kopf bewegt sich nicht, man nimmt sie fast für ein Möbel und glaubt, daß sie seit ihrer Geburt die Lippen nicht geöffnet; indessen im Mädchenzimmer oder in der Vorratskammer kann man sich vom Gegenteile überzeugen.

„Der Schtschi ist heute vorzüglich, mein Schatz", sagte Sabakowitsch, ein paar Teller auslöffelnd und ein furchtbares Stück jener Speise sich vorlegend, die gewöhnlich mit dieser Krautsuppe aufgetragen wird, und aus Lammsmagen, Hirn, Füßchen und Heidegrütze besteht. „Das finden Sie nicht in der Stadt", sagte er, sich an Tschitschikow wendend, „dort tischen sie Ihnen, der liebe Himmel weiß was, auf!"

„Der Gouverneur indessen hat einen guten Tisch", sagte Tschitschikow.

„Wissen Sie aber, wovon man dort die Speisen zubereitet? Sie würden sich dann wohl hüten, sie zu essen."

„Darüber kann ich nicht urteilen, aber die Schweinekotelettes und die blaugekochten Fische waren vorzüglich."

„Das schien Ihnen nur so. Ich weiß es ja, daß sie auf dem Markte einkaufen lassen. Der vermaledeite Koch, der bei einem Franzosen in der Lehre gewesen, kauft eine Katze, zieht ihr das Fell über die Ohren und trägt sie für einen Hasen auf."

„Pfui! Welche Sachen du erzählst", sagte die Hausfrau.

„Es ist nicht meine Schuld, Schätzchen, es geschieht nun einmal so bei ihnen. Alles, was unsere Abula den Hunden vorwirft, wird dort in die Suppe gegeben."

„Du hast dergleichen Geschichten immer bei Tische zu erzählen!" erwiderte Sabakowitschs Gemahlin.

„Als ob ich sie selbst jemals täte! Ich sage es aber frei heraus, mich widern diese Abscheulichkeiten an. Wenn man auch die Frösche mit Zucker kandierte, ich nähme sie nicht in den Mund, ebensowenig wie Austern, ich weiß, womit sie Ähnlichkeit haben. Nehmen Sie doch Lammsbraten", setzte er, sich an Tschitschikow wendend, hinzu, „das ist kein Frikassee, wie es in den herrschaftlichen Küchen zubereitet wird von Fleisch, das vier Tage auf dem Markte ausgelegen! Das haben alles die deutschen und französischen Doktoren erdacht, wollen alles mit Diät und Hunger kurieren! Aufknüpfen sollte man sie samt und sonders! Bilden die sich ein, daß unsere russischen Magen so dünnflüssiger deutscher Natur sind wie die ihrigen! Das ist durchaus nicht der Fall, nichts als leere Erdichtungen …" Hier schüttelte sogar Sabakowitsch mit dem Kopfe. „Sie schwadronieren von Bildung, Aufklärung; was ist diese Aufklärung weiter als ein Dr…! Ich wollte schon ein Wort aussprechen, das sich bei Tische nicht schickt. Bei mir ist's anders. Wenn man Schweinernes haben will, so wird das ganze Schwein auf den Tisch gebracht; ebenso mit dem Schafe oder mit der Gans! Ich esse lieber nur zwei Schüsseln, aber so viel, als mir gelüstet."

Sabakowitsch bestätigte sein Wort durch die Tat. Er hatte sich wenigstens einen halben Lammsrücken auf den Teller gelegt, und bevor man sich's versah, waren nichts als die Knochen geblieben, die er gleichfalls beleckte und benagte.

Aus dem Russischen übertragen von Lehr.

Litauische Sage: Die Erfindung des Bratens

Ein reicher Mann machte einst eine Reise und verirrte sich. Er mußte die Nacht in einem unwirtlichen Walde zubringen, und auch am folgenden Tage irrte er mehrere Stunden wegelos umher. Endlich gelangte er an eine Höhle, die von einem Waldbruder bewohnt ward, der sein Leben in stiller Beschauung und im Dienste des Gottes zubrachte. Der Einsiedler nahm den ermüdeten und hungrigen Wanderer gastlich auf und setzte ihm seine beste Kost vor, die aber, da sie nur aus Wurzeln und Kräutern bestand, dem Reisenden wenig munden wollte. Der Waldbruder, der dies wahrnahm, dachte darüber nach, wie er seinem Gaste eine Speise bereiten könnte, die dessen Geschmacke zusage. Er hatte in seiner Höhle ein Kaninchen und würde, so lieb ihm das Tier auch war, es gern dargebracht haben, wenn ihm nicht ein Topf, es zu kochen, gefehlt hätte. Doch sein Wunsch, den Wanderer gut zu bewirten, machte ihn erfinderisch; er schlachtete das Kaninchen und machte es vermittels eines aus einem Baumaste verfertigten Spießes am Feuer gar. Der hungernde Reisende fand diese Speise so lecker, daß er, heimgekehrt, sich das Fleisch auf ähnliche Weise bereiten ließ und auch seinen Freunden das neu erfundene Gericht mitteilte, die es, weil es auf der Tafel eines reichen Mannes stand, sehr schmackhaft fanden und diese bis dahin unbekannte Zubereitungsart allenthalben anpriesen, wodurch denn bald der Braten das Hauptgericht auf jeder gut besetzten Tafel wurde.

Seneca, Ep. 123, 2:

Schlechtes Brot wird dir der Hunger fein und zu Weizenbrot machen.
       Aus dem Lateinischen übertragen von C. S. G.

Sprichwort aus dem Hannoverschen:

Wer keine Boter up't Bräd smeren kann, dei mot ile Bräd eten.

Suidas in der Übersetzung des Erasmus:

Dem hungrigen Hasen sind auch Kuchen Feigen.

Neapolitanisches Sprichwort:

Besser verrecken am Leibweh als am Hunger.

Goethe, Campagne in Frankreich:

Da es beschlossen war, den 5. eine Zeit zu rasten, so wurden wir in Sivry einquartiert und fanden, nach so viel Unbilden, die Häuslichkeit gar erfreulich und konnten den französisch ländlichen, idyllisch homerischen Zustand zu unserer Unterhaltung und Zerstreuung abermals genauer bemerken. Man trat nicht unmittelbar von der Straße ins Haus, sondern fand sich erst in einem kleinen, offenen, viereckigen Raum, wie die Tür selbst das Quadrat angab. Von da gelangte man durch die eigentliche Haustüre in ein geräumiges, hohes, dem Familienleben bestimmtes Zimmer; es war mit Ziegelsteinen gepflastert, links an der langen Wand ein Feuerherd unmittelbar an Mauer und Erde; die Esse, die den Rauch abzog, schwebte darüber. Nach Begrüßung der Wirtsleute zog man sich gern dahin, wo man eine entschieden bleibende Rangordnung für die Umsitzenden gewahrte. Rechts am Feuer stand ein hohes Klappkästchen, das auch zum Stuhl diente; es enthielt das Salz, welches, in Vorrat angeschafft, an einem trockenen Platze verwahrt werden mußte. Hier war der Ehrensitz, der sogleich dem vornehmsten Fremden angewiesen wurde; auf mehrere hölzerne Stühle setzten sich die andern Ankömmlinge mit den Hausgenossen. Die landsittliche Kochvorrichtung, pot au feu, konnte ich zum erstenmal genau betrachten. Ein großer eiserner Kessel hing an einem eisernen Haken, den man durch Verzahnung erhöhen oder erniedrigen konnte, über dem Feuer; darin befand sich schon ein gutes Stück Rindfleisch und Wasser mit Salz, zugleich aber auch mit weißen und gelben Rüben, Porree, Kraut und anderen vegetabilischen Ingredienzien.

Indessen wir uns freundlich mit den guten Menschen besprachen, bemerkte ich erst, wie architektonisch klug Anrichte, Gossenstein, Topf- und Tellerbretter angebracht seien. Diese nahmen sämtlich den länglichen Raum ein, den jenes Viereck des offenen Vorhauses inwendig zur Seite ließ. Nett und alles der Ordnung gemäß war das Geräte zusammengestellt; eine Magd oder Schwester des Hauses besorgte dies alles aufs zierlichste. Die Hausfrau saß am Feuer, ein Knabe stand an ihren Knien, zwei Töchterchen drängten sich an sie heran. Der Tisch war gedeckt, ein großer irdener Napf aufgestellt, schönes weißes Brot in Scheibchen hineingeschnitten, die heiße Brühe darübergeschüttet und guter Appetit empfohlen. Hier hätten jene Knaben, die mein Kommißbrot verschmähten, mich auf das Muster von bon pain und bonne soupe verweisen können. Hierauf folgte das zu gleicher Zeit gar gewordene Zugemüse, sowie das Fleisch, und jedermann hätte sich an dieser einfachen Kochkunst begnügen können.

Provenzalisches Sprichwort:

Leidest Du an Hungers Not,
Wird zu Torte armes Brot.

Jean d'Antville „Archithrenius", Über das magere Essen in der Klosterschule (13. Jahrhundert):

Am Herde zischt ein armes, irdnes Töpfchen,
Drin schwimmen Erbsen und ein Zwiebelknöpfchen,
Auch Bohnen – magre Kost! – ein Fädchen Lauch:
Die Speisenwürze gibt der Ofenrauch.
Der Geist berauscht sich an Burgunderweine,
Der Mund schlappt nur die Wasserflut der Seine.
          Aus dem Lateinischen übertragen von C. S. G.

Don Francisco Gomez de Quevedo, „Geschichte und Leben des großen Spitzbuben Paul von Segovia":

Es beschloß hierauf Don Alfonso, seinen Sohn in eine Klosterschule zu bringen: einesteils, ihn eigner Verzärtelung zu entziehen, andernteils, sich Sorgen zu überheben. Er erfuhr, daß in Segovia ein gewisser Lizentiat Ziege lebte, dessen Geschäft es war, Kavaliersöhne zu erziehen, und schickte den seinigen dahin und mich, damit ich ihn begleite und bediene.

Wir kamen am ersten Sonntag nach den Fasten in die Gewalt des lebendigen Hungers; denn ein solches Elend läßt keine Übertreibung zu. Es war ein blaseröhriger Weltpriester, bloß an den Hüften breit, der Kopf klein, das Haar rot. Seine Augen hatten tief im Hintergrund ihre Wohnung aufgeschlagen, daß es schien, als schaue er aus hohlen Körben, so versenkt und düster, daß dies ein gelegener Ort gewesen wäre für Kaufmannsbuden; die Nase zwischen einer römischen und französischen, denn ein bösartiger Schnupfen hatte sie angefressen, der aber nicht von Ausschweifungen herrührte, weil diese Geld kosten, der Bart erbleicht, aus Furcht vor dem nahen Mund, der aus lauter Hunger ihn aufzufressen drohte. Von den Zähnen fehlten ihm, ich weiß nicht wieviel, und ich glaube, daß sie als Tagediebe und Müßiggänger verwiesen worden waren; die Kehle lang, wie ein Vogel Strauß, mit einem hervorgetretenen Kehlkopf, daß es schien, als gehe er aus, von Not gedrängt, Speise zu suchen; die Arme dürr, die Hände gleich einem Bündel Weinreben eine jede. Betrachtet von der Mitte nach unten, schien er eine Gabel oder ein Zirkel, mit zwei langen dünnen Schenkeln, sein Gang sehr langsam; wenn er ein wenig in Bewegung geriet, so klapperten ihm die Knochen wie eine St.-Lazarus-Klapper.

In seine Gewalt also kam ich, und in seiner Gewalt befand ich mich mit Don Diego. Den Abend, als wir ankamen, wies er uns unser Zimmer an und hielt uns eine kurze Rede, die, um nicht Zeit zu verschwenden, nicht länger dauerte. Er sagte uns, was wir zu tun hätten; damit waren wir beschäftigt bis zur Stunde des Essens. Wir begaben uns zum Essen; die Herren aßen zuerst, und wir Bedienten warteten auf. Der Speisesaal war eine Stube wie eine halbe Metze groß; es speisten an einem Tisch fünf Kavaliere. Ich sah mich zuerst nach den Katzen um, und da ich keine bemerkte, fragte ich einen alten Bedienten, der in Magerkeit schon durch den Stempel der Kostschule gezeichnet war, warum man keine hielte. Er wurde ganz weichmütig und sagte: „Wie, Katzen? Wer hat Euch denn gesagt, daß die Katzen Freunde sind von Fasten und Bußübungen? An Euerm Fett sieht man wohl, daß Ihr ein Neuer seid." Darüber fing ich an, mich zu betrüben, und mehr noch erschrak ich, als ich bemerkte, daß alle, die vorher in der Kochschule lebten, Schusterahlen glichen, mit Gesichtern, daß es schien, als schminkten sie sich mit Diachylon.

Der Lizentiat Ziege setzte sich und hielt das Tischgebet. Sie hielten eine ewige Mahlzeit, ohne Anfang und Ende. Man trug in hölzernen Schüsselchen eine so klare Suppe auf, daß beim Verzehren Narziß mehr gefährdet gewesen wäre als in der Quelle. Ich beobachtete die Begierde, mit der die abgezehrten Finger schwimmend nach einer verwaisten und einsamen Erbse jagten, die auf dem Boden lag. Ziege sagte bei jedem Schluck: „Gewiß, es geht nichts über eine Fleischsuppe, man sage, was man wolle; alles übrige ist Üppigkeit und Völlerei!" Dies gesagt, schlürfte er sein Schüsselchen gierig hinunter und fuhr fort: „Alles dies gibt Gesundheit und Geist." – „Der böse Geist hole dich!" sagte ich bei mir selbst, als ich mit einer Schüssel Fleisch in den Händen einen Jungen erblickte, halb Geist und so mager, daß es schien, als habe er es von sich selbst abgeschnitten. Hierauf kam eine verirrte Rübe, und der Magister sagte: „Rüben sind da? Für mich gibt es kein Rebhuhn, das ich diesen gleichschätze. Eßt, denn ich freue mich, euch essen zu sehen." Er teilte jedem so wenig Hammelfleisch zu, daß ich glaube, es ging alles auf durch das, was sich ihnen an die Nägel hing und zwischen den Zähnen blieb, indem die Eingeweide als Teilnehmer ausgeschlossen waren. Ziege sah sie an und sagte: „Eßt, ihr seid jung, und ich freue mich, euern guten Appetit zu sehen." – Erwägen Euer Gnaden, welch ein Labsal für die, die gähnten vor Hunger!

Man hörte auf zu essen, und es blieben einige Stückchen Brot auf dem Tisch und in der Schüssel einige Häute und Knochen, und es sagte der Kostvater: „Es bleibe dies für die Bedienten, denn auch sie müssen essen; wir wollen nicht alles begehren." – „Schlecht lasse Gott dich gedeihen, und das, was du gegessen hast, du Filz!" sagte ich, „da du über meine Eingeweide eine solche Bedrohung gebracht hast." Er verrichtete das Dankgebet und sagte: „Auf, machen wir den Bedienten Platz! Macht euch bis um zwei Uhr Bewegung, damit euch das, was ihr gegessen habt, nicht schade!" – Jetzt konnte ich mich des Lachens nicht enthalten und riß den ganzen Mund auf. Er ward sehr aufgebracht und sagte mir, ich solle Bescheidenheit lernen, nebst noch drei oder vier alten Denksprüchen, und ging dann weg.

Wir setzten uns, und ich, da ich den Handel schlecht bestellt sah und da meine Eingeweide ihr Recht forderten, fiel, älter und stärker als die andern, die Schüssel an, so wie alle sie anfielen, und verschlang von drei Stücken Brot zwei und eine Haut. Die andern fingen an zu murren; Ziege kam auf den Lärm herein und sagte: „Eßt wie Brüder, weil Gott euch dazu gibt; zankt nicht, denn für alle ist genug da." – Er ging wieder, sich an der Sonne zu wärmen, und ließ uns allein. Ich versichere Euere Gnaden, daß einer da war, namens Surre, ein Biscayer, der schon so vergessen hatte, wie und womit man ißt, daß er ein Brotrindchen, das ihm zufiel, zweimal an die Augen brachte, und beim drittenmal gelang es ihm kaum, es aus den Händen in den Mund zu schaffen. Ich verlangte zu trinken, was die andern, da sie beinahe nüchtern waren, nicht taten, und sie gaben mir einen Krug mit Wasser; kaum hatte ich ihn aber an den Mund gebracht, als ihn mir, gleich als ob es der Spülkelch der Kommunion wäre, der geisterhafte Junge, dessen ich erwähnt hatte, wegriß.

Ich stand auf in großem Seelenschmerz und sah, daß ich mich in einem Haus befand, wo man dem Magen zubrachte, er aber keinen Bescheid tat. Es kam mir an, mich zu entleeren, obgleich ich mich nicht gefüllt hatte, ich will sagen, meine Notdurft zu verrichten, und ich fragte einen alten Bedienten nach dem geheimen Kabinett; er sagte mir: „Das weiß ich nicht, in diesem Haus gibt es keines; für das einemal, daß Ihr Eure Notdurft verrichten werdet, während Ihr hierbleibt, könnt Ihr es tun, wo Ihr wollt; ich bin nun seit zwei Monaten hier und habe solche Sache nicht verrichtet, als an dem Tage, wo ich hereinkam, wie Ihr jetzt, von dem, was ich den Abend zuvor zu Hause gegessen hatte."

Wie soll ich meine Traurigkeit und meinen Schmerz groß genug beschreiben? Er war so groß, daß ich, das Wenige erwägend, das in meinen Leib kommen sollte, es nicht wagte, etwas aus ihm herauszulassen, obwohl es mir not tat. Wir unterhielten uns bis zum Abend. Don Diego fragte mich, was er tun solle, seine Eingeweide zu überreden, daß sie gegessen hätten, da sie es nicht glauben wollten. Hungerschwindel gab es in diesem Haus, wie in andern Überladungen.

Es kam die Stunde des Abendessens; das Vesperbrot war zu Wasser geworden. Wir aßen viel weniger und kein Hammelfleisch, sondern ein

Pieter Bruegel d. Ä.: Die fette Küche, Brüssel, Bibliothèque Royale, Cabinet Estampes

wenig vom Namen des Magisters, gebratenes Ziegenfleisch. Bedenken Euer Gnaden, ob wohl der Teufel selbst so etwas erfände. Er sagte: „Es ist sehr heilsam und ersprießlich, wenig zu Abend zu essen, damit der Magen unbeschwert bleibe"; und zitierte eine Reihe höllischer Ärzte. Er hielt der Diät Lobreden, wie sie dem Menschen schwere Träume erspare, wohl wissend, man könne in seinem Hause von nichts anderem träumen als vom Schmausen. Es wurde zu Abend gespeist; wir aßen alle, und es aß doch keiner. Wir gingen uns niederzulegen, und während der ganzen Nacht konnten weder Diego noch ich schlafen; er, darauf sinnend, sich bei seinem Vater zu beklagen und zu bitten, ihn von hier wegzunehmen; und ich ihm zuratend, es zu tun. Zuletzt sagte ich zu ihm: „Senor, wißt Ihr gewiß, ob wir am Leben sind? Denn ich bilde mir ein, daß man uns in der Schlacht mit den Gemüseweibern tötete und daß wir Seelen sind, die sich im Fegefeuer befinden; und so ist es überflüssig zu bitten, daß uns Euer Vater hier wegnehme, wenn nicht einer den Rosenkranz der Entsühnung

Pieter Bruegel d. Ä.: Die magere Küche, Brüssel, Bibliothèque Royale, Cabinet Estampes

für uns betet und uns aus der Qual erlöst durch irgendeine Messe an einem privilegierten Altar."

Unter diesen Gesprächen, und nachdem wir ein wenig geschlafen hatten, kam die Stunde aufzustehen. Es schlug sechs, und Ziege rief zur Lektion; wir gingen und hörten sie alle. Schon schwammen meine Schultern und Hüften in dem Wamse herum, und die Beine ließen Platz für sieben andere Strümpfe; die Zähne waren mit gelbem Tuffstein überzogen, der Bekleidung der Verzweiflung. Ich mußte den anderen die erste Deklination vorlesen, und mein Hunger war von der Art, daß ich die Hälfte der Worte frühstückte, indem ich sie verschluckte. Dies alles wird der glauben, der erfährt, was mir ein Bedienter des Ziege erzählte, indem er mir sagte, er habe kurz nach seiner Ankunft zwei friesländische Pferde ins Haus führen sehen, die in zwei Tagen als leichte Klepper herauskamen, die durch die Lüfte flogen; auch habe er gesehen, wie man dicke Bullenbeißer hereingebracht habe, die nach drei Stunden als flüchtige Windspiele herausliefen. In den Fasten habe er ferner viele Leute angetroffen, von denen einige die Füße, andere die Hände, und noch andere den ganzen Leib in die Pforte seines Hauses legten, und zwar eine feine Weile lang, und viele wären bloß deshalb fernher gekommen; als er nun eines Tages gefragt habe, was dies bedeute, habe sich Ziege sehr erzürnt, daß er ihn das frage, und ihm geantwortet, einige hätten die Krätze, andere Frostbeulen, und wenn sie diese in sein Haus brächten, stürben die Übel vor Hunger, dergestalt, daß sie hinfort nicht mehr bissen. Er versicherte mir, daß es Wahrheit wäre, und da ich das Haus kannte, glaubte ich es. Ich erwähne dies, damit das, was ich sage, nicht Übertreibung scheine.

Um wieder auf die Lektion zu kommen, so gab er sie auf, und wir lernten sie auswendig. In dieser Art zu leben, die ich erzählt habe, fuhr ich fort; nur tat er noch zu dem Essen Speck in den Topf, weil man ihm eines Tages, ich weiß nicht was, von Judenabkunft gesagt hatte. Zu diesem Endzweck hatte er eine blecherne Büchse, ganz durchlöchert, wie eine Streusandbüchse: er öffnete sie, tat ein Stück Speck hinein, das sie füllte, machte sie zu und hing sie an einem Bindfaden in den Topf, damit sie einigen Saft durch die Löcher von sich gäbe und der Speck für einen andern Tag übrigbliebe. Es deuchte ihm aber hernach, daß so zuviel aufginge, und er ließ daher den Speck nur von weitem in den Topf sehen.

Wir behalfen uns mit diesen Dingen, wie man sich denken kann. Don Diego und ich sahen uns so aufs äußerste gebracht, daß, da wir um zu essen kein Mittel fanden, wir nach Verlauf eines Monats eins suchten, früh nicht aufzustehen. Und so beschlossen wir vorzugeben, wir befänden uns unwohl; doch nannten wir kein Fieber; denn da wir es nicht hatten, wäre es leicht gewesen, den Betrug zu entdecken; Kopf- oder Zahnweh wäre eine zu geringe Ausflucht gewesen. Kurz, wir sagten, die Eingeweide täten uns weh und wir fühlten uns übel, weil wir in drei Tagen nicht zu Stuhle gegangen wären; in der Meinung, um zwei Quartos zu ersparen, würde er keine Arznei anschaffen. Der Teufel fügte es aber anders. Er besaß nämlich ein Rezept, das er von seinem Vater geerbt hatte, der Apotheker gewesen war. Er erfuhr die Krankheit, bereitete ein Klistier, rief ein altes siebzigjähriges Weib, seine Muhme, die ihm als Krankenwärterin diente, und sagte, sie solle jedem von uns eins setzen. Man fing bei Don Diego an. Der Unglückliche erschrak, und die Alte, statt es ihm hineinzubringen, spritzte es ihm zwischen das Hemd und Rückgrat bis an den

Kopf hinauf, so daß das zur Garnierung von außen diente, was zum Futter von innen bestimmt war. Der Junge begann zu schreien; Ziege kam, und dies sehend, sagte er, man möchte mir nur das andere geben, er werde sogleich zu Don Diego zurückkehren.

Ich kleidete mich an, aber das half mir wenig; denn indem mich Ziege und noch andere hielten, setzte es mir die Alte, der ich es in das ganze Gesicht zurückgab. Ziege wurde aufgebracht über mich und sagte, er werde mich aus dem Hause werfen, da man nun wohl sähe, daß alles Schelmerei wäre; aber mein Geschick wollte es nicht.

Wir beklagten uns bei Don Alonso, doch Ziege machte ihn glauben, daß wir es täten, um uns vom Lernen loszumachen; so halfen auch unsere dringenden Bitten nichts. Er nahm die Alte ins Haus als Haushälterin, damit sie kochen und die Zöglinge bedienen sollte, und schickte den Bedienten fort, weil er ihn an einem Freitag morgens mit einigen Krümchen Brot in der Tasche antraf. Gott weiß es, wie es uns mit der Alten erging! Sie war so taub, daß sie nichts hörte und nur durch Zeichen verstand, blind, und eine so eifrige Betschwester, daß eines Tags ihr Rosenkranz über dem Kochtopf aufging und sie uns die frömmste Suppe auftrug, die ich jemals gegessen habe. Einige sagten: schwarze Erbsen? Ohne Zweifel sind sie aus Äthiopien! Andre riefen: Erbsen in Trauer? Wer muß ihnen nur gestorben sein? – Meinem Herrn begegnete es, daß er ein Kügelchen in den Mund bekam, und als er es kaute, zerbiß er sich einen Zahn. Freitags pflegte sie uns Eier vorzusetzen, die kraft ihrer Borsten und grauen Haare Anspruch machen konnten auf die Würde eines Corregidors oder auf eine Advokatur. Die Feuerschaufel statt des Vorlegelöffels in die Suppe zu stecken, oder diese in einer mit Steinen gepflasterten Schüssel aufzutragen, war etwas Gewöhnliches. Tausendmal fand ich Ungeziefer, Holzspäne und Werg, von dem, was sie spann, in der Suppe, und alles dies verschlang ich.

Wir ertrugen diese Drangsale bis zu den nächsten Fasten, bei deren Eintritt ein Kamerad krank wurde. Ziege, um nichts aufzuwenden, verschob es, einen Arzt zu rufen, bis jener die Beichte mehr als irgend etwas anderes verlangte. Nun rief er einen Badergesellen, der ihm den Puls fühlte und sagte, der Hunger sei ihm zuvorgekommen, diesen Menschen zu töten. Man reichte ihm das Sakrament, und der Arme rief, als er es sah (seit einem Tage hatte er nicht gesprochen): „Mein Herr Jesus Christus, nötig war es, Euch in dieses Haus kommen zu sehen, um mich zu überzeugen, daß es nicht die Hölle ist." – Tief drückten sich mir diese Worte ins Herz. Der arme Junge starb, wir begruben ihn sehr ärmlich, weil er ein Fremder war, und wir alle waren in großer Bestürzung.

Der schreckliche Zufall verbreitete sich in dem ganzen Ort, kam zu den Ohren des Don Alonso Coronel, und da er keinen anderen Sohn hatte, überzeugte er sich von den Grausamkeiten des Ziege und fing an, den Worten der beiden Schatten mehr Glauben zu schenken; denn schon waren wir heruntergebracht zu solch einem elenden Zustand. Er kam, uns aus der Kochschule zu holen, und obschon er uns vor sich hatte, fragte er uns dennoch mit Namen und fand uns in einer Lage, daß er, ohne weitere Nachsicht, den Lizentiaten Hungerleider sehr hart mit Worten behandelte.

Aus dem Spanischen übertragen von Johann Georg Keil.

Jonathan Swift, Reise nach Liliput:

Dreihundert Köche mußten mir das Essen zubereiten, welche mit ihren Familien nahe an meinem Hause unter kleinen bequemen Zelten sich aufhielten. Und jeder derselben hatte zwo Schüsseln für mich zu besorgen. Ich nahm, wenn ich speiste, zwanzig Aufwärter in die Hand und setzte sie auf den Tisch; und mehr als hundert warteten auf der Erde auf, teils mit Schüsseln voll Speisen, teils mit Tonnen von Wein oder andern Getränken, welche sie von den Schultern abhangen hatten; und dieses alles zogen die Aufwärter, so auf der Tafel standen, je nachdem ich etwas nötig hatte, an gewissen Winden geschickt herauf, ungefähr wie man die Wassereimer an den Ziehbrunnen in Europa heraufzieht. Eine ihrer Schüsseln machte einen guten Mundbissen voll; und eine Tonne mit Getränke konnte ich mit einemmal ausleeren. Ihr Schaffleisch ist nicht so gut wie das unsrige; das Rindfleisch hingegen ist vortrefflich. Einmal bekam ich ein Rückenstück, welches so groß war, daß ich drei Bissen daraus machen mußte; dergleichen aber ist etwas Seltenes. Meine Aufwärter standen ganz erstaunt, da sie mich dasselbe mit Knochen und allem essen sahen, so wie wir bei uns etwa mit einem Lerchenbeinchen zu tun pflegen. Aus einer Gans oder einem welschen Hahne machte ich ordentlich nur

einen Bissen; und ich muß bekennen, daß dieses Flügelwerk weit delikater schmeckt als das unsrige. Von ihren kleinern Vögeln konnte ich wohl zwanzig bis dreißig an der Spitze meines Messers zum Munde führen.
Zeitgenössische anonyme Übertragung aus dem Englischen.

Aus der Chronika derer von Zimmern:

Es sei hier auch eine gute Historie berichtet, die sich wenige Tage vor dem Abschluß des Zimmernschen Vertrags zu Speyer, auch in des Domsängers Haus begab. Wie denn dieser Domsänger ein freundlicher gastfreier Herr war, der viele Gastereien das Jahr über hielt und auch die meisten jungen Domherren bei ihm in Kost gingen, so war ihm einmal vom kurfürstlichen Hof in Heidelberg ein großer Schweinskopf zugeschickt worden. Dem Kurfürsten zu Ehren veranstaltete er ein Bankett, wozu die Vornehmsten weltlichen und geistlichen Standes berufen wurden. Als nun alle erschienen waren und man zu Tisch saß, wurde der Schweinskopf mit großer Zeremonie hereingetragen. Nun hatte der Münchinger unter anderen einen jungen Domherrn, einen Edelmann aus Seckendorf, als Kostgänger. Der wollte sich vor den Ehrenleuten hervortun, nahm sich des Schweinskopfs an und legte den Herren vor mit aller Höflichkeit, was ihm auch meisterlich und wohl anstund. Weil nun aber das schweinene Wildbret fett und schlüpfrig war, so begab sich's, daß ein abgeschnittenes Stück, das er dem Weihbischof von Speyer vorlegen wollte, vom Messer schlüpfte und gerade allernächst bei dem Weihbischof unter den Tisch fiel. Der gute von Seckendorf erschrak und schämte sich; es dauerte ihn aber auch, daß ein so besonders gutes Schleckbißle verloren sein und den Hunden zu teil werden sollte. Und weil nun gerade damals die langen Messer aus Frankreich gekommen waren, die eher einem Kalbstecher als einem Tischmesser gleichen, stach der Seckendorfer mit einem solchen langen Spieß unter den Tisch und wollte das gute Bißle aufheben. Weil er aber unter dem Tisch in der Dunkelheit nicht gut sehen konnte, so traf er dem guten Weihbischof den einen Fuß, und weil der Stich kräftig geführt war, um das Wildbret damit vom Boden aufzuheben, so stach er durch den Fuß hindurch bis auf den Boden. Das gute Männlein schrie vor großem Schmerz überlaut, daß die Stube davon hallte. Der Seckendorfer zog sein Messer zurück und wieder aus dem Fuß.

Als er es über den Tisch brachte, lief das Blut herunter, und männiglich sah, daß er den Weihbischof mit dem langen Messer gestochen. Der gute junge Mann erschrak übel, obwohl er es nicht gern getan hatte und es ihm leid war. Es wurde eine große Verwirrung daraus; man mußte den Weihbischof hinter dem Tische hervortragen und auf dem nächsten Weg seinem Hause zu, damit er von dem Barbier verbunden würde. Er gehub sich über die Maßen übel; aber obwohl der Unfall männiglich leid war, dieweil er dem Weihbischof begegnet, der doch sonst ein frommes Männle, so wurde doch zuletzt, da es nicht aufs Leben ging, ein Gelächter daraus, und die Gäste schieden vergnügt voneinander. Der Weihbischof aber mochte über diese Freude nicht lachen; er ist lang mit dem Stich umgegangen, ehe er geheilt wurde. Zu dem Schmerz hatte er noch das Gelächter, und ich glaube, er war dadurch gewitzigt, daß er sich später zu keinem mehr an den Tisch setzte, der mit einem so langen Messer herumhantierte und sich auf Kosten seiner Nachbarn gefällig erweisen wollte.

Gespräche des Erasmus von Rotterdam: Von Gasthäusern *Bertulf. Wilhelm*

Wie kommt es nur, daß manche Reisende zwei oder gar drei Tage in Lyon sich aufhalten? Bin ich einmal auf der Reise, so ruhe ich nicht, bis ich an mein Ziel gekommen bin. *Wilh.* Ich meinerseits wundre mich vielmehr, wie einer von dort loskommen kann. *Bert.* Weshalb denn? *Wilh.* Weil das ein Ort ist, von dem die Gefährten des Odysseus sich nicht losgerissen hätten. Dort gibt es in Wahrheit Sirenen. Niemand kann bei sich zu Hause besser traktiert werden, als man es dort im Gasthause ist. *Bert.* Wieso? *Wilh.* Beim Tisch war da stets eine Frauensperson zugegen, die durch ihre kurzweiligen Reden und ihre Anmut das Mahl erheiterte. Und man trifft dort auf eine bewundernswerte Schönheit der Körperformen. Zuerst trat die Hausherrin an uns heran, die uns begrüßte und uns vergnügt sein und das Gebotene gut aufnehmen hieß. Ihr folgte die Tochter, eine elegante Erscheinung, in Benehmen und Sprache so gefällig, daß sie selbst einen Cato froh hätte stimmen müssen.

Und sie sprachen mit uns nicht wie mit unbekannten Gästen, sondern wie mit längst bekannten und vertrauten. *Bert.* Daran erkennt man den

Osias Beert: Stilleben mit Austern und Backwerk, Stuttgart, Staatsgalerie

feinen Anstand des französischen Volkes. *Wilh.* Da nun aber diese Frauen nicht beständig zugegen sein konnten, weil sie den Hausgeschäften nachgehen mußten und auch noch andere Gäste zu begrüßen waren, so stellte sich gleich eine in allen Scherzen gewandte Aufwärterin ein. Diese eine war nicht nur imstande, die Witzgeschosse aller aufzufangen, sie unterhielt auch das Gespräch, bis die Tochter des Hauses zurückkam. Denn die Mutter war dafür etwas zu alt. *Bert.* Wie stand's nun aber mit der Zurüstung? Vom bloßen Geplauder wird der Magen nicht satt. *Wilh.* Wahrhaft vortrefflich, daß ich mich nur wundere, wie sie für so wenig Geld die Fremden aufnehmen können. Ist das Essen vorüber, so nähren sie den Gast mit angenehmen Reden, um alle schlechte Laune von ihm fernzuhalten. Mir kam's vor, ich sei zu Hause, nicht auf der Reise.

Bert. Mag sein, daß diese Gebräuche den Franzosen anstehen; mir leuchten die deutschen Gebräuche mehr ein, weil sie männlicher sind. *Wilh.* Es war mir noch nie beschieden, Deutschland zu sehen; ich erfahre daher, wenn Euch das Erzählen nicht unangenehm ist, gerne von Euch, wie sie dort die Fremden aufnehmen. *Bert.* Ob überall dieselbe Art, die Gäste zu behandeln, herrscht, weiß ich nicht; ich kann nur erzählen, was ich selber sah. Den Ankommenden begrüßt kein Mensch, damit es ja nicht den Anschein habe, als ob sie auf Gäste aus wären. Denn das halten sie für schmutzig und gemein und unwürdig der deutschen Ernsthaftigkeit. Hat man lange genug gerufen, so steckt schließlich jemand den Kopf aus einem Fensterlein der Wärmestube heraus (denn in diesen Stuben leben sie bis zur Sommersonnenwende); man wird an eine Schildkröte erinnert, die den Kopf aus ihrer Schale hervorstreckt. Diesen Menschen nun muß man fragen, ob man hier nächtigen könne. Sagt er nicht nein, so bedeutet das: du findest Platz. Frägt man dann nach dem Stall, so zeigt man ihn dir durch eine Handbewegung. Da kannst du dann dein Pferd nach deiner Art besorgen; denn kein Knecht rührt eine Hand. Ist das Gasthaus höheren Ranges, so weist ein Knecht den Stall und auch den für das Pferd herzlich unbequemen Platz. Denn die bequemeren reservieren sie für die später Kommenden, namentlich für die Adligen. Hat man etwas auszusetzen, sofort hört man die Worte: Wenn's Euch nicht gefällt, so sucht eine andere Unterkunft. Heu gewähren sie in den Städten nur ungern und sehr sparsam und verkaufen es nicht viel billiger als den Hafer. Ist für das Pferd gesorgt, so gehst du in die Wirtsstube, in den Stiefeln, mit dem Gepäck und allem Kot, gibt es doch nur einen für alle gemeinsamen Raum. *Wilh.* Bei den Franzosen weisen sie Schlafkammern an, wo man sich ausziehen, reinigen, wärmen und ausruhen kann, je nach Belieben. *Bert.* Derartiges gibt es hier nicht. In der Stube mit dem Ofen zieht man die Stiefel aus, legt die leichten Schuhe an, wechselt, wenn man Lust hat, das Hemd; die vom Regen feuchten Kleider hängt man beim Ofen auf; du selbst näherst dich diesem, wenn du dich trocknen willst. Auch Wasser steht bereit, so man Lust hat, die Hände zu waschen, doch ist es meist so unsauber, daß man nachher anderes Wasser verlangen muß, um jene erste Waschung wieder abzuwaschen. *Wilh.* Ich lobe mir die Männer, die durch keinerlei Raffinement verweichlicht sind. *Bert.* Trifft man nachmittags vier Uhr ein, so kommt man doch nicht vor neun Uhr zum Nachtessen, bisweilen dauert's auch bis zehn Uhr. *Wilh.* Warum das? *Bert.* Sie rüsten nichts, bevor sie sämtliche Gäste da sehen, damit alle auf einmal bedient werden können. *Wilh.* Sie kennen ihren Vorteil. *Bert.* Stimmt. So kommt es, daß häufig in derselben Stube achtzig bis neunzig Personen zusammenkommen: Fußgänger, Reiter, Kaufleute, Schiffer, Fuhrleute, Bauern, Kinder, Weiber, Gesunde und Kranke. *Wilh.* Das ist ja eine wahrhafte Klostergemeinschaft. *Bert.* Einer kämmt sich, ein anderer wischt den Schweiß ab, ein dritter säubert seine Halbschuhe oder seine Reiterstiefel, und wieder einer rülpst knoblauchduftend. Kurz: es herrscht da keine kleinere Sprachen- und Menschenverwirrung als einst beim Turmbau zu Babel. Erblicken sie einen aus einem fremden Volke, der in seinem Äußeren sich einigermaßen hervortut, so richten sich auf ihn die Blicke aller, und sie sehen ihn an, als wär eine neue Tierart aus Afrika eingetroffen. Selbst wenn sie sich zu Tisch gesetzt haben, schauen sie mit rückwärts gewandtem Blick ohne Unterlaß nach ihm und vergessen ob dem Sehen das Essen. *Wilh.* In Rom, Paris oder Venedig wundert sich kein Mensch über irgend etwas. *Bert.* Unterdessen gilt es für unstatthaft, etwas für sich zu verlangen. Erst wenn es schon spät am Abend ist und nicht mehr viele Gäste erwartet werden, kommt ein alter Knecht zum Vorschein, mit einem grauen Bart, geschorenem Kopf, einem mürrischen Gesicht und in schmutziger Kleidung. *Wilh.* Solche Diener sollten bei den römischen Kardinälen Schenkdienst tun! *Bert.* Dieser läßt dann seine Augen herumgehen und zählt schweigend die in der Hitzstube Anwesenden. Je größer deren Zahl ist, desto kräftiger wird der Ofen geheizt, selbst wenn die Sonne durch ihre Wärme schon beschwerlich fällt. Bei diesen Gastwirten gilt es für einen Hauptbestandteil einer guten Verpflegung, wenn alle von Schweiß triefen. Wenn einer, der an die Hitze nicht gewöhnt ist, nur einen Spaltweit das Fenster öffnet, um nicht zu ersticken, so hört man sofort: Schließt das Fenster! Antwortet er hierauf: Ich halt's nicht aus, so entgegnet man ihm: dann sucht Euch eine andere Herberge. *Wilh.* Und doch scheint mir nichts gefährlicher zu sein, als wenn so viele Menschen dieselbe Luft einatmen, namentlich wenn die Poren des Körpers geöffnet sind, und in dieser Atmosphäre zu essen und mehrere Stunden zu verharren. Von den Knoblauchrülpsereien und den Winden des Leibes und dem verdorbenen Atem will ich gar nicht erst reden; aber viele gibt es, die an geheimen Krankheiten leiden, und jede Krankheit ist irgendwie ansteckend. Da haben manche die spanische Seuche oder, wie andere sie nennen, die französische, ist sie doch allen Nationen gemeinsam. Von diesen droht meiner Meinung nach nicht geringere Gefahr als von den Aussätzigen. Nun rate du, was allem man sich aussetzt in bezug auf Verseuchung.

Bert. Aber hör' noch das übrige. Jener bärtige Ganymed kommt später dann wieder und deckt die Tische, so viele ihm für die Zahl der Gäste genügend scheinen. Aber beim Himmel, diese Tischlinnen sind keine milesischen Gespinste, sondern man könnte eher sagen, sie seien aus Segelleinwand. Jedem einzelnen Tische teilt er die Gäste zu, mindestens acht. Wem die Sitte des Landes schon bekannt ist, der setzt sich hin, wo es ihn gut dünkt. Denn einen Unterschied zwischen arm und reich, Herr und Diener gibt es nicht. *Wilh.* Das ist noch jene alte Gleichheit, welche die Tyrannis jetzt beiseitegeschafft hat. So, denke ich, hat Christus mit seinen Jüngern gegessen. *Bert.* Haben alle Platz genommen, so kommt noch einmal jener mürrische Göttermundschenk und zählt wiederum seine Gäste. Bald darauf erscheint er dann, um jedem einen hölzernen Teller vorzulegen und einen aus demselben Silber gefertigten Löffel und einen gläsernen Becher, nachher dann auch Brot. Zum Zeitvertreib kann jeder die Rinde davon abkratzen, während die Speisen gekocht werden. So sitzt man bisweilen eine Stunde lang. *Wilh.* Ruft denn keiner der Gäste inzwischen nach dem Essen? *Bert.* Keiner, der mit der Sitte des Landes vertraut ist. Endlich wird der Wein aufgesetzt, und was für einer! Die Sophisten sollten keinen anderen trinken, so dünn und sauer ist er. Verlangt dann ein Gast für sein Geld eine andere Weinsorte, so stellen sie sich taub, aber mit einer Miene, als wollten sie dich umbringen; bestehst du dann auf deinem Verlangen, so antworten sie: hier sind schon viele Grafen und Markgrafen abgestiegen und noch keiner hat sich über meinen Wein beklagt, behagt er Euch nicht, so sucht Euch eine andere Herberge. Sie halten nämlich nur die Adligen ihres Landes für Menschen, und deren Wappen stellen sie überall zur Schau. Jetzt haben sie denn endlich einen Bissen dem knurrenden Magen zuzuschieben: es folgen bald mit großem Pomp die Platten. Die erste enthält meist mit Fleischbrühe weich gemachtes Brot oder, wenn es ein Fasttag ist, mit Brühe aus Gemüsen. Dann kommt eine andere Brühe, hierauf etwas aufgekochtes Fleisch oder aufgewärmtes Eingesalzenes. Sodann wieder ein Zugemüse, hierauf eine solidere Speise, bis sie dann dem recht gestillten Magen den Braten vorsetzen oder gesottene Fische, die keineswegs zu verachten sind; aber hierbei verfahren sie sparsam und nehmen die Platten gleich wieder weg. So temperieren sie die ganze Mahlzeit; wie es die Komödienspieler tun, welche unter die Szenen Chöre mischen, so mischen sie feste und dünne Speise. Sie sorgen aber dafür, daß der letzte Akt der beste sei. *Wilh.* So machen es die guten

Dichter. *Bert.* Es gilt übrigens als ein Vergehen, wenn einer sagt: nehmt diese Platte weg; es ißt niemand davon. Man muß nun einmal die vorgeschriebene Zeit sitzenbleiben, die sie, wie ich glaube, mit einer Sanduhr abmessen. Endlich kommt wieder jener Bärtige zum Vorschein, oder auch der Herbergsvater selbst, der sich in der Kleidung durchaus nicht von den Dienern unterscheidet, und fragt, wie es uns behage. Es wird dann auch ein etwas edlerer Wein aufgetragen. Sie haben diejenigen gern, die tüchtig trinken, wobei der, der am meisten trinkt, keinen Pfennig mehr bezahlt als der, welcher am wenigsten trinkt. *Wilh.* Eine merkwürdige Landessitte. *Bert.* So geschieht es bisweilen, daß solche da sind, die mehr denn doppelt soviel in Wein verzehren, als sie für das Essen zahlen. Doch bevor ich meinen Bericht beschließe: es ist erstaunlich, was bei dem Essen für ein Lärm und Stimmengetümmel herrscht, wenn erst alle einmal angefangen haben, vom Trinken warm zu werden. Man hört sein eigenes Wort nicht. Häufig mischen sich Hanswurste in die Gesellschaft, an welch widerwärtigen Leuten man sich in kaum glaublicher Weise in Deutschland noch ergötzt. Diese singen und schreien und tanzen und stampfen, daß das Haus einzubrechen scheint und keiner seinen Nachbar mehr versteht. Ihnen aber behagt das und, man mag wollen oder nicht, man muß dasitzen bis tief in die Nacht.
Wilh. Hört jetzt endlich auf mit dieser Mahlzeit; denn ihre lange Dauer ekelt sogar mich nachgerade an. *Bert.* Ich will's tun. Wenn endlich der Käse weggenommen wird, der ihnen nicht recht behagt, wenn er nicht schon faul und voll Würmer ist, kommt der Bärtige mit einer Tafel herein, auf die er mit Kreide Kreise und Halbkreise malt; dann legt er sie auf den Tisch, schweigend und finster, als wär' er Charon. Wer das Geschreibsel versteht, legt sein Geld hin, einer nach dem andern, bis die Tafel voll ist. Darauf werden die notiert, die bezahlt haben, er rechnet nach, und wenn nichts fehlt, so nickt er mit dem Kopfe. *Wilh.* Wie aber, wenn etwas übrigbleibt? *Bert.* Vielleicht würde er es zurückgeben; zuweilen mag das vorkommen. *Wilh.* Reklamiert niemand wegen dieser unbilligen Rechnung? *Bert.* Ein Verständiger jedenfalls nicht; denn sofort würde er zu hören bekommen: was für ein Mensch seid Ihr! Ihr bezahlt keinen Pfennig mehr als die andern. *Wilh.* Ihr erzählt mir da von einer freimütigen Menschensorte. Findet man nun aber überall dieselbe Verpflegung? *Bert.* Da und dort geht es feiner zu, andernorts noch gröber als ich erzählt habe; im großen ganzen ist es, wie ich berichtete. *Wilh.* Wie, wenn ich Euch nun

erzählte, wie die Gäste in dem Teil Italiens, der die Lombardei genannt wird, behandelt werden, und wieder in Spanien, und dann in England und in Wales? Die Engländer haben teils die französischen, teils die deutschen Bräuche übernommen, da sie aus diesen beiden Völkern gemischt sind. Die in Wales aber rühmen von sich, sie seien die autochthonen Engländer. *Bert.* Bitte, erzählt mir's; denn ich habe jene Länder noch nie bereist. *Wilh.* In diesem Augenblick habe ich keine Zeit dazu; denn der Schiffsmann hieß mich um drei Uhr zur Stelle zu sein, wenn ich nicht zurückbleiben wolle, und er hat bereits mein Gepäck. Es wird sich aber ein andermal Gelegenheit finden, zur Genüge davon zu plaudern.

Aus dem Lateinischen übertragen von C. S. G.

Aus der „Piazza Universale di tutte le professioni del mondo" des Thomaso Garzoni (16. Jahrh.):

Nicht weniger Ruhm aber ernten unsere Küchenhelden aus ihren mannigfachen Studien; sind sie doch Mitglieder der Suppenakademie und müssen demzufolge im Besitz aller übrigen Wissenszweige sein. So sind sie Rhetoriker, wenn sie die königlichen Festmähler preisen; Dichter, wenn sie die leckeren Gerichte ihrer Herren mit angemessener Begeisterung in hübschen Redewendungen schildern; Arithmetiker, wenn sie die Menge der Speisen aufzählen; Geometer, wenn sie die Kälber, Hirsche und Böcke vierteilen, um sie auf die Tafel zu bringen; Musiker, wenn sie vollgefressen und halb betrunken zu singen anfangen; Logiker, wenn sie im Rausch sich beschimpfen; Philosophen, wenn sie das Wesen ihrer süßen, sauren, pikanten, milden, herben und gewürzten Speisen beschreiben; Gesetzgeber, wenn sie mit ihren Spüljungen herumschreien; Ärzte, wenn sie den zügellosen Hunger mit ihren wohlschmeckenden Gerichten heilen; Astrologen, wenn sie unter dem Himmelszelt ihre Drosseln und Amseln herbeiholen. Kurz, es gibt nichts auf der Welt, das unsere Köche nicht könnten. Sie verstehen sich vor allem auf die Substanz, weil sie das Beste von der Suppe wegschöpfen, die Quintessenz, das göttliche Elixier der Alchimisten. Und was die Quantität betrifft, so fressen sie wie die Wölfe; an Qualität aber nur das Beste vom Besten.

Aus dem Italienischen übertragen von L. M. K.

Aus den „Trattatelli" des Sperone Speroni (um 1550):
Wie ein guter Koch sein soll.

Der Koch soll mäßig sein und nicht zu viel von dem essen, was für seine Herrschaft bestimmt ist; doch darf er es hinwiederum nicht unberührt lassen, sondern muß von allem kosten. Er muß den Mut haben, furchtlos Fleisch und Fisch zu zerschneiden; er muß verstehen, sein Feuer zu unterhalten. Seine Gerechtigkeit muß nicht nur den Gästen gleichmäßige Stücke zuteilen, sie muß sich auch darin bewähren, daß er den verschiedenen Fleischsorten jeweils den Geschmack verschafft, der ihnen zugehört, so daß er brät, was zu braten, und kocht, was zu kochen ist. Vorsichtig stelle er alles zu seiner Zeit aufs Feuer und erhitze die Speisen weder zu lange noch zu kurz, setze auch stets gerade genügend Wasser zu. Je nach dem Mittagessen der Herrschaft gestalte er die Abendmahlzeit davon verschieden, mildere die Gerichte, wenn Frauen dabei sind, und verstärke sie für die Männer, koche reichlich für viele und genügend für wenige. Freigebig, nicht geizig, aber auch nicht verschwenderisch sei er in Spezereien, Zucker, Salz, Öl, Essig und Gemüsen. Behend sei er beim Herunterholen der Teller von der Anrichte, hurtig, wenn er Katzen und Hunden das Fleisch aus dem diebischen Maul reißt, eifrig, wenn er sich mit den Dienern herumschlagen muß, die nur aufs Stehlen aus sind; auch vermeide er es, sich beim Zubereiten des Fleisches in den Finger zu schneiden. Er sei reinlich, damit die Gäste sich nicht ekeln und er das gute Fleisch nicht durch seinen eigenen Schmutz besudle. Er sei bereit in der Verteidigung, falls man ihn beschuldigen sollte, er esse selber die besten Bissen und habe nicht acht aufs Kochen. Er sei Dichter, daß er Verse singe, um jeder Langeweile und Ermüdung zu begegnen. Er sei Geometer beim Auslesen und Ordnen der runden, viereckigen, hellen und dunklen Stücke je nach Gericht und Platte. Er sei Mathematiker beim Zählen seiner Hafen und Töpfe, Maler beim Überfärben seiner Braten, Saucen und Tunken, Arzt in der Kenntnis des leicht und schwer Verdaulichen, auf daß die Speisen jeweils in richtiger Reihenfolge auf den Tisch kommen und er gut tranchiert! Philosoph sei er in der Kenntnis der Natur der Speisen, der Jahreszeiten, des mehr oder weniger starken Feuerelements, des Blasentreibens beim kochenden Wasser, des Spießdrehens an der richtigen Stelle, des günstigen Aufsetzens und Abnehmens der garen

Gerichte, der röschen Mehlspeisen und Backhendeln. Er sei heiter wie seine Kunst, süß und bitter zugleich.

Aus dem Italienischen übertragen von C. S. G.

Goethe, Der brave Koch:

Es war einmal ein braver Koch,
Geschickt im Appretieren;
Dem fiel es ein, er wollte doch
Als Jäger sich gerieren.

Er zog bewehrt zu grünem Wald,
Wo manches Wildbret hauste,
Und einen Kater schoß er bald,
Der junge Vögel schmauste.

Sah ihn für einen Hasen an
Und ließ sich nicht bedeuten,
Pastetete viel Würze dran
Und setzt ihn vor den Leuten.

Doch manche Gäste das verdroß,
Gewisse feine Nasen:
Die Katze, die der Jäger schoß,
Macht mir der Koch zum Hasen.

Restif de la Bretonne, La femme de laboureur (18. Jahrh.):

Das Essen mußte gut und auskömmlich sein, aber mein Vater war nicht reich und an die ausgezeichnete Sparsamkeit meiner Mutter gewöhnt, die eine vorzügliche Hausfrau gewesen war: darum hat auch meine Schwester getan wie meine Mutter, hat es mir dann auch gezeigt, zumal in der letzten

*Pieter Aertsen: Bauern am Kochherd, Antwerpen,
Museum Mayer van den Bergh*

Zeit. Ich suche immer viel mit wenig zu machen, ebenso wie meine Mutter und Schwester es getan hatten: sehen Sie, aber das Beste und Auskömmlichste unserer ganzen Mahlzeiten beziehe ich immer aus Ihrem Garten; er war fast ganz verwahrlost und trug nur ganz unnütze Dinge: jetzt steht er reich an Spinat, an Kohl, Salaten, Zwiebeln, Petersilie und Lauch; ich verbrauche die Kohlrüben bis auf die letzten Blätter; daraus mache ich uns und Ihren Leuten gute und ausreichende Omeletten, und tue doch nur die Hälfte Eier hinein als Ihre Mädchen meinen; dabei sind sie alle begeistert davon; auf diese Art kann ich dann noch ein Gericht Spinat obendrein hinstellen. Ihre Mädchen sagten mir, man habe früher bei Ihnen nur zwei- oder dreimal im Jahr Salat gegessen; jetzt essen Sie alle Tage; und ich weiß auch, daß Ihre Leute, die sehr gern Essig haben, von ihrem Essen begeistert sind; Ihr Öl wird auch sehr sparsam verbraucht, denn der Essig verdeckt für die Bauern das Fehlen des Öles. Aber alle Ihre Burschen stehen von der Tafel auf, gesättigt und erfreut, genährt und erquickt.

Aus dem Französischen übertragen von C. S. G.

Französisches Sprichwort:

Fette Küche, mageres Testament.

Aus der Reisebeschreibung des Lionardo Frescobaldi (14. Jahrh.):

Viele Reichtümer gibt es in dieser kaiserlichen Stadt Kairo, vor allem Zucker und Gewürze aller Arten. Dennoch sind mehr als 100 000 Personen obdachlos und verbringen die Nächte im Freien. Kairo hat mehr Einwohner als ganz Toskana; und in mancher Straße wohnen die Leute enger aufeinander als selbst in Florenz. Es gibt viele Köche, die draußen auf der Straße prächtige Fleischstücke kochen, in der Nacht wie am Tag, in großen Kupferkesseln. Und kein Bürger, wie reich er auch sein mag, kocht bei sich zu Hause. So halten es alle Heiden; sie lassen ihr
Essen in diesen Basars holen, wie sie sie nennen. Oft setzen sie sich einfach auf die Straße und essen dort; sie breiten ein Stück Leder aus, auf dem sie sich mit gekreuzten Beinen niederlassen und tun die Speisen in ein Schüsselchen. Wenn sie sich den Mund beschmiert haben, lecken sie ihn mit der Zunge sauber, wie die Hunde.

Aus dem Italienischen übertragen von L. M. K.

Aus den Memoiren des Barons von Pöllnitz:

Der Tisch ist jedenfalls dasjenige, woran die Österreicher am meisten denken. Sie müssen eine Unzahl von Speisen und wohlgefüllten Platten haben. Sie sind an diesen Überfluß von Fleischgerichten so sehr gewöhnt, daß ich junge Österreicher habe behaupten hören, man äße nicht gut in Frankreich, weil man dort nicht zwei Nieren auf einer Platte serviere. Verschiedene Weinsorten sind noch sehr beliebt hier, und das ist entschieden eine große Ausgabe, da für die ausländischen Weine ein beträchtlicher Einfuhrzoll bezahlt wird. Trotzdem müssen es mindestens acht oder zehn verschiedene Sorten sein. Ich habe Häuser gesehen, wo es deren bis zu achtzehn gab. Man legte eine Karte unter jeden Teller, auf der die verschiedenen Sorten angegeben sind, die sich auf dem Buffet befinden.

Aus dem Französischen übertragen von L. M. K.

Küchenzettel des Königs Friedrich des Großen von Preußen vom 5. August 1786 (12 Tage vor seinem Tode).

Bemerkungen des Königs: das + war Zeichen der königlichen Zufriedenheit.
Soupe aux choux à la Fouqué.   +
Du bœuf au panais et carottes.   +
Des poulets en cannelons aux concombres farcis au blanc à L'Anglaise.
Durchgestrichen und vom König persönlich des Côtelettes dans du papier *bestellt.*
Petites pâtés à la Roumaine.
Gebratene junge Couleussen.
Du saumon à la Dessau.   +
Des filets de Volaille à la Pompadour avec des langues de bœuf et des croquettes.
Portugiesischer Kuchen.
Vom König gestrichen, dafür: Des
Gaufres.
Grüne Erbsen.   +
Frische Heringe.   +
Saure Gurken.

Aus dem „Kalewala":

Fertig war das Bier geworden,
War der Männer Trank bereitet,
Ward das rote Bier gelagert,
Ward das Dünnbier fortgeführet,
In der Erde nun zu schlafen,
In dem festen Felsenkeller,
In den starken Eichenfässern
Hinter kupferreichen Zapfen.

Fertig ließ Pohjolas Wirtin
Darauf alle Speisen kochen,
Ließ die Kessel alle brausen,
Ließ die Pfannen alle zischen,
Backte ferner große Brote,
Klopfte große Massen Breies
Zu des guten Volkes Nahrung,
Zu des großen Haufens Speisung
Bei des Nordens langem Schmause,
Beim Gelage Sariolas.

Fertig backte sie die Brote,
Klopfte bald den Brei auch fertig,
Wenig Zeit war hingegangen,
Kaum ein Augenblick verflossen,
Als das Bier im Fasse pochte,
Das sie nicht mit Holz gerühret,
Mit der Stange nicht durchwühlet,
Sondern mit der Hand gewendet,
Umgekehrt mit den Armen
In der raucherfüllten Backstub',
Auf den gutgekehrten Brettern.

Auch nicht ließ die gute Wirtin,
Sie die Hausfrau voller Umsicht,
Diese Keim' zum Aufbruch kommen,
Nicht das Malz nach Erde schmecken,
Ging gar oftmals in die Backstub',
Um die Mitternacht alleine,
Hatte vor dem Wolf kein Bangen,
Fürchtet' nicht des Waldes Raubtier.
          Aus dem Finnischen übertragen von Anton Schiefner.

Mackenzie, Reise durch das nördlichste Amerika (1805):

Siede das Maiskorn (ungebrochen) in einem Wasser, welches von Kalk gesättigt ist, bis die äußere Haut davon abgeht. Hierauf wird es wohl gewässert und auf eigenen Gestellen gedörrt. Wenn es getrocknet, eigentlich gedörrt ist, eignet es sich zur Verpackung und zum unmittelbaren Gebrauche, nachdem es auf folgende Weise zubereitet ist:
  Man siedet es zwei Stunden über mäßigem Feuer in Wasser. Nachdem es eine Weile gesotten hat, werden einige Lot tierischen Fettes oder Butter beigegeben. Nachdem es fertig gesotten ist (denn früher würde es die Auflösung aufhalten oder ganz verhindern), so gibt es ein gesundes, schmackhaftes und nährendes Gericht. Ein Pfund auf solche Weise gedörrten Maiskorns ist hinreichend, den Pelzjäger auf 24 Stunden zu sättigen und zu ernähren.
  Aus dem Englischen übertragen von Rumohr.

Aus den „Opera" des Bartolomeo Scappi (Venezia 1545):
Wie erkennt man die Güte des Kaviar?

Kaviar sind die eingesalzenen Eier des Stör; der gute ist schwarz und ölig. Doch gibt es verschiedene Sorten. Von dem, der ins Aschgraue geht, was von der Eihaut herrührt, hält sich der gekochte nicht so lang wie der rohe. Ißt man ihn gleich, schmeckt der gekochte aber besser. Den gekochten sowohl wie den rohen hebt man am besten in Holz- oder Steingutgefäßen und an feuchten Orten auf.
  Aus dem Italienischen übertragen von L. M. K.

Apulejus, Der goldene Esel:

Der Soldat, der sie so billig an sich gebracht hatte, mußte, aus schuldigem Gehorsam gegen den Befehl seines Obersten, einen Brief an den allergroßmächtigsten Kaiser nach Rom bringen, und für elf Denare verhandelte er mich nebenan an zwei Brüder, die beide einem reichen Herrn dienten, der eine als Brot-, Zucker- und Pastetenbäcker, der andere als Leib-,

Mund- und Magenkoch. Sie wohnten und wirtschafteten selbander auf einem Zimmer und kauften mich zum Tragen der Gerätschaften, welche sie auf der Reise durch verschiedene Länder für ihren Herrn nötig hatten.

Nie ist mir armem verzaubertem Esel das Glück holder gewesen, als da ich der Stubengesell dieser zwei Brüder war. Abends, wenn ihr Herr abgespeist hatte, brachten sie gewöhnlich eine Menge delikater Schüsseln von der reichlich besetzten Tafel in ihre Zelle getragen. Der eine Überbleibsel von Schweinefleisch, von jungen Hühnern, von Fischen und dergleichen Leckerbissen mehr, der andere Brot, Gebackenes, Pasteten, Torten, Konfekt die Fülle. Darauf gingen sie ins Bad, um sich zu erquicken, und schlössen mich bei all diesen Leckereien ein, von denen ich mir's gern vortrefflich schmecken ließ. Denn so dumm und ein so wahrer Esel war ich nicht, daß ich des Himmels liebliche Gaben hätte verschmähen und an das spröde Heu mich hätte halten sollen.

Lange ging mir mein verstohlenes Handwerk glücklich vonstatten, weil ich's mit Vorsicht und Bescheidenheit trieb. Ich begnügte mich von dem ansehnlichen Vorrat allemal mit wenigem und meinen Herren fiel es gar nicht ein, daß sie Mißtrauen in mich zu setzen hätten.

Allein, als ich mehr und mehr Vertrauen gewann, unentdeckt zu bleiben, und immer das Wohlschmeckendste wegnaschte und das Schlechtere liegen ließ, da wurden meine beiden Brüder aufmerksam. Zwar von mir ließ sich noch keiner von ihnen so was träumen; doch paßten sie scharf auf, wer sie alltäglich so bestehlen möchte. Ja, sie beargwöhnten sich untereinander selbst, und jedweder bemerkte, überzählte und bezeichnete seinen Teil auf das allergenaueste.

Endlich verlor der eine die Geduld: „Ist's wohl billig? Ist's wohl zu verantworten", sprach er zu seinem Bruder, „daß du mir täglich erst das Beste von meinem Anteile wegstiehlst und dann noch mit mir in gleiche Teile gehen willst? Höre! Steht's dir nicht mehr an, in Halbpart mit mir zu bleiben? Gut! Wir können ja in allem übrigen Brüder sein und haben nur die Gemeinschaft unter uns aufgehoben, denn wenn nicht bald den Klagen über die Verteilung unter uns abgeholfen wird, so nimmt unsere Freundschaft noch ein Ende mit Schrecken."

„Nun, das ist wahr", entgegnete der andere, „das nenne ich mir eine edle Unverschämtheit! Du bemaust mir Tag für Tag meine Portion, und während ich in der Stille darüber seufze und meinen Bruder nicht eines niederträchtigen Diebstahls beschuldigen will, kommst du mir auch noch in der Beschwerde zuvor! Aber gut, daß wir darüber miteinander einmal sprechen können, so kann allem Übel noch vorgebeugt werden, damit der heimliche Groll nicht endlich noch eine Feindschaft unter uns anrichtet, wie zwischen Eteokles und Polynikes."

Nachdem die Brüder sich lange herumgezankt, sich untereinander die bittersten Vorwürfe gemacht, sich beiderseits hoch und teuer zugeschworen hatten, daß sie von allem Betrug und Diebstahl rein wären, so kamen sie friedlich überein, alle mögliche List anzuwenden, ihren gemeinschaftlichen Dieb ausfindig zu machen. Sie konnten durchaus nicht begreifen, wo immer just das Delikateste von ihren Gerichten hinkäme. Unmöglich konnte doch der Esel von solcherlei Speisen versucht werden, und so große Fliegen, wie vormals die Harpyien waren, welche dem Phineus die Mahlzeit wegfraßen, kämen doch auch nicht zu den Fenstern herein!

Inzwischen, die herrliche Tafel, die ganz menschliche Kost, in der ich so täglich schwelgte, schlug bei mir gar zu gut an. In kurzer Zeit war ich Speckfett. Weich und sanft war meine Haut anzufühlen und mein Haar glänzte wie ein Spiegel.

Über diese Schönheitsblüte merkten meine Herren Unrat, zumal sie auch gewahr wurden, daß ich das Heu immer unberührt liegen ließ. Sie paßten mir auf. Um die gewöhnliche Zeit schlössen sie die Türe ab, als ob sie nach dem Bad gingen, belauerten mich aber draußen. Durch eine Ritze sahen sie denn bald, wie ich nach Appetit jetzt von diesem, jetzt von jenem hingesetzten Gerichte naschte.

Sie hatten solch ein Wunder über diese sonderbare Leckerhaftigkeit eines Esels, daß sie den Schaden vergaßen, der ihnen dadurch zugefügt wurde, und vor Lachen bersten wollten. Sie riefen noch andere von ihren Kameraden herbei und zeigten denen auch, was sie für ein geschmackvolles Langohr besäßen. Da war ein Gelächter! Endlich kam noch der Herr dazu und fragte, was es denn so zu lachen gäbe. Man sagte ihm die Ursache. Er trat an die Spalte, guckte durch und hatte all seine Freude an mir. Er lachte, daß ihm der Leib wehe tat und daß er gar nicht mehr konnte. Endlich ließ er die Türe aufmachen, kam herein und sah mir von der Nähe zu. Denn da ich merkte, daß die Sache eine so lustige Wendung genommen, und es mir schien, als ob das Glück mich anlächle, so schöpfte ich Mut aus der Freude der Anwesenden und ließ mich im mindesten nicht stören, sondern fraß ganz sorglos fort, bis der Hausherr, über die Neuheit des Schauspiels erfreut, mich in seinen Speisesaal führen ließ, oder vielmehr selbst mit eigenen hohen Händen hineinführte, und Befehl gab, für mich die Tafel zu decken und ordentlich, wie es sich gehört, anzurichten.

Ich hatte mich zwar schon ganz artig vollgestopft, jedoch, um mich bei dem Herrn desto beliebter und angenehmer zu machen, verzehrte ich alles, was mir vorgesetzt wurde, mit großem Appetit. Noch dazu waren es allerhand stark gewürzte Gerichte, die sonst wohl einem Esel widerstehen möchten, die man aber recht vorsätzlich, um mich desto besser auf die Probe zu stellen, gewählt hatte: Ragouts mit Pfeffer, tüchtig gepfefferte Frikassees, Fische mit einer ausländischen Brühe, kurz lauter Hochgeschmack. Der Saal lachte während meines Geschmauses.

„Oh!" schrie endlich ein Spaßvogel, der zugegen war, „gebt doch dem Burschen auch ein wenig Wein! Er wird dursten!"

„Wohlgesprochen, Schelm!" sprach der Herr, der das Wort auffing, „leicht könnte der Kauz auch wohl mit einem Gläschen Met vorlieb nehmen. He! Junge, spüle da gleich den großen silbernen Pokal aus und reich' ihn voller Met unserm Schmäcksbrädel hin! Sage ihm zugleich, ich bracht's ihm zu."

Alle Anwesenden standen voller Erwartung. Ich meinesteils, ich sah nicht ab, warum ich hätte den Schüchternen spielen sollen. Fröhlichen Muts spitzte ich aufs possierlichste meine Lippen und schlürfte den ganzen Pokal auf einen Zug hinunter. Einstimmig schrie alles miteinander: „Wohl bekomm's! Wohl bekomm's!"

Aus dem Lateinischen übertragen von C. S. G.

Antonio Pucci, „Das Saucenrezept" (14. Jahrh., Florenz):

Rezepte willst du wissen zarter Saucen?
Da mußt du Salbei, Minze, Thymian geben,
Das Ganze drauf mit Rosmarin beleben
Und Knoblauch wie die Juden im Land Gosen.

Dies alles dann in einen Mörsel stoßen –
Vergiß ja nicht den Schlägel oft zu heben! –
Gib Lorbeer bei, drei Blätter auch von Rosen.

Auch ein Basilienkraut mußt du zerdrücken.
Gut ist ein Pfefferkorn, auch Kräutersäfte.
Und spare nicht an ein paar Nelkenstücken.

Die Butterblume gibt dem Seim die Kräfte.
Hast du gar Ingwer, wird's besonders glücken.
Zerbrösle dann zwei drei vier Zimmetschäfte.

Zu all dem Kraut ist Essig sehr ersprießlich.
Nimm ihn nur scharf, sonst ist es recht verdrießlich.
   Aus dem Italienischen übertragen von C. S. G.

Aus den „Opera" des Bartolomeo Scappi (Venezia 1545):

Lombardisches Risotto mit Hühnerfleisch, Hirn und Eigelb

Man nehme den Reis und koche ihn in Bouillon, in der Stücke von Kapaunen, Gänsen und Hirn schwimmen, bis er gar ist. Dann fülle man einen Teil des Reises in einen großen Steinguttopf, der mit Käse, Zucker und Zimt ausgestrichen ist. Auf jede Schicht Reis lege man eine Schicht frischer Butter, Bruststücke vom Kapaun, Scheiben vom Gänsefleisch und Hirn. Alles bestreue man mit Käse, Zucker und Zimt. So baue man 3 Stockwerke auf und das oberste sei gebadet in zerlassener Butter. Dies stelle man auf den Herd, der nicht zu heiß sei, etwa $1/2$ Stunde lang, bis es etwas Farbe bekommt. Dann besprenge man das Gericht mit etwas Rosenwasser und serviere es heiß, wie es ist.
   Aus dem Italienischen übertragen von L. M. K.

Molière, „Le Bourgeois-Gentilhomme", IV, I:

Dorimène: „Wie kommen Sie dazu, Dorante? Das ist ja ein geradezu fabelhaftes Essen!
Monsieur Jourdain: „Sie belieben zu spotten, gnädigste Frau, ich wäre glücklich, wenn Sie es als Ihrer wert anzunehmen geruhten! wenn es Ihre Annahme verdiente!
(Man geht zu Tisch.)
Dorante: Jourdain hat ganz recht mit seiner Ansicht und nötigt mich, so gut ich kann, Ihnen in seinem Hause die Honneurs zu machen. Ich gehe einig mit ihm, daß diese Tafel Ihrer nicht würdig ist. Da ich sie selber angeordnet habe, ohne in Essensfragen so gut Bescheid zu wissen wie unsere Freunde, so finden Sie hier eben eine nicht gerade übermäßig sachverständig zusammengestellte Mahlzeit, und sicher werden Ihnen Verstöße gegen die Geschmacksregeln und Barbareien wider die rechte Speisenfolge auffallen. Hätte Damis sich darum bekümmern dürfen, so wäre alles in seiner richtigen Ordnung; überall würde man elegante Sachkenntnis spüren, bestimmt würde er nicht verfehlen, all die einzelnen Gänge, die er Ihnen auftischt, vor Ihnen ins rechte Licht zu setzen, sie von seiner erstaunlichen Begabung in der Auswahl guter Gerichte zu überzeugen, Ihnen zu schildern die Vorzüge eines wohlausgebackenen Brotlaibs mit goldigschimmerndem Einschnitt und allerwärts hoch sich wölbender Kruste, die zart unter den Zähnen knuspert, eines mild purpurfeurigen Weines, dessen wahrhafte Tugend nicht übermäßig den Gesprächston angibt, eines Hammelskarrees, lecker mit Petersilie gewürzt, einer feisten Rindslende, so lang, weiß und delikat, die auf der Zunge ein wahrer Mandelkuchen ist, von Rebhühnern, denen ein hinreißender Duft entströmt; und als sein Meisterwerk preisen die blonde, markperlende Fleischbrühe eines jungen, von Täubchen leicht gespickten Truthahns, gekrönt von weißen Zwiebeln, in schönster Ehe mit der Zichorie. Ich aber, ich gestehe Ihnen meine Unwissenheit; und wie Jourdain richtig gesagt hat: auch ich wäre glücklich, wenn die Mahlzeit Ihre Annahme mit mehr Recht verdiente.
Dorimène: Meine ganze Antwort auf Ihre Schmeichelworte ist: Essen.
Aus dem Französischen übertragen von C. S. G.

Franz Snyders: Der Wildhändler, Oslo, Nationalgalerie

Indisches Märchen:

Nach dieser Überlegung richtete er seinen liebevollen Blick auf die Jungfrau und fragte sie: „Holdes Kind! Wärest du wohl imstande, mir aus diesem Prastha Reis eine vollständige Mahlzeit zu bereiten und mich damit zu bewirten?" Die Jungfrau sah ihre alte Dienerin bedeutungsvoll an, nahm aus seiner Hand das Getreide entgegen, obwohl es nur ein Prastha war, wusch dem Fremdling die Füße und lud ihn dann an einer wohlgesprengten und wohlgefegten Stelle der Terrasse vor ihrer Haustür zum Sitzen ein. Darauf entfernte sie mit dem Stößel die Rispen der Duftreiskörner, ließ sie mäßig lange in der Sonne trocknen, indem sie sie dabei wieder und wieder umrührte, breitete sie auf fester und glatter Unterlage aus, strich dann ganz sanft mit dem Rücken eines Halmes darüber hin und trennte so die Körner von allen Rispen. Dann sagte sie zu ihrer Amme: „Mütterchen! Diese Rispen können die Goldschmiede zum Polieren ihrer Geschmeide gebrauchen. Verkaufe sie ihnen, und für die Kakinis, welche du dafür bekommst, bringe mir recht harte, nicht zu feuchte und nicht zu trockene

Holzscheite, einen mäßig großen Topf und zwei Teller." Als dies geschehen war, schüttete sie die Reiskörner in einen Mörser aus Kakubhaholz, dessen Bauch nicht zu tief, nicht zu flach und nicht zu weit war, nahm eine schwere und lange Mörserkeule aus Khadiraholz, deren unterer Teil mit Metall beschlagen und deren Schaft ebenmäßig war, während man nur vermuten konnte, daß er in der Mitte eine dünnere Stelle hatte, und indem sie ihre Arme in ebenso geschicktem wie anmutigem Spiele tummelte und den Stößel hob und senkte, drosch sie den Reis, den gedroschenen wieder und wieder mit den Fingern herausholend, sonderte dann mit der Getreideschwinge die Körner von den Grannen, wusch erstere wiederholt in reichlichem Wasser, brachte dem Herd seine Spende dar und warf den Reis in Wasser, welches fünfmal soviel Raum einnahm als später die gekochte Speise. Als sich dann die inneren Teilchen der Reiskörner lösten und diese quollen und barsten wie aufspringende Knospen, verringerte sie das Feuer, deckte einen Deckel auf den Topf und goß das Reiswasser ab. Dann stieß sie einen Löffel in den Reis und rührte ihn mäßig um, bis er gleichmäßig gekocht war, worauf sie den Topf umkehrte, so daß er mit seiner Öffnung nach unten stand. Die Holzscheite, welche im Innern noch nicht verbrannt waren, begoß sie von allen Seiten mit Wasser, so daß das Feuer verlosch und sie sich in schwarze Kohle verwandelten. Sie ließ diese durch ihre Amme zu Leuten tragen, die ihrer bedurften, und gab ihr den Auftrag, für die gelösten Kakinis Kompott, Butter, saure Milch, Sesamöl, eine Myrobalane und eine Tamarinde zu bringen, soviel sie eben dafür bekommen könne. Nachdem dies geschehen war, bereitete sie damit zwei oder drei Arten von Zukost, stellte einen der neuen Teller in nassen Sand, goß das Reiswasser hinein, kühlte es mit dem sanften Wind, den sie durch Fächeln mit einem Fächer hervorbrachte, salzte es und durchduftete es mit Räucherwerk, das sie auf die glimmenden Kohlen warf, zerrieb die Myrobalane ganz fein und durchduftete sie mit Lotusgeruch. Dann ließ sie ihren Gast durch ihre Amme bitten, sich zu baden. Die Amme, die sich selbst vorher gebadet hatte, reichte ihm das Sesamöl und die zerriebene Myrobalane, so daß er gemächlich baden konnte.

Nach dem Bade nahm er auf einem Sitzbrett Platz, welches auf den erst besprengten und dann gefegten Estrich gelegt war, und berührte das Naß, welches sich in zwei Schalen befand, die auf einem blaßgrünen, um ein Drittel beschnittenen Blatte von der im Hof wachsenden Banane standen.

Die Jungfrau trug ihm zuerst nur das Reiswasser auf. Als er es getrunken hatte, war alle Ermüdung, welche er noch von seiner Wanderung her empfand, verschwunden. Er war heiter und fühlte eine wohlige Kühle am ganzen Körper. Darauf reichte sie ihm zwei Löffel Reismus und trug ihm etwas zerlassene Butter, eine Suppe und ein würziges, die Eßlust erregendes Kompott auf. Dann reichte sie ihm die übrige Reisspeise mit saurer Milch, die mit Tridschataka gemischt war, und mit Buttermilch und saurem Reisschleim, die ihn beide ebenso durch ihren Duft wie durch ihre Kühle erquickten. So war er gesättigt und vermochte nicht einmal alles zu verzehren. Darauf bat er um einen Trunk. Sie brachte eine neue, mit Wasser gefüllte Kanne. Das Wasser war mit duftender Aloe beräuchert, mit frischen Trompetenblumen durchduftet und mit Wohlgeruch behaftet, den ihm aufgeblühte Lotusblumen verliehen. Das goß sie ihm in reichlichem Gusse ein. Er setzte die Schale an seine Lippen und trank das klare Wasser in vollen Zügen. Dabei öffneten sich unter dem Einfluß der eiskalten Tropfen seine Augenlider so weit, daß es unter ihnen wie Morgenrot hervorleuchtete. Der fallende Wasserstrahl ergötzte sein Ohr. Seine Wangen strafften sich, weil sich auf ihnen infolge der wohltuenden Berührung die Härchen sträubten; seine Nasenlöcher weiteten sich, um die verschwenderische Menge der Wohlgerüche einzuziehen, und seinen Geschmackssinn erquickte der außerordentliche Wohlgeschmack. Schließlich schüttelte er mit dem Kopfe, zum Zeichen, daß es genug sei. Sie setzte die Kanne ab und gab ihm aus einer anderen das Wasser zum Mundausspülen. Die Alte trug die übriggebliebenen Speisen ab, er legte seinen eigenen zerschlissenen Mantel auf den mit grünlichem Kuhdung bestrichenen Estrich und ruhte ein wenig. Und weil er von dem Erlebten voll befriedigt war, so vermählte er sich mit der Jungfrau in aller Form und führte sie in sein Heim.

Gogol, Die toten Seelen:

Am Wirtshause ließ Tschitschikow aus zwei Ursachen anhalten. Erstlich, um die Pferde ausruhen zu lassen, und zweitens, um selbst etwas Stärkendes zu sich zu nehmen. Der Verfasser muß bekennen, daß er solche Leute um ihren Appetit und ihren Magen sehr beneidet. Für ihn haben alle Moskauer und Petersburger Großen kein Interesse, die ihre Zeit damit zu verbringen, um nachzudenken, was sie wohl morgen essen, welchen Mittag sie übermorgen zubereiten lassen und die eher nicht zur Tafel gehen, als nachdem sie einige Pillen eingenommen; oder wenn sie Austern, Meerspinnen und ähnliche Wunder gierig verschlungen, nach Karlsbad oder in die kaukasischen Bäder fahren. Nein, diese Herren hat der Verfasser nie beneidet. Aber die Herren des Mittelstandes, die auf der ersten Station eine Portion Schinken zu sich nehmen, auf der zweiten ein Ferkel, auf der dritten ein tüchtiges Stück Stör oder gebackene Wurst mit Zwiebel, und dann, zu jeder Zeit, als ob nichts vorgefallen, sich zu Tische setzen, und den Speisen volle Ehre erweisen, so daß sie bei andern Appetit erregen – diese Herren genießen eine beneidenswerte Himmelsgabe. Mehr als ein Großer wäre bereitwillig, die Hälfte seiner Bauernseelen und seiner verpfändeten oder nicht verpfändeten Güter mit allen Verbesserungen und Verschönerungen nach ausländischer oder russischer Manier zu opfern, um nur einen solchen Magen wie mancher Herr des Mittelstandes zu haben. Schade, daß der sich für noch so viel Geld nicht erwerben läßt.

Das aus bereits geschwärztem Holze gebaute Wirtshaus nahm Tschitschikow unter seiner schmalen, aber gastfreundlichen Vorhalle, auf alten Kirchenleuchtern ähnlichen, hölzernen Säulen ruhend, auf. Das Wirtshaus selbst war nichts weiter als eine russische Bauernhütte in größerem Maßstabe. Grotesk geschnittene Gesimse umgaben Fenster und Dach und verliehen den finstern Wänden ein buntes Ansehen; auf den Fensterladen waren ganze Krüge mit Blumen aufgemalt.

Nachdem er die schmale Holztreppe heraufgestiegen, begegnete er einer dicken Alten in einem kreischenden Perkalkleide, die knarrende Türe öffnend und ihn ins Zimmer bittend. Im Zimmer fand man dieselben alten Bekannten, die man gewöhnlich in solchen kleinen, in nicht geringer Zahl an der Landstraße liegenden Wirtshäusern antrifft, namentlich: einen schön gelöteten Samowar, glatte Wände aus Tannenholz, einen dreiwinklichten Schrank mit Teekannen und Tassen, vergoldete Porzellaneier, an blauen oder roten Bändchen vor den Heiligenbildern hängend, eine Katze, die vor kurzem geworfen, einen Spiegel, der statt zwei, vier Augen wiedergab, und in dem das Gesicht sich als zerquetschter Pfannkuchen reflektierte, und endlich ganze Gebüsche in die Rahmen der Heiligenbilder eingesteckter wohlriechender Blumen, aber so durch und durch vertrocknet, daß, wer an ihnen roch, alsogleich nießen mußte.

„Ist ein Ferkel zu bekommen?" mit dieser Frage wendete sich Tschitschikow an die vor ihm stehende Alte.

„Es ist da."

„Mit Meerrettich und Sahne?"

„Mit Meerrettich und Saline."

„So gib's her!"

Die Alte ging und brachte bald darauf einen Teller, eine Serviette, so sehr mit Stärkemehl durchsetzt, daß sie sich wie eine vertrocknete Rinde in die Höhe stellte, dann ein Messer, dünn wie zum Federschneiden, mit einem vergilbten Hornstiele, einer nur zweizahnigen Gabel, und ein Salzfaß, das man durchaus nicht grade auf den Tisch stellen konnte.

Aus dem Russischen übertragen von Lehr.

Virgil, „Ländliche Gedichte": Das Mörsergericht

Schon hatt' erfüllet die Nacht zehn säumige Stunden des Winters,
Und der geflügelte Wächter den Tag hellkrähend verkündigt:
Als des mäßigen Feldgütleins anbauender Landmann
Simulus, um nicht Faste des kommenden Tages zu dulden,
Mählich die Glieder erhebt, die geruht auf ärmlichem Lager,
Und mit geschäftiger Hand dumpfbrütende Schatten durchtastet,
Suchend den Herd, den endlich nach einigen Stößen er ausfühlt.

Winziges Räuchlein war dem verglimmenden Brande noch übrig,
Und es umzog Flockasche der düsteren Kohle Gefunkel.
Vorwärts beugt er daran, mit gesenkter Stirne, das Lämpchen,
Rückt hervor mit der Nadel den Docht des trockenen Werrichs,
Und mit häufigem Blasen erweckt er das schlummernde Feuer;
Endlich fängt's, daß die Nacht vor leuchtender Helle zurückweicht.
Jetzt mit gebogener Hand umschirmt er das Licht vor der Höhlung,
öffnet sodann dem Verschloß vorschauend die Tür mit dem Schlüssel.

Drinnen lag auf der Erd' ein dürftiger Haufen Getreides:
Hiervon rafft er gebückt, bis hoch zur Fülle des Maßes,
Das ein Gewicht zu fassen von sechzehn Pfunden gehöhlt ward.
Weg dann geht er, und eilt an die Mühl', und auf winzigem Brettlein,
Welches geheftet die Wand zu solcherlei Dienste bewahrte,

Stellt er das freundliche Licht; die Arme darauf des Gewandes
Beid' entblößt, umgürtend den Balg der gezottelten Ziege,
Fegt mit dem Quast er zuvor noch den Mühlstein und Inneres sauber.
Jetzo ruft er die Händ' ans Geschäft, in gleicher Verteilung:
Da er die Linke zum Dienst, und die Recht' anstrenget zur Arbeit.
Die nun dreht rastlos in die Rund', und erreget den Umschwung;
Während das Schrot abläuft, von der schmetternden Kraft des Gesteines.
Oft wenn matt sie geworden, erbeut sich die Linke der Schwester
Zum abwechselnden Amt. Bald singet er bäurische Liedlein,
Selbst mit ländlicher Stimme der Arbeit Weile sich lindernd,
Oft auch Cybale! rufet er laut. Die einzige Magd war's,
Afrisches Stamms, mit der ganzen Gestalt bezeugend die Heimat.
Diese ruft er hervor, und heißt mit brennbaren Scheitern
Häufen den Herd, und ihm am Feuer die frostigen Glieder erwärmen.
Als er nunmehr fehllos das Geschäft der Zermalmung vollendet,
Trägt er darauf mit der Hand das geschrotene Korn in das Mehlsieb,
Rüttelt dann: Oben nun bleibt die gesonderte Klei an dem Boden;
Nieder sinkt ungefälscht, durch engende Fugen geläutert,
Ceres' reines Geschenk. Dann schnell auf geglätteter Tafel
Legt er es sorgsam hin, und beströmt's mit laulicher Welle;
Mischt dann in eins, und knetet den Quell und die Blume des Mehles;
Kehrt das gehärtete quer mit der Hand, und sprenget die Häuflein
Oft mit geläutertem Salz. Den zähe gequollenen Teig nun
Drückt er glatt, mit den Händen zur eigenen Rund' ihn erweiternd,
Zeichnet ihn dann, einprägend das gleich abstehende Viereck.
Den nun trägt er zum Herd, wo Cybale sauber den Ort ihm
Abgestäubt, deckt über die Stülp', und umhäuft sie mit Gluten.
  Während indes sein Amt Vulcanus übet und Vesta;
Harrt auch Simulus nicht die müßige Stunde geschäftslos;
Anderen Rat noch sucht er; und daß nicht Ceres allein ihm
Weniger reize den Gaum', so schafft er gesellige Zukost.
Ihm war nicht hoch neben dem Herd ein hangender Fleischwiem,
Salzgeräucherte Rücken des Schweins und Schinken, im Vorrat,
Nur ein geründeter Käse, durchbohrt vom Drahte des Spartes,
Hing mit dem alten Gebund des befestigten Dilles herunter.
Anderem Rat drum strebet er nach, der betriebsame Kernmann.

Dort war ein Garten der Hütte zunächst, von wenigem Weidicht
Und dünnhalmigem Rohr für die schneidenden Sichel befriedigt:
Mäßiges Raums, doch ergiebig an mancherlei fruchtbaren Kräutern.
Jenem mangelte nichts, was erheischt des Armen Bedürfnis:
Oft wohl pflegte der Reiche vom Ärmeren manches zu fordern;
Auch war's nicht Anlage der Pracht, doch sorgt' er für Richtschnur.
Wann ihn müßig einmal in der Hütt' ein Regen daheimhielt,
Oder ein Fest; wann etwa dem Pflug einst feirte die Arbeit:
Gartengeschäft war dann. Vielartige Pflanzen zu reihen
Wußt' er, und mancherlei Samen geheim zu vertrauen dem Erdreich,
Auch, wenn's galt, sorgfältig benachbarte Bäche zu lenken.
Hier war Kohl, hier mutig die Arm' ausstreckender Mangold;
Hier weit wuchernder Ampfer, und heilsame Malven und Alant;
Hier die süßliche Möhr, und buchsichte Häupter des Lauches;
Hier auch grünt einschläfernder Mohn mit kalter Betäubung;
Auch der Salat, der labend die edleren Schmäuse beschließet;
Häufig sproßt auch hervor der gezackt abwurzelnde Rettich;
Und schwer hing an der Ranke mit breitem Bauche der Kürbis.
Aber des Eigeners nicht, denn wer wohl lebte genauer?
Sondern des Volks war solcher Ertrag: und an jeglichem Markttag
Bot er feil in der Stadt die lastenden Bunde Gemüses;
Dann am Nacken so leicht, wie von Geld schwer, wandelt er heimwärts,
Selten einmal mitbringend die städtische Ware der Fleischbank.
Ihm ist die rötliche Zwiebel genug, und ein Beetchen des Schnittlauchs,
Kress' auch welche verzerrt mit scharfem Bisse das Antlitz,
Auch der Endivie Wuchs, und die hitzige Rauke der Venus.
 Jetzt auch trat er zum Garten hinein voll solcher Gesinnung.
Aber zuerst, da er leise das Land mit dem Finger gelockert,
Zieht er heraus vier Stangen des vielfachknolligen Knoblauchs,
Drauf des Eppiches zartes Gesproß, und die starrende Raute,
Rupfet er, samt Koriander, an haarigen Dolden erzitternd.
Dies nun trägt er hinein, und sitzt an das fröhliche Feuer,
Und mit hallendem Ruf von der Dienerin heischt er den Mörser.
Jegliche Boll' itzt blößt er von zahlreich hüllender Rinde,
Und wie die oberen Häutchen er abzieht, streut er verachtend
Rings auf die Erde sie weg; und die Knoll', auf Grase bewahret,

Pieter Aertsen: Marktfrau mit Gemüsestand, Berlin, Gemäldegalerie

Spület er, senket sie dann in des Steines gehöhlete Ründung.
Körniges Salz nun streut er; und, hart von zerfressenem Salze,
Kommt ein Käse dazu; drauf schüttet er alle die Kräuter.
  Jetzo hält ihm die Link' um den zottigen Bauch das Gewand fest;
Doch in der Rechten die Keule zerquetscht den duftigen Knoblauch
Stampfend, und reibt dann alles zu Brei gleichmäßiger Mischung.
Rundum kreiset die Hand: da verliert allmählich ein jedes
Seine besondere Kraft; und die Färb' ist aus mehreren eine:
Weder ein völliges Grün, weil milchichte Krumen es hindern,
Noch von der Milch ganz hell, weil mancherlei Kraut sie gefleckt hat.
Oft daß streng in des Mannes einatmende Nase der Aushauch

Steigt, und mit krausem Gesicht sein eigenes Mahl er verdammet;
Oft daß mit oberer Hand die tränenden Augen er abwischt,
Gegen den Rauch anwütend mit unverschuldeter Schmähung.
Vorwärts rückte das Werk. Nicht höckerig mehr, wie im Anfang,
Nein schon ging schwerfällig die Keul' anklebenden Umlauf.
Darum tröpfelt er drauf palladischen Öles ein wenig,
Gießt auch ein wenig hinzu von der Kraft des beißenden Essigs;
Dann von neuem vermischt er das Werk, und wieder von neuem.
Endlich kehrt er den Mörser mit zwei umlaufenden Fingern
Rings, und preßt das Zerstreute zu einer ballenden Kugel:
So wird Form und Namen des fertigen Mörsergerichtes.
   Cybale scharret indes auch emsig das Brot aus der Asche,
Das er froh in den Händen empfängt; da den drohenden Hunger
Simulus also gescheucht, sorglos für den folgenden Tag nun,
Fügt er in ähnliche Stiefel die Bein', und, bedeckt von der Kappe,
Spannt er in Joch und Seile die willig gehorchenden Farren,
Lenkt auf den Acker hinaus, und drängt in die Erde die Pflugschar.
               Aus dem Lateinischen übertragen von Joh. Heinrich Voß.

Die Historie vom Herzog Ernst:

Von Stund an, als er das geredt, zogen sie mitsamt dem Bannerführer, Grafen Wetzein, dem sie alle strenglich nachfolgten, bis durch das erste Tor, das innerhalb der Schranken war, und berannten kecklich das Stadttor. Da funden sie Niemand, der ihnen den Eingang wehrte, weder innen noch außerhalb der Stadt. Also gingen sie fröhlich, mit lautsingender, wälscher Stimme, die bis gen Himmel erhallet, ein da mitten in die Stadt. Da funden sie einen königlichen großen Saal und Haus, das zumal wohl war gezieret. Und waren die Stühl und Bänke herrlich bedeckt, die Tisch und Scheiben mit dreifaltig gewirkten Purpurtüchern aufgebreitet. Und waren unsaglich schön dargelegt und kostlich bereit mit allerlei kostbarlicher Speis. Es waren auch die Schüssel und Teller all von lauterm Silber, die Köpfe und Becher, daraus man trank Wein und Met, Bier und allerlei Getränk, mit denen sie all gefüllet waren, die waren all von reinem, klarscheinendem Golde.

Da sprach aber Herzog Ernst zu seinen Mitbrüdern: „O ihr liebsten Gesellen, ihr sollet, mitsamt mir, GOTT dem Allmächtigen, der aller Gutheit ein treuer Belohner ist, groß Dank, Lob und Ehr sagen, der mächtig ist, uns, Seinen Dienern, in der Wüsten die kostbarlichen Tische zu bereiten in dieser Stadt. Doch, als ihr mir vormals allzeit williglich gehorsam gewesen, also folgt mir nun itzo auch! Und nehmt dieser Speise und Getränks, als viel euch zu leiblicher Nahrung und Kraft notdürftig ist! Aber Gold, Silber und Purpurgewand verschmähet, und laßt das ihren Herren! Denn GOTT versucht uns, ob wir nicht hitzig seien in der Begierlichkeit, die eine Wurzel ist aller Übel. Euer Bescheidenheit soll auch fürwahr, ohn Zweifel wissen, daß die Bürger dieser Stadt und die Einwohner der Insel nicht fern Wegs sind gezogen, und daß sie in Kürze kommen werden. Hierum, speiset euern müden Leichnam nach Notdurft, und nehmet darnach Speis und Trank zu unserer künftigen Nahrung! Die traget ohne Verziehen in die Schiffe!"

Dem Rat des Herzogen folgten sie alle mit Freuden, und aßen und trunken nach Lust und Notdurft ein gut Genügen.

Homer, „Odyssee", Siebenter Gesang:

König, es ziemt sich nicht und ist den Gebräuchen entgegen,
Einen Fremdling am Herd in der Asche sitzen zu lassen.
Diese Männer schweigen und harren deiner Befehle.
Auf! Und führe den Fremdling zum silberbeschlagenen Sessel,
Daß er bei uns sich setze; und laß die Herolde wieder
Füllen mit Weine den Kelch, damit wir dem Gotte des Donners
Opfer bringen, der über die Hilfeflehenden waltet.
Und die Schaffnerin speise von ihrem Vorrat den Fremdling.
    Als die heilige Macht Alkinoos' solches vernommen,
Faßt' er die Hand des tapfren erfindungsreichen Odysseus,
Richtet' ihn auf aus der Asch und führt ihn zum schimmernden Sessel
Nahe bei sich, und hieß den edlen Laodamas aufstehn,
Seinen mutigen Sohn, den er am zärtlichsten liebte.
Eine Dienerin trug in der schönen goldenen Kanne
Über dem silbernen Becken das Wasser, beströmte zum Waschen

Ihm die Händ' und stellt vor ihn die geglättete Tafel.
Auch die ehrbare Schaffnerin kam und tischte das Brot auf,
Und der Gerichte viel aus ihrem gesammelten Vorrat.
Und nun aß er und trank, der herrliche Dulder Odysseus.
                Aus dem Griechischen übertragen von Joh. Heinrich Voß.

Novelle von Franco Sacchetti:

Giovanni Cascio bändigt den Noddo, mit dem er den Teller teilt, auf daß er nicht allein alle heißen Makkaroni hinabschlingt, mit einer neuen List.

Noddo d'Andrea, der heute noch lebt, war ein großer Fresser vor dem Herrn; um die Hitze der Speisen hat er sich nie bekümmert, wenn er sie nur wie in ein Loch hinabstürzen konnte. Und ich, der Erzähler, kann dieses bezeugen. Denn eines schönen Tages hatte ich einen großen Topf mit einem Lendenstück und einem Schweinsrücken zum Braten geschickt; Noddo aber einen andern Topf mit allerlei Kutteln. Und aus Versehen gab der Bratkoch, als Noddo nach seinem Topf schickte, den meinigen mit. Kaum sah ihn Noddo, so fraß er auch schon den Rücken, nahm dann das Lendenstück einfach in die Hand und biß darauf los. Aber seine Frau sagte: „Was machst du? Das sind doch nicht deine Kutteln. In diesem Topf ist das Fleisch eines Anderen, nicht unseres." Als er so gut wie fertig war, gab er dem Mädchen – so als hörte er die Reden seiner Frau gar nicht – den Topf mit allen Knochen, die übrig geblieben waren, und sagte: „Gehe zum Bratkoch; er soll mir meinen Topf schicken; das ist nicht der meine." Der Bratkoch gab weiter nicht darauf acht, suchte den mit den Kutteln und schickte sie ihm. Und mein Diener will meinen Topf abholen; zu Hause entdecken wir kaum anderes als Knochen darin. So sage ich zu meinem Diener: „Lauf schnell nochmals zum Bratkoch und frage ihn, ob er mich zum besten halten will."

Der Bratkoch entschuldigte sich ob des Versehens, und Noddo aß stillvergnügt sein eigenes Abendessen, – und meines –; und es störte ihn nicht, ob es heiß oder kalt war; so schnell verschluckte er alles.

Dies berichte ich nur, um seine Natur aufzuzeigen, da ich nunmehr eine kleine Geschichte über ihn erzählen will.

Noddo pflegte zum Himmel zu beten, daß, wenn er mit Anderen speise, die Gerichte glühend heiß sein möchten, so daß er den Anteil seines Gefährten mitverschlingen könne. Und am Schluß eines langen Essens blieb dem Gefährten immer nur ein leerer Magen. Einmal jedoch kam Noddo mit einem Witzbold namens Giovanni Cascio zusammenzusitzen. Und es wurden siedend heiße Makkaroni aufgetragen. Besagter Giovanni hatte oft genug von den Gepflogenheiten des Noddo gehört. Und da er jetzt so neben ihm saß, meinte er bei sich selber: das ist ein schönes Pech, daß ich zum Essen hergekommen bin und jetzt zusehen soll, wie dieser Noddo mir die köstlichen Makkaroni wegfrißt. Noddo beginnt also, die Makkaroni hineinzuschlingen; schon hatte er 6 Happen hinabgewürgt, als Giovanni, der noch den ersten Bissen auf der Gabel hatte, immer noch nicht den Mut faßte, angesichts des Dampfes, ihn in den Mund zu schieben. Und da er einsah, daß sein ganzer Anteil flöten gehen würde, so er keinen andern Ausweg fände, schwor er sich zu: Beim Teufel, dieser Kerl darf mir nicht alles wegfressen. Wie also Noddo wieder einen schönen Bissen einschob, nahm er sich einen andern und warf ihn einem Hund zu. Als er dies mehrmals getan hatte, sagt Noddo: „Menschenskind, was tust du?" Sagt Giovanni: „Und was tust du? Ich will nicht, daß du mein Teil mitißt; so gebe ich es dem Hund. Noddo lacht und frißt eifrig weiter; und Giovanni wirft ebenso eifrig dem Hund große Brocken zu. Endlich sagt Noddo: Also gut, essen wir langsam, aber gib dem Hund nichts mehr!" Und Giovanni meint: „Aber ich muß zwei Bissen bekommen, sooft du einen ißt, als Ersatz für das, was du mir schon voraus bist; denn ich habe noch keinen einzigen Bissen gegessen. Damit gab sich Noddo zufrieden. Giovanni aber sagte noch: „Wenn du mehr als einen Bissen verschluckst auf zwei von mir, so werfe ich gleich wieder meinen Bissen dem Hund zu." Endlich willigte Noddo ein und versprach, vernünftig zu essen. Was er bisher in seinem ganzen Leben noch nie getan hatte. Auch war es noch keinem gelungen, ihn bei Tisch im Zaum zu halten. Und diese Geschichte gefiel Allen, die beim Essen anwesend waren, besser als alle Gerichte, die es an jenem Tage gab.

Aus dem Italienischen übertragen von L. M. K.

Antwerpener Sprichwort:

Die sich mästen
Han leere Kästen.

Goethe, Reineke Fuchs:

Als er sich aber versichert, der Bär sei einzeln gekommen,
Ging er listig hinaus und sagte: Wertester Oheim,
Seid willkommen! Verzeiht mir! Ich habe Vesper gelesen,
Darum ließ ich Euch warten. Ich dank Euch, daß Ihr gekommen,
Denn es nutzt mir gewiß bei Hofe; so darf ich es hoffen.
Seid zu jeglicher Stunde, mein Oheim, willkommen! Indessen
Bleibt der Tadel für den, der Euch die Reise befohlen,
Denn sie ist weit und beschwerlich. O Himmel! Wie Ihr erhitzt seid!
Eure Haare sind naß und Euer Odem beklommen.
Hatte der mächtige König sonst keinen Boten zu senden,
Als den edelsten Mann, den er am meisten erhöhet?
Aber so sollt es wohl sein zu meinem Vorteil; ich bitte,
Helft mir am Hofe des Königs, allwo man mich übel verleumdet.
Morgen setzt' ich mir vor, trotz meiner mißlichen Lage
Frei nach Hofe zu gehen, und so gedenk' ich noch immer;
Nur für heute bin ich zu schwer, die Reise zu machen.
Leider hab ich zuviel von einer Speise gegessen,
Die mir übel bekommt; sie schmerzt mich gewaltig im Leibe.
Braun versetzte darauf: Was war es, Oheim? Der andere
Sagte dagegen: Was könnt' es Euch helfen, und wenn ich's erzählte!
Kümmerlich frist ich mein Leben; ich leid' es aber geduldig;
Ist ein armer Mann doch kein Graf! Und findet sich für uns
Und die Unserigen nichts Besseres, müssen wir freilich
Honigscheiben verzehren, die sind wohl immer zu haben.
Doch ich esse sie nur aus Not; nun bin ich geschwollen.
Wider Willen schluckt' ich das Zeug; wie sollt' es gedeihen?
Kann ich es immer vermeiden, so bleibt mir's ferne vom Gaumen.

Ei! was hab ich gehört! versetzte der Braune, Herr Oheim!
Ei! Verschmähet Ihr so den Honig, den mancher begehret?
Honig, muß ich Euch sagen, geht über alle Gerichte,
Wenigstens mir; o schafft mir davon, es soll Euch nicht reuen!
Dienen werd ich Euch wieder. Ihr spottet, sagte der andere.
Nein wahrhaftig! verschwur sich der Bär, es ist ernstlich gesprochen.
Ist dem also, versetzte der Rote, da kann ich euch dienen;
Denn der Bauer Rüsteviel wohnt am Fuße des Berges.
Honig hat er! Gewiß mit allem Eurem Geschlechte
Saht Ihr niemals so viel beisammen. Da lüstet es Braunen
Übermäßig nach dieser Speise. O führt mich,
Rief er, eilig dahin, Herr Oheim, ich will es gedenken!
Schafft mir Honig, und wenn ich auch nicht gesättiget werde.
Gehen wir, sagte der Fuchs. Es soll uns an Honig nicht fehlen.
Heute bin ich zwar schlecht zu Fuße; doch soll mir die Liebe,
Die ich Euch lange gewidmet, die sauern Tritte versüßen.
Denn ich kenne niemand von allen meinen Verwandten,
Den ich verehrte wie Euch! Doch kommt! Ihr werdet dagegen
An des Königes Hof am Herrentage mir dienen,
Daß ich der Feinde Gewalt und ihre Klagen beschäme.
Honigsatt mach' ich Euch heute, so viel Ihr immer nur tragen
Möget. – Es meinte der Schalk die Schläge der zornigen Bauern.

Reineke lief ihm zuvor, und blindlings folgte der Braune.
Will mir's gelingen, so dachte der Fuchs, ich bringe dich heute
Noch zu Markte, wo dir ein bitterer Honig zuteil wird.
Und sie kamen zu Rüsteviels Hofe; das freute den Bären,
Aber vergebens, wie Toren sich oft mit Hoffnung betrügen.

Abend war es geworden, und Reineke wußte, gewöhnlich
Liege Rüsteviel nun in seiner Kammer zu Bette,
Der ein Zimmermann war, ein tüchtiger Meister. Im Hofe
Lag ein eichener Stamm; er hatte, diesen zu trennen,
Schon zwei tüchtige Keile hineingetrieben, und oben
Klaffte der Baum gespalten fast ellenweit. Reineke merkte es,
Und er sagte: Mein Oheim, in diesem Baume befindet

Sich des Honiges mehr, als Ihr vermutet; nun stecket
Euere Schnauze hinein, so tief Ihr möget. Nur rat' ich,
Nehmt nicht gierig zu viel, es möcht Euch übel bekommen.
Meint ihr, sagte der Bär, ich sei ein Vielfraß? Mit nichten!
Maß ist überall gut, bei allen Dingen. Und also
Ließ der Bär sich betören und steckte den Kopf in die Spalte
Bis an die Ohren hinein und auch die vordersten Füße.
Reineke machte sich dran, mit vielem Ziehen und Zerren
Bracht er die Keile heraus; nun war der Braune gefangen;
Haupt und Füße geklemmt; es half kein Schelten noch Schmeicheln.
Vollauf hatte der Braune zu tun, so stark er und kühn war,
Und so hielt der Neffe mit List den Oheim gefangen.
Heulend plärrte der Bär, und mit den hintersten Füßen
Scharrt' er grimmig und lärmte so sehr, daß Rüsteviel aufsprang.
Was es wäre, dachte der Meister, und brachte sein Beil mit,
Daß man bewaffnet ihn fände, wenn jemand zu schaden gedächte.

Braun befand sich indes in großen Ängsten; die Spalte
Klemmt ihn gewaltig, er zog und zerrte brüllend vor Schmerzen.
Aber mit alle der Pein war nichts gewonnen; er glaubte
Nimmer von dannen zu kommen; so meint auch Reineke freudig.
Als er Rüsteviel sah von Ferne schreiten, da rief er:
Braun, wie steht es? Mäßiget Euch und schonet des Honigs!
Sagt, wie schmeckt es? Rüsteviel kommt und will Euch bewirten;
Nach der Mahlzeit bringt er ein Schlückchen, es mag Euch bekommen!
Da ging Reineke wieder nach Malepartus, die Veste.
Aber Rüsteviel kam, und als er den Bären erblickte,
Lief er, die Bauern zu rufen, die noch in der Schenke beisammen
Schmauseten. Kommt! so rief er, in meinem Hofe gefangen
Hat sich ein Bär. Ich sage die Wahrheit. Sie folgten und liefen,
Jeder bewehrte sich eilig, so gut er nur konnte. Der eine
Nahm die Gabel zur Hand, und seinen Rechen der andere,
Und der dritte, der vierte, mit Spieß und Hacke bewaffnet,
Kamen gesprungen, der fünfte mit einem Pfahle gerüstet.
Ja, der Pfarrer und Küster, sie kamen mit ihrem Geräte.
Auch die Köchin des Pfaffen (sie hieß Frau Jutte, sie konnte

Grütze bereiten und kochen wie keine) blieb nicht dahinten,
Kam mit dem Rocken gelaufen, bei dem sie am Tage gesessen,
Dem unglücklichen Bären den Pelz zu waschen. Der Braune
Hörte den wachsenden Lärm in seinen schrecklichen Nöten,
Und er riß mit Gewalt das Haupt aus der Spalte; da blieb ihm
Haut und Haar des Gesichts bis zu den Ohren im Baume.
Nein! Kein kläglicher Tier hat jemand gesehen! Es rieselt'
Über die Ohren das Blut. Was half ihm das Haupt zu befreien?
Denn es blieben die Pfoten im Baume stecken; da riß er
Hastig sie ruckend heraus; er raste sinnlos; die Klauen
Und von den Füßen das Fell blieb in der klemmenden Spalte.
Leider schmeckte dies nicht nach süßem Honig, wozu ihm
Reineke Hoffnung gemacht; die Reise war übel geraten.

Sueton, Tiberius Claudius Drusus Cäsar:

Zweiunddreißigstes und Dreiunddreißigstes Kapitel

Gastereien veranstaltete er sehr reichliche und häufige, und fast immer in sehr weiten Räumlichkeiten, so daß oft Sechshundert auf einmal zur Tafel lagen. Einmal sogar veranstaltete er ein Gastgebot beider Ablassung des Fucinersees, wobei er durch das mit großer Gewalt nach Durchstechung des Dammes hervorbrechende und alles überschwemmende Wasser beinahe ersäuft worden wäre. Zu seiner Tafel zog er regelmäßig auch seine Kinder mit andern Knaben und Mädchen von edler Geburt, die nach alter Sitte zu Füßen der Tischsofas sitzend essen mußten. Einen seiner Gäste, auf dem der Verdacht ruhte, daß er tags zuvor einen goldenen Becher heimlich eingesteckt habe, lud er zum nächsten Tage wieder ein und setzte ihm eine tönerne Trinkschale vor. Man sagt ihm auch nach, er habe ein Edikt zu erlassen beabsichtigt, welches die Erlaubnis geben sollte, stille und laute Blähungen bei Tische zu entlassen, weil er erfahren hatte, daß einer seiner Tischgenossen infolge schamhafter Zurückhaltung derselben lebensgefährlich krank geworden war.

Zum Essen und Weintrinken hatte er überall und zu jeder Zeit einen außerordentlichen Appetit. Es saß einmal zu Gericht auf dem Augustusforum, als er, angelockt durch den Duft eines Frühstücks, welches in dem

naheliegenden Marstempel für die Salier bereitet wurde, sofort das Tribunal im Stiche ließ, zu den Priestern hinaufging und sich an ihrer Tafel niederließ. Auch erhob er sich selten von der Tafel, ohne sich vollgegessen und -getrunken zu haben, so daß ihm sofort, wenn er schlafend mit offenem Munde auf dem Rücken lag, eine Feder in den Schlund gesteckt wurde, um eine erleichternde Entleerung des Magens zu bewirken.
       Aus dem Lateinischen übertragen von Adolf Stahr.

Horatius Flaccus, Zweite Satire:

Wie schön und wohlgetan es sei, ihr Lieben,
Von wenigem zu leben, höret, wenn ihr wollt,
Nicht von mir selbst – der Biedermann Ofellus,
Ein unstudierter Bauernphilosoph,
Der sich bei gutem, derbem Mutterwitz
Sehr wohl befand, soll unser Lehrer sein;
Nicht zwischen euren schimmerreichen Tischen,
Nicht, wenn vom Silberglanz der pracht'gen Schüsseln
Die Augen blinkern, und vom Falschen angezogen
Die Seele sich dem Besseren versagt:
Wir wollen hier die Sache noch vor Tafel
Ins Reine bringen. – Und warum denn das?
„Das will ich sagen, wenn ich kann. Ihr wißt,
Daß ein bestochner Richter schlecht sich schickt,
Die Wahrheit zu erforschen. Also, wenn du
Vom Jagen heimkommst, oder von der Reitbahn, müd,
Ein ungebändigt Roß herumzutummeln, oder
„Wofern der Griechen Weichlichkeit für unsre
Altrömischen Soldatenspiele dich
Verzärtelt haben sollte, wenn der schnelle Ball,
Ein Spiel, wobei der Eifer unvermerkt
Die Müh' in Lust verwandelt, oder wenn
Der Diskus, dich im Freien, wo er eigentlich
Gespielt sein will, recht tüchtig umgetrieben,
In einem Wort, wenn Arbeit dir den Mangel

An Appetit vertrieb, mit trocknem Gaumen
Und leerem Magen, komm mir dann, verachte
Gemeine Hausmannskost, wofern du kannst,
Und durste lieber, falls nicht in Falernerwein
Zerflößter Honig vom Hymett zur Hand ist!
Dein Küchenmeister ist gerade nicht
Zu Haus, ein stürmisch Meer beschützt die Fische,
Oh, wenn der Magen bellt, so wird er sich
Mit Brot und Salz recht gut vertragen lernen!
Wo, meinst du, kommt das her? Bloß daher, weil
Die höchste Wollust nicht im teuren Wohlgeruch
Der Küche, weil sie in dir selber liegt.
Verschaffe dir durch Schwitzen leckre Schüsseln!
Von Trägheit blaß, vom Schwelgen aufgedunsen
Wird weder Auster dir noch Scarus noch
Das fremde Birkhuhn schmecken. Gleichwohl werd' ich kaum
Von deiner Eitelkeit erhalten, daß du, wenn
Ein Pfau dir gegenüber steht, nicht lieber
An diesem als an einem schlechten Huhn
Den Gaumen reibest; einzig, weil der seltne Vogel
Mit Gold bezahlt wird, und mit einem prächt'gen Schweif
Parade macht – als ob dies was zur Sache täte?
Du issest doch die schönen Federn nicht,
Und frikassiert gilt beider Fleisch dir gleich.
So leitet also bloß dein eitles Auge
Das Urteil deiner Zunge. Doch es sei darum!
Allein, mit welchem Sinne schmeckst du aus,
Ob dieser Seehecht, der dich angähnt, mitten
Im Tiber, oder bei den Brücken,
Ob nah am Ausfluß sei gefangen worden?
Du machst viel Rühmens, Tor, von einem
Dreipfündigen Rotbart, den du doch in kleine Bissen
Zerschneiden mußt! Die Größe, seh ich wohl,
Gefällt dir? Gut! Warum denn aber sind
Die großen Hechte dir zuwider? – Ah!
Nun merk' ich's: von Natur sind diese groß

Pieter Aertsen: Die fette Küche, Kopenhagen, Statens Museum for Kunst

Und jene klein; das Ungewöhnliche
Ist also, was dich reizt. Ein schöner Anblick,
Wenn aus der großen Schüssel so ein großes Stück
Herausragt! ruft entzückt ein Schlund, der einer
Gefräßigen Harpyie Ehre machte.
Daß diesen Prassern doch der wärmste Südwind
All ihre Schüsseln kochte! Doch, wofür,
Da selbst das beste Wildbret und die frische Bütte
Dem überfüllten Magen stinkt, der, von
Zuviel Genuß gedrückt und krank, Radieschen
Und scharfen Alant vorzieht. Denn bei allem dem
Ist doch die Armut unsrer guten Alten
Von diesen Fürstentafeln noch nicht ganz
Verwiesen, da sogar gemeine Eier und
Oliven zugelassen werden! Und wie lang'
Ist's wohl, seitdem der Ratspedell Gallonius
Mit einem Stör der Stadt zur Fabel wurde?
Wie? Nährte denn das Meer in jenen Tagen
Noch keine Butten? Freilich, aber sicher war
Die Butte, sicher noch der junge Storch

In seinem Neste, bis ein Küchenmeister
Von Prätors Rang euch feiner essen lehrte. –
Laß jetzt sich einer beigehn, kundzumachen,
Es sei was Großes um gebratne Taucher,
Gelehrig jeder Torheit wird sogleich
Die röm'sche Jugend sich's gesagt sein lassen.
Indes ist, nach Ofellus, zwischen simpler Kost
Und filziger ein großer Unterschied.
Was half's, ein Laster zu vermeiden, um
Ins Gegenteil zu fallen? Avidien,
Nicht für die Langeweile Hund genannt,
Ißt wilde Schlehen und fünfjährige Oliven,
Und schonet seinen Wein so lange bis
Er umgeschlagen ist; an einem Hochzeits- oder
Geburtstagsschmause selbst, an jedem andern
Familienfeste, gießt er euch, in seinem auf-
Gescheurten Festrock, eigenhändig,
Aus einem schmutzigen zweipfündigen Horn
Ein Öl, wovon euch der Geruch den Atem nimmt,
Dem stengelreichen Tropfkohl tröpfelnd auf,
Doch desto minder mit verdorbnem Essig sparsam.
„Wie soll ein weiser Mann nun leben? Wen,
Den Schlemmer, oder diesen schnöden Filz
Zum Muster nehmen?" Wie? Dem Hunde zu entfliehn
Müßt ihr dem Wolf entgegenlaufen? Wer uns nicht
Durch Schmutz mißfallen will, sei reinlich, ohne
Ins Gegenteil zu fallen. Wer den Mittelweg
Zu halten weiß, wird weder, wie der grämliche Albuz,
Indem er jedem Sklaven seine Dienste anweist,
Sie für die Fehler, so sie allenfalls
Begehen werden, gleich voraus bestrafen:
Noch wie der allzugute Nävius
Die Gäste über Tisch mit trübem Wasser
Bedienen lassen. Denn zuviel Gelindigkeit
Ist auch ein kleines Laster. – Höre nun,
Wie vielen Vorteil ein geringer Tisch

Dir bringen wird! Fürs erste wirst du dich
Dabei gesunder finden; denn wie übeltätig
Das vielerlei Gemisch dem Menschen sei,
Zeigt die Erfahrung, da gemeine Speise
Dir immer wohl bekam, hingegen, wenn du
Gesottnes und Gebratnes, Krammetsvögel
Und Austern durcheinander mengest, immer
Die Leckerbissen sich in Galle kehren
Und zäher Schleim dem Magen Händel macht.
Du siehest ja, wie blaß von einem solchen
Versuchungsreichen Gastmahl alles aufsteht!
Zudem beschweret ein mit gestriger
Unmäßigkeit beladner Körper auch
Zugleich den Geist, und drückt das Göttliche
In uns zu Boden: da hingegen jener,
In einem Wink mit seiner Mahlzeit fertig,
In leichten Schlummer sinkt, und morgen früh
Zur vorgeschriebnen Arbeit munter aufsteht.
Auch hat er noch den Vorteil, daß er sich
Zuweilen ohne Schaden etwas mehr
Zugute tun kann: sei es, daß ein Festtag
Im Jahre wieder einfällt, oder daß
Er nötig findet, die durch viele Arbeit
Erschöpften Kräfte zu ersetzen; oder wenn
Die Jahre kommen, und das schwächre Alter mehr
Gepfleget sein will. Du hingegen, der
Als Knabe schon, bei vollen Jugendkräften,
Das Äußerste der Weichlichkeit erschöpfte,
Was bleibt in kranken Tagen und im Alter dir
Noch zuzusetzen? – Unsre Alten lobten
Den starken Wildgeruch am schwarzen Wildbret,
Nicht weil sie keine Nase hatten, sondern bloß
Deswegen, denk' ich, weil ein später Gast
Doch leichter sich mit einem etwas ranzigen
Ragout behilft, als daß der Hauspatron
Ein ganzes Schwein auf einmal frisch verzehrt.

O daß mich Mutter Erde unter diesen Helden
Geboren hätte! – Ist an gutem Ruf dir etwas
Gelegen, der von aller Ohrenlust
Die angenehmste ist? Die großen Butten
In großen Schüsseln ziehn zu allem Schaden
Noch obendrein dir große Schande zu;
Nicht zu gedenken, daß du dir dadurch
Den Zorn des alten Oheims zuziehst, dich
Der ganzen Nachbarschaft verhaßt machst, und
Es mit dir selbst so übel meinst, daß dir,
Des Lebens überdrüssig, nicht einmal
Ein Dreier blieb, um einen Strick zu kaufen.
„Gut", spricht mein Prasser, „diese Lektion
Laß einen Trausius seinem Neffen halten:
Ich aber habe große Renten, habe Güter,
Wovon drei Fürsten reichlich leben könnten."
So? Also kannst du keinen bessern
Gebrauch von dem, was du zuviel hast, machen?
Warum muß, da du reich bist, jemand schuldlos darben?
Warum der Götter Tempel in Ruinen fallen?
Warum, du Undankbarer, wendest du
Von deinem großen Überflusse nichts
Dem lieben Vaterlande zu? Und bist du dann
So sicher, daß gerade du allein
Der einz'ge sein wirst, welchem alles immer
Nach Wunsche gehen wird! O welches Lachen
Bereitest du, Betrogner, deinen Feinden!
Wer kann aufs Ungewisse hin sich selber mehr
Vertrauen, wer an tausend überflüss'ge Dinge
Sich angewöhnt hat, oder wer mit wenigem
Zufrieden, und, der Zukunft eingedenk,
Im Frieden wie ein kluger Mann sich auf
Den Krieg gefaßt macht. – So, meine Freunde,
Philosophiert Ofellus; und, damit das alles
Mehr Eingang bei euch finde, laßt euch sagen,
Daß ich als Knab ihn gut gekannt, wie er

Mit seinem ganzen Gut nicht breiter lebte
Als jetzt mit dem, was man ihm übrigließ.
Ihr solltet auf dem knapp beschnittnen Gütchen
Ihn sehen, wie vergnügt der wackre Mann
Sein ehmals eignes Feld als Söldner baut!
Ihr solltet ihn da, unter seinen Söhnen
Und seinem Vieh, so traulich schwatzen hören!
Nicht leicht in meinem Leben, spricht er, kam
An einem Festtag etwas Besseres
Als Kohl mit einem eingeschnittnen Schinken
Auf meinen Tisch. Besuchte mich einmal
Nach langer Zeit ein Gastfreund, oder kam
An einem Regentag ein müß'ger Nachbar
Zu mir herüber, ein willkommner Gast,
So schickt' ich nicht, um gütlich uns zu tun,
Nach Fischen in die Stadt: ein Huhn mit einem Böckchen
Gab uns ein köstlich Mahl; der Nachtisch wurde
Mit trocknen Trauben, Nüssen, großen Feigen
Gar stattlich aufgeschmückt; dann kam ein Spiel,
Wo der Verlierende mit vollen Bechern
Bezahlen mußte, und beim frohen Trunk
Auf gute Ernte zog die finstre Stirne sich
Aus ihren Falten. Wüte doch, Fortuna,
Und blase neue Reize durch die Welt,
Wie wenig kann sie hier noch nehmen! Um wieviel
Sind wir, ihr Jungen, magrer worden, ich und ihr,
Seitdem der neue Gutsbesitzer einzog?
Wahrhaftig, die Natur hat weder ihn, noch mich,
Noch einen andern Sterblichen zum Herrn
Von ihrem eignen Grund gemacht. Er trieb
Uns aus, und ihn wird üble Wirtschaft,
Vielleicht Unwissenheit des schlauen Rechtes,
Und endlich ganz gewiß ein Erbe, der
Ihn überlebt, vertreiben. Dieses Gut
Heißt jetzt Umbren's, hieß neulich noch Ofells',
Ist keinem eigen, wird zum Nießbrauch nur

Bald mir, bald einem andern überlassen.
Drum Kinder, lebt getrost, und setzet stets
Dem Unglück eine starke Brust entgegen!
        Aus dem Lateinischen übertragen von C. M. Wieland.

Niederländisches Sprichwort:

Wie die Speise abnimmt, nimmt der Hunger zu.

Homer, „Odyssee", Elfter Gesang:

Auch den Tantalos sah ich, mit schweren Qualen belastet.
Mitten im Teiche stand er, das Kinn von der Welle bespület,
Lechzte hinab vor Durst und konnte zum Trinken nicht kommen.
Denn so oft sich der Greis hinbückte, die Zunge zu kühlen,
Schwand das versiegende Wasser hinweg, und rings um die Füße
Zeigte sich schwarzer Sand, getrocknet vom feindlichen Dämon.
Fruchtbare Bäume neigten um seinen Scheitel die Zweige,
Voll balsamischer Birnen, Granaten und grüner Oliven,
Oder voll süßer Feigen und rötlich gesprenkelter Äpfel.
Aber sobald sich der Greis aufreckte, der Früchte zu pflücken,
Wirbelte plötzlich der Sturm sie empor zu den schattigen Wolken.
        Aus dem Griechischen übertragen von Joh. Heinrich Voß.

Sueton, Aulus Vitellius:

Dreizehntes Kapitel

Und wie denn Üppigkeit und Grausamkeit seine Hauptlaster waren, so verteilte er seine Tafelgenüsse auf täglich drei, auch wohl mitunter auf vier verschiedene Mahlzeiten: Frühstücke, Mittagbrote, Abendtafel und Nachtgelage, eine Unmäßigkeit, die ihm leicht wurde, weil er sich gewöhnt hatte, regelmäßig Brechmittel zu nehmen. Er pflegte sich an einem und demselben Tage bei Mehreren zu Tische anzusagen, und die geringste Summe, auf welche jedem solche Mahlzeiten zu stehen kamen, waren viermalhunderttausend Sesterzien. Am meisten von sich reden machte die Abendmahlzeit, welche ihm sein Bruder zur Feier seiner Ankunft (in Rom) gab, bei der, wie es heißt, zweitausend der seltensten Fische und siebentausend der kostbarsten Vögel auf die Tafel kamen. Aber selbst über diese ging er noch hinaus bei der Einweihung einer silbernen Schüssel, die er wegen ihrer ungeheuren Größe „den Schild der Stadtbeschirmer in Minerva" zu nennen pflegte. In derselben wurden Lebern von Meerbrassen, Gehirne von Fasanen und Pfauen, Zungen von Flamingos, Milche von Muränen, zu deren Herbeischaffung man die Flotten aller Meere von Parthien bis zur Meerenge von Spanien in Bewegung gesetzt hatte, zu einem Ragout verbunden aufgetragen. Wie er aber ein Mensch nicht nur einer unersättlichen, sondern auch von einer weder Zeit noch Stunde beobachtenden gemeinen Freßgier war, so konnte er sich sogar bei einem Opfer oder auf einer Reise nicht enthalten, an den Altären selbst vom Flecke weg Stücke des Opferfleisches und der Opferkuchen, die er sozusagen vom Herdfeuer riß, oder aus den Schenken der Landstraßen noch rauchendes Gemüse, oder auch wohl schon am Tage vorher bereitete und angebrochene Gerichte hinunterzuschlingen.

Aus dem Lateinischen übertragen von Adolf Stahr.

Aus dem „Corbaccio" von Boccaccio:

In unsrer Stadt war nie, noch ist oder wird je sein, eine andere Frau, oder Weibstück, wie wirs nun nennen wollen, die so eitel ist, daß sie nicht von der, die wir hier meinen, noch um viele Ellen darin übertroffen würde. Darum bildete sie sich ein, daß aufgeschwollene rote Backen, dick zum Platzen, die um ein Erkleckliches die Hinterbacken übertreffen – vielleicht hatte sie gehört, daß diese in Alexandria höchst beliebt sind – den größten Teil der weiblichen Schönheit ausmachen. So war es ihre Hauptbeschäftigung, sich darin zu üben, daß diese beiden Sachen bei ihr recht zur Geltung kämen, und diese Übungen hatte ich teuer zu bezahlen, so daß ich fasten mußte, um ihr Geld zu sparen. Denn, wo immer sie schöne Kapaune auftrieb, ließ sie sie mit aller erdenklichen Mühe mästen und dann für sich kochen; die breiten Bandnudeln aber, mit Parmesankäse gekocht, aß sie nicht aus dem Teller, sondern aus der Schüssel, nach Art der Schweine, und so begierig schlang sie alles in sich hinein, als wäre sie soeben nach einer langen Fastenzeit aus dem Hungerturm entlaufen. Junge Milchkälbchen, Rebhühner, Fasane, fette Krammetsvögel und Turteltauben, lombardische Suppen, breite Bandnudeln, Eierkuchen mit Holundersauce, schöne Kastanienkuchen: mit all diesen Leckerbissen schlang sie sich derart den Bauch voll, wie es nur noch die Bauern mit ihren Feigen, Kirschen und Melonen fertigbringen. Die Sülzen aber und Rindfleisch, ebenso wie alle essighaltigen oder sauren Dinge waren ihre Todfeinde, weil man von ihnen sagt, sie könnten den Leib ausdörren. Und sicher würdest du mir nicht glauben, wenn ich dir schildern wollte, wieviel sie von dem guten Aleatico, vom Corniglia-, Vernaccia-, von griechischen oder andern Süßweinen zusammensoff, denn es schiene dir unmöglich und du hieltest es für einen dummen Scherz. Hättest du aber ihre Backen gesehen und ihre Weinseligkeit belauscht, so würdest du mir doch etwas Glauben schenken, denn auch ohne meine Erzählung hätten dir ihre Worte genug verraten.

Aus dem Italienischen übertragen von L. M. K.

Béroalde de Verville „Le moyen de parvenir XXI" (16. Jahrh.):

Eines Tages speiste Herr Denisot mit seinem Pfarrer bei einem Edelmann. Die Mahlzeit wurde aufgetragen. Es gab unter anderem auch eine schöne Ochsenzunge, die der Gastgeber dem Herrn Denisot und dem Pfarrer überreichte mit den Worten: „Ich schenke sie euch beiden, teilt euch darein!" Denisot sagte zu dem Pfarrer, seinem Tischnachbar: „Beim heiligen Nepomuk, wetten wir darum! Da ist ein Silbergroschen, Adler oder Kreuz, wer soll sie kriegen!" – „Vortrefflich!" sagte der Pfarrer, „dann brauchen wir sie nicht zu teilen!" – Denisot nimmt den Groschen, wirft ihn und sagt: „Adler oder Kreuz, Pfarrer?" Dieser ruft: „Kreuz!" Worauf der andere: „Dann gehört mir die Zunge!", und eilig verspeiste er sie. Ein ebenfalls geladener Arzt, einer von denen, die alles besser wissen, betrachtete sich den Esser genauer und machte gelehrte Bemerkungen über seine

Pieter Aertsen: Die Köchin, Brüssel, Musées Royaux des Beaux Arts

hochrote Nase. Da sagte Denisot zu dem Heilkundigen: „Lieber Herr, Sie sind doch anscheinend so sachverständig, könnten Sie mir nicht die roten Flecken auf Gesicht und Nase wegbringen, damit ich wieder in Gemütsruhe weiteressen kann?" – „Warum denn nicht, mein Lieber, da habe ich noch viel schlimmere weggebracht!" – „Und wieviel soll die Operation kosten?" „Zweihundert Taler." – „Beim heiligen Skanderbeg! Sie beleidigen mich, lieber Doktor. Für so wenig Geld können Sie das ja gar nicht machen, denn mich selber hat's mehr als tausend Taler gekostet, ehe ich die Röte erreicht habe!"

Aus dem Französischen übertragen von C. S. G.

Goethe, „Sprüche in Reimen":

Du mußt dich niemals mit Schwur vermessen:
Von dieser Speise will ich nicht essen.

Wer aber recht bequem ist und faul,
Flög' dem eine gebratene Taube ins Maul,
Er würde höflich sich's verbitten,
Wär' sie nicht auch geschickt zerschnitten.

Das ist eine von den großen Taten,
Sich in seinem eigenen Fett zu braten.

Das Leben des Buddha:

Darauf dachte ich: „Wie, wenn ich nun jedesmal nur ganz wenig Speise zu mir nähme, immer eine Handvoll, z. B. Bohnenbrühe oder Wickenbrühe oder Kichererbsenbrühe oder Erbsenbrühe?" Und ich nahm jedesmal nur ganz wenig Speise zu mir, immer eine Handvoll, z. B. Bohnenbrühe oder Wickenbrühe oder Kichererbsenbrühe oder Erbsenbrühe. Da ich nun jedesmal nur ganz wenig Speise zu mir nahm, immer eine Handvoll, z. B. Bohnenbrühe oder Wickenbrühe oder Kichererbsenbrühe, gelangte mein Körper zu übermäßiger Magerkeit. Wie Aesitika- oder Kalaknoten wurden meine großen und kleinen Glieder infolge dieser geringen Nahrungsaufnahme, wie ein Kamelhuf wurde mein Gesäß infolge dieser geringen Nahrungsaufnahme, wie eine gedrehte Haarflechte war mein Rückgrat erhoben und eingesunken infolge dieser geringen Nahrungsaufnahme; wie an einem verfallenen Hause die Dachsparren abgebrochen und auseinandergebrochen sind, so waren meine Rippen wie abgebrochen und auseinandergebrochen infolge dieser geringen Nahrungsaufnahme; wie man in einem tiefen Brunnen die Wasserspiegel ganz in der Tiefe befindlich wie eingegraben sieht, so sah man in meinen Augenhöhlen die Augensterne tief zurückliegend wie eingegraben infolge dieser geringen Nahrungsaufnahme. Und wie ein bitterer Kürbis, der in rohem Zustand gespalten wird, durch Wind und Sonnenschein zusammengeschrumpft und verdorrt, so schrumpfte zusammen und verdorrte meine Kopfhaut infolge dieser geringen Nahrungsaufnahme. Und wenn ich die Haut meines Bauches berühren wollte, so erfaßte ich mein Rückgrat; und wenn ich mein Rückgrat berühren wollte, so erfaßte ich die Haut meines Bauches. So sehr haftete die Haut meines Bauches an dem Rückgrat infolge dieser geringen Nahrungsaufnahme. Und wenn ich Kot oder Urin lassen wollte und mich niederbeugte, so fiel ich hin infolge dieser geringen Nahrungsaufnahme. Und um meinen Körper etwas zu beleben, rieb ich mit der Hand meine Glieder; während ich aber mit der Hand meine Glieder rieb, fielen die an der Wurzel verfaulten Haare vom Körper infolge der geringen Nahrungsaufnahme.

Einige Leute sagten: „Dunkelblau ist der Asket Gotama." Andere meinten: „Nicht dunkelblau ist der Asket Gotama, sondern schwarz ist der Asket Gotama." Wieder andere sagten: „Nicht dunkelblau und auch nicht schwarz, sondern mangurafarbig ist der Asket Gotama." So sehr war meine Hautfarbe, die bis dahin rein und hell gewesen war, verunstaltet infolge dieser geringen Nahrungsaufnahme.

Aus dem Indischen übertragen von Duboit.

Sprüche Salom. 27,7:

Eine satte Seele zertritt Honig: und eine hungrige Seele nimmt auch Bitteres für Süßes.

Portugiesische Sprichwörter:

Der Hund wedelt mit dem Schwanze nicht vor dir, sondern vor der Wurst in deiner Hand.
Der Hunger kennt kein Schwarzbrot.

Mong Dsi (Mong Ko), Der Hunger:

Mong Dsi sprach: „Dem Hungrigen ist jede Speise recht, dem Durstigen ist jeder Trank recht. Aber sie kommen gar nicht zum rechten Geschmack an Speise und Trank, weil Hunger und Durst sie beeinträchtigen. Aber nicht nur Mund und Magen werden durch Hunger und Durst beeinträchtigt, auch das Herz der Menschen wird dadurch beeinträchtigt. Wenn jemand es fertig bringt, sein Herz frei zu halten von der Beeinträchtigung durch Hunger und Durst, so macht es ihm keinen Schmerz, wenn er es andern Menschen nicht gleichtun kann."

Mailänder Sprichwort:

Fünf g braucht jeder gute Käse:
Groß, gewichtig, gar und gratis muß er sein.

Böhmisches Sprichwort:

Der Hunger ist ein Gläubiger, dem man nicht ausweichen kann.

Giacomo Casanova, Denkwürdigkeiten:

Das neue Leben, der Hunger, den ich litt und wahrscheinlich vor allem die Luft von Padua versetzten mich in einen Zustand, von dem ich früher keine Idee gehabt hatte, aber er machte mir den Hunger, den ich leiden mußte, um so härter; er war unerträglich geworden. Ich wuchs sichtlich; ich schlief neun Stunden hintereinander, ohne durch Träume gestört zu werden, außer, daß es mir im Schlafe immer so vorkam, als ob ich an einer reichen Tafel säße und meinen großen Appetit befriedigte; aber jeden Morgen beim Erwachen empfand ich, wie unangenehm die schmeichlerischen Träume sind. Dieser verzehrende Hunger würde mich ganz ausgedörrt haben, wenn ich mich nicht endlich entschlossen hätte, alles Eßbare, was ich fand, sooft ich nicht bemerkt wurde, mir anzueignen und zu verschlingen.

Not macht erfinderisch. Ich hatte in einem Küchenschranke einige fünfzig marinierte Heringe bemerkt; nacheinander verspeiste ich sie alle, so wie die im Kamine aufgehängten Würste und um es unbemerkt tun zu können, stand ich nachts auf und tappte im Dunkeln herum. Alle frisch gelegten Eier, die ich im Hühnerhofe erbeuten konnte, wurden von mir noch warm mit dem größten Entzücken verspeist. Ich dehnte meine Eßbeutezüge bis in die Küche meiner Herrin aus.

Aus dem Französischen übertragen von Götz.

Porphyrius, Über die Enthaltsamkeit vom Fleischessen. I. Buch (3. Jahrh. n. Chr.):

Beweisen soll uns aber einer, der, so gut es geht, sein Leben in Vernunft zu führen bestrebt ist und so wenig als möglich von körperlichen Schäden gestört und befallen zu werden wünscht: ob er nicht Äpfel und Ölfrüchte dem Fleischessen vorzieht und dafür reichhaltigere Mengen dieser Früchte zu sich nimmt; denn sie steigern zwar nicht die Lust am Essen, dafür aber hemmen sie nicht die Verdauung und reinigen die Säfte, auch reizen sie minder die Begierden und die Leidenschaften; außerdem bleiben die Körperkräfte besser erhalten, wenn man Speise vom Leblosen, Untierischen ißt und nicht mit unendlicher Mühe Gekochtes bereitet. Denn die

Brotesser werden keine Diebe und Haudegen, aber von den Fleischessern kommen die Verleumder und herrschgierigen Tyrannen.
Aus dem Griechischen übertragen von C. S. G.

Newton, Rückkehr zur Natur oder Verteidigung der vegetarischen Lebensweise (18. Jahrh.):

Die Absicht der Prometheusfabel scheint folgende zu sein: Bei seinem Entstehen war der Mensch der Gabe immerwährender Jugend teilhaftig; das heißt, er war nicht gebildet, um ein kränkliches, leidendes Geschöpf zu sein, wie wir ihn jetzt sehen, sondern um sich der Gesundheit zu freuen und mit leisen Abstufungen und langsam in den Schoß seiner Mutter Erde ohne Krankheit oder Leiden zurückzusinken. Prometheus lehrte zuerst den Gebrauch tierischer Nahrung („Primus bovem occidit Prometheus", sagt Plinius „Nat. Hist. Lib. VII. Sect. 57") und des Feuers, um es mit diesem verdaulicher und schmackhafter zu machen. Da Jupiter und die übrigen Götter die Folgen dieser Erfindungen voraussahen, waren sie über die kurzsichtigen Vergehungen des eben geschaffenen Menschen vergnügt oder bestürzt und überließen ihn seinem Schicksal. Durst, der notwendige Begleiter jeder Fleischnahrung – und vielleicht jeder, die in der Küche und am Feuer zubereitet wird – kam hinzu; der Mensch stürzte sich auf das Wasser und verwirkte so das unschätzbare Gut der Gesundheit, das er vom Himmel erhalten hatte: er ward krank, im Genuß seines Lebens unsicher und schwankend und stieg nicht mehr spät und langsam ins Grab.
Aus dem Englischen übertragen von C. S. G.

Shakespeare, Coriolanus:

Erster Aufzug, 1. Szene

Menenius: Einstmals geschah's, daß alle Leibesglieder,
Dem Bauch rebellisch, also ihn verklagen:
Daß er allein nur wie ein Schlund verharre
In Leibes Mitte, arbeitslos! und müßig
Die Speisen stets verschlingend, niemals tätig,

		So wie die andern all'. Wo jene Kräfte
		Sähn, hörten, sprächen, dächten, gingen, fühlten,
		Und, wechselseitig unterstützt, dem Willen
		Und allgemeinem Wohl und Nutzen dienten
		Des ganzen Leibs. Der Bauch erwiderte –
I. Bürger: Gut, Herr, was hat der Bauch erwidert?
Menenius: Ich sag' es gleich. – Mit einer Art von Lächeln,
		Das nicht von Herzen ging, nur gleichsam so –
		(Denn seht, ich kann den Bauch ja lächeln lassen
		So gut als sprechen) gab er höhnisch Antwort
		Den mißvergnügten Gliedern, die rebellisch
		Die Einkünft ihm nicht gönnten; ganz so passend
		Wie ihr auf unsre Senatoren scheltet,
		Weil sie nicht sind wie ihr.
I. Bürger: Des Bauches Antwort. Wie!
		Das fürstlich hohe Haupt; das wache Auge;
		Das Herz: der kluge Rat; der Arm: der Krieger;
		Das Bein: das Roß; die Zunge: der Trompeter;
		Nebst andern Ämtern noch, und kleinern Hülfen
		In diesem unser Bau, wenn sie –
Menenius: Was denn,
		Mein Treu! der Mensch da schwatzt! Was denn? Was denn?
I. Bürger: So würden eingezwängt vom Fresser Bauch,
Der nur des Leibes Abfluß –
Menenius: Gut, was denn?
I. Bürger: Die andern Kräfte, wenn sie nun so klagten,
		Der Bauch, was könnt' er sagen?
Menenius: Ihr sollt's hören.
		Schenkt ihr ein bißchen, was ihr wenig habt,
		Geduld, so sag' ich euch des Bauches Antwort,
I. Bürger: Ihr macht es lang.
Menenius: Jetzt paßt wohl auf, mein Freund!
		Eu'r höchst verständ'ger Bauch, er war bedächtig,
		Nicht rasch, gleich den Beschuld'gern, und sprach so:
		Wahr ist's, ihr einverleibten Freunde, sagt er,
		Zuerst nehm' ich die ganze Nahrung auf,
		Von der ihr alle lebt; und das ist recht,

Weil ich das Vorratshaus, die Werkstatt bin
Des ganzen Körpers. Doch bedenkt es wohl;
Durch eures Blutes Ströme send' ich sie
Bis an den Hof, das Herz – den Thron, das Hirn,
Und durch des Körpers Gäng' und Windungen
Empfängt der stärkste Nerv', die feinste Ader
Von mir den angemess'nen Unterhalt,
Wovon sie leben. Und obwohl ihr alle –
Ihr guten Freund' (habt acht), dies sagt der Bauch,
I. Bürger: Gut. Weiter.
Menenius: Seht ihr auch nicht all' auf eins,
Was jeder einzelne von mir empfängt,
Doch kann ich Rechnung legen, daß ich allen
Das feinste Mehl von allem wiedergebe,
Und nur die Klei' mir bleibt. Wie meint ihr nun?
I. Bürger: Das war 'ne Antwort. Doch wie paßt das hier?
Menenius: Roms Senatoren sind der gute Bauch,
Ihr die empörten Glieder; denn erwägt
Ihr Müh'n, ihr Sorgen. Wohl bedenkt, was alles
Des Staates Vorteil heischt; so seht ihr ein,
Kein allgemeines Gut, was ihr empfangt,
Das nicht entsprang und kam zu euch von ihnen,
Durchaus nicht von euch selbst. Was denkt ihr nun?
Aus dem Englischen übertragen von Schlegel und Tieck.

Abûbekr ar Râzî, „Arzneibuch" (um 900 n. Chr.):

Kapitel vom Brot

Brot aus Korn mit Weizen, gut gesalzen,
Und gar gebacken nützt dem Gedärme,
Verdaut recht und gibt Kraft und Wärme.

Kornbrot allein macht spät verdauen,
Verstopft die Leber, schmerzt im Magen,
Tut Nieren auch mit Steinen plagen.

Und Gerstenbrot ist kalt von Artung,
Nährt wenig nur, schafft Windesnöte,
Zehrt und entfärbt des Blutes Röte.

Nach einer italienischen Knittelversübertragung
von 1482 übertragen von C. S. G.

Il Libro di Sidrach, 186. Kap. (14. Jahrh.):

Der König fragt: Ist es eine Sünde, von allen Dingen zu essen? Sidrach antwortet:

In seiner großen Barmherzigkeit erschuf Gott der Herr alle Dinge für den Menschen, auf daß er ebenso Herr auf Erden sei, wie ER im Himmel, nämlich zu töten, zu essen, zu befehlen und zu unterjochen alle Geschöpfe auf Erden in seinen Dienst. Und durch diese große Gabe und Herrschaft und Mächtigkeit, die Gott uns über alle irdischen Dinge verantwortet hat, haben wir die Macht zu töten und zu essen und zu gebieten nach unserem Willen. Und was wir aus Herzenslust essen, das ist gut und recht, sei es nun eine Schlange oder Skorpion oder irgendein anderes böses Tier, oder aber einen Vogel oder Pfau: all dies dürfen wir essen. Sollten wir aber keine Lust verspüren oder nicht aus freiem Willen heraus essen, so wisset, daß solches Essen weder gut noch recht noch ziemlich ist; denn was der Mensch aus Herzenslust und aus freiem Willen ißt, das ist gut und recht und ziemlich; und was der Mensch überdank und wider Willen ißt, das ist weder gut noch recht noch ziemlich.

Aus dem Italienischen übertragen von C. S. G.

Florentiner Gesetze gegen die Üppigkeit der Hochzeitsfeste (1356):

Im ganzen dürfen bei einer Hochzeit 16 Frauen sein, davon 6 von seiten der Braut, 10 von seiten des Bräutigams, abgesehen von seiner Mutter, Schwestern, Tanten, Töchtern oder andern weiblichen Familienmitgliedern.

Bei keiner Hochzeit darf es mehr als 3 Gänge geben, wobei man Braten mit Beilagen als einen Gang ansehen mag. Konfekt und Früchte zählen nicht als Gang. Und von jedem Gang dürfen nicht mehr als 20 Platten aufgetragen werden. Auch Ravioli und Makkaroni zählen als Gang. Bei der Hochzeit eines jungen Edelmanns aber dürfen 30 Platten von jedem Gang gereicht werden. Und der Koch, der das Essen bereitet, muß bis spätestens einen Tag vor der Hochzeit dem Amt, das für Einhaltung dieser Vorschriften verantwortlich ist, von der Hochzeit Mitteilung machen, ebenso wie von der Anzahl und Art der Speisen, vom Vor- und Zunamen des Bräutigams und vom genauen Datum der Hochzeit. Und jeder Koch wird bestraft, der mehr Platten oder Gänge bereitet als hier oben genannt sind. Gibt es bei einem Hochzeitsmahl Kalbfleisch, so darf kein zweiter Fleischgang verabfolgt werden. Und das Stück Kalbfleisch für eine Platte darf nicht mehr als 7 Pfund wiegen. An andern Braten darf es geben pro Platte: Entweder einen Truthahn oder eine Gans, oder ein Paar Schnepfen oder ein Paar Hühner mit einer Taube, oder ein Paar Tauben mit einem Huhn, oder eine Ente mit 2 Tauben oder eine Ente mit 2 Hühnern.

Aus dem Italienischen übertragen von L. M. K.

Synode zu Riesbach (799 n. Chr.):

V. Kanon

Alle Kleriker müssen am Mittwoch und Freitag sich des Fleisches und Weines enthalten und zur Nona eine Litanei samt Messe halten für das Heil der Kirche. Ausgenommen ist die Zeit von Weihnachten bis zur Oktav von Epiphania, von Ostern bis Pfingsten und die Hauptfesttage, nämlich Mariä, Joh. Baptistä, der 12 Apostel, des hl. Michael, Martin und des Patrozinium. Eine Ausnahme bildet auch die Ankunft eines Freundes oder eine Reise, Krankheit u. a. m.

Aus dem Lateinischen übertragen von C. S. G.

Rheimser Synode von 1304:

V. Kanon

Alle kirchlichen Personen der Rheimser Provinz, welche *in vita communi* leben, müssen mit Suppe und zwei Gerichten zufrieden sein, außer wenn vornehme Gäste kommen.

Synode zu Prag (1365):

VII. Kanon

Nur die Armen, welche keine Fische kaufen können, dürfen im Advent Eier, Milchspeisen und Käse essen.

Aus Marin Sanutos „Diarii":

Verordnung betreff Einschränkung des Luxus, beschlossen und erlassen in der Sitzung des hochedlen Rats der Stadt Venedig, vom 25. Januar 1525:

Insuper verordnen wir, daß in der Zeit zwischen Verlobung und Heirat der Bräutigam zu nicht mehr als 6 kleinen Essen eingeladen werden darf, bei welchem nicht über 20 Gäste teilnehmen sollen, außerdem zu zwei großen Festen, eines für 50, ein zweites für 80 Gäste, d. h. für männliche und weibliche nahe Verwandte. Der Bräutigam darf zwei Essen veranstalten, eines für 50, das andere für 80 Personen idem supra. Dabei ist es verboten, Rebhühner, Fasanen, Pfaue, Tauben und Haselhühner zu servieren, auch nicht mehr als drei Gänge auf einmal; es dürfen zum Auftragen nur Silberschüsseln verwendet und keine Decken auf die Tische gelegt werden.

Etiam sind verboten: Mandeltorten, Pistazienkuchen, Hühnerbrust, slovackische Pilze, Marzipan, Blätterteig, kandierte Früchte und sonstige Konfitüren, welcher Art sie auch seien, bei Strafe von 50 Dukaten für die Hersteller und 25 Dukaten für die Vertreiber. Alle diese Sachen sind verboten bei Hochzeitsmählern, öffentlichen Festen, Niederkunft der Frau, Taufe, Wahlfeiern, Einladungen und Familienessen unter obengenannter Strafe!

Die Diener und Köche, die für besagte Mähler zu sorgen haben, sind bei Strafe von je 10 Dukaten und 4 Monaten Gefängnis verpflichtet, hierher aufs Amt zu kommen und anzugeben, wann, bei wem, und wo besagte Speisen bereitet werden sollen, auf daß der Senat die Stadtknechte hinschicken kann, um nachzusehen, ob das Verbot übertreten wurde; dabei sind die Diener gehalten, die Stadtknechte überall herumzuführen, damit sie ihres Amtes walten können; sollten diese von Hausinsassen oder anderen belästigt oder an der Ausübung ihres Amtes gehindert werden, so muß der betreffende Diener fortgehen und darf keinen Dienst im Hause mehr leisten, und tarnen bekommen sie eine Prämie vom Senat; und

Adriaen van Utrecht: Früchtestilleben mit Vogelbeute und einem Hummer, Oxford, Ashmolean Museum

similiter müssen sie handeln, wenn zu den Mählern mehr Gäste als erlaubt eingeladen sind. Wer aber es den Dienern nachträgt durch Mißhandlung, Brotentzug oder sonstige Schädigung, oder gar sie fortjagt, verfällt der Strafe von 50 Dukaten.

Aus dem Italienischen übertragen von C. S. G.

Aus Platons „Staat":

Vor allem laß uns zusehen, auf welche Weise die Menschen leben, die sich so, wie wir beschrieben, eingerichtet haben! Nicht wahr, Nahrung und Wein werden sie herstellen, Kleider und Schuhe fertigen, Häuser bauen, sommers werden sie meist nackt und barfuß arbeiten, winters aber warm gekleidet und mit gutem Schuhwerk? Und nähren werden sie sich mit

Gerstengraupe und Weizenmehl, die sie kochen, und das sie rösten, mit ordentlichen Kuchen und Brotlaiben, die sie auf Rohrhorden oder saubere Blätter legen, sie selbst strecken sich auf ihr Lager von Taxus und Myrten, lassen sich's wohl sein mit ihren Kindern, trinken Wein dazu, bekränzen sich und singen Loblieder auf die Götter, liegen in süßer Lust beieinander, zeugen aber nicht mehr Nachkommen, als ihrem Vermögen entsprechen; aus weiser Furcht vor Armut und Krieg?

Da erwiderte Glaukon:

„Aber deine Männer schmausen ja allem Anschein nach ohne Zukost!"

„Wahrhaftig, das vergaß ich ganz, daß sie auch die haben müssen! Natürlich werden sie auch Salz und Oliven und Käse, auch Wurzel- und Krautgemüse, eben Dinge, wie sie das Feld für die Küche liefern kann, kochen! Felderbsen und Bohnen wollen wir ihnen vorsetzen, und Myrthen und Eicheln sollen sie sich am Feuer rösten, – dazu dann einen mäßigen Schluck zu trinken! – So verbringen sie ihr Leben in Frieden, stets gesund – wie ja zu erwarten! – werden alt und überliefern ein ähnliches Leben ihren Nachkommen!"

Doch Glaukon sprach:

„Aber, Sokrates, – angenommen, du hättest einen Staat von Schweinen einzurichten, was würdest du ihnen anderes zum Fressen vorwerfen als diese Dinge?"

„Aber Glaukon, wie soll ich's denn machen?"

„Wohl so, wie es der Brauch ist: laß sie doch auf Stühlen sitzen, wenn sie nicht gerade ein Jammerdasein führen sollen, an Tischen speisen, und zwar Zukost und Nachtisch, wie man's jetzt hat!"

„Ach so, ich verstehe! Wir betrachten, scheint's, nicht nur einen Staat, so wie er entsteht, sondern auch einen richtigen Schlemmerstaat! Und wer weiß, – schließlich ist es auch so gar nicht übel! Denn wenn wir solch einen Staat betrachten, können wir vielleicht auch die Gerechtigkeit und die Ungerechtigkeit zu Gesicht bekommen und sehen, auf welche Weise doch beide in den Staaten hervorwachsen. Also, der wahrhafte Staat ist meiner Ansicht nach der, den wir im einzelnen betrachtet haben, ein gesunder, möcht' ich sagen; wollt ihr jedoch auch einen herrlich geschwollenen Staat betrachten, so steht dem nichts entgegen. Ja, freilich wird manchem, ich glaub' es wohl! all das nicht genügen, ebensowenig wie die ganze Lebensweise, nein! da werden hinzukommen Stühle, Tische und der sonstige

Apparat; besonders auch Zukost und Salben und Wohlriechendes, Hetären, feines Backwerk, jedes einzelne davon in großer Mannigfaltigkeit. Und besonders auch das: nicht mehr an das Notwendige nur, wovon wir anfänglich sprachen, Häuser und Kleider und Schuhwerk, dürfen wir denken, nein! auch die Malerei müssen wir herbemühen und Gold und Elfenbein und alles Ähnliche erwerben! – Nicht wahr?"
Aus dem Griechischen übertragen von Karl Preisendanz.

5. Buch Mose. 14. Kapitel, Vers 4–21:

Das ist aber das Tier, das ihr essen sollt: Ochsen, Schafe, Ziegen, Hirsche, Rehe, Büffel, Steinbock, Tendlen, Auerochs und Elend.

Und alles Tier, das seine Klauen spaltet und wiederkäuet, sollt ihr essen.

Das sollt ihr aber nicht essen, das wiederkäuet und die Klauen nicht spaltet. Das Kamel, der Hase, das Kaninchen, die da wiederkäuen und doch die Klauen nicht spalten, sollen euch unrein sein.

Das Schwein, ob es wohl die Klauen spaltet, so wiederkäuet es doch nicht, soll euch unrein sein. Ihres Fleisches sollt ihr nicht essen, und ihr Aas sollt ihr nicht anrühren.

Das ist's, das ihr essen sollt von allem, das in Wassern ist, alles was Floßfedern und Schuppen hat, sollt ihr essen.

Was aber keine Floßfedern noch Schuppen hat, sollt ihr nicht essen, denn es ist euch unrein.

Alle reine Vögel esset.

Das sind sie aber, die ihr nicht essen sollt: der Adler, der Habicht, der Fischaar,

Der Taucher, der Weihe, der Geier mit seiner Art,

Und alle Raben mit ihrer Art,

Der Strauß, die Nachteule, der Kuckuck, der Sperber mit seiner Art,

Das Käuzlein, der Uhu, die Fledermaus,

Die Rohrdommel, der Storch, der Schwan,

Der Reiher, der Häher mit seiner Art, der Wiedehopf, die Schwalbe.

Und alles Gevögel, das kriechet, soll euch unrein sein, und sollt es nicht essen.

Das reine Gevögel sollt ihr essen.

Ihr sollt kein Aas essen: Dem Fremdling in deinem Tore magst du es geben, daß er es esse, oder verkaufe es einem Fremden; denn du bist ein heiliges Volk dem Herrn, deinem Gott. Du sollst das Böcklein nicht kochen, weil es noch seine Mutter sauget.

Serbisches Sprichwort:

Da wird scharf gefastet, wo die Mönche für die Bäuche müssen den Tisch ausrunden lassen.

Aus dem „Klosterspiegel":

Fastenpredigt eines Mönchs tönt wie eine Glocke,
Die zur Kirche ruft und selbst nicht hineingeht.

Albertus Magnus, „Paradisus Animae":
7. Kapitel: Über die Enthaltsamkeit

Bestaunen können wir, aber nicht nachahmen die Enthaltsamkeit der alten Priester, von denen der heilige Hieronymus schreibt, daß sie sich immer von Fleisch und Wein enthalten haben wegen der Gebrechlichkeit ihrer Sinne und wegen des Kopfschwindels, insonderheit aber wegen der Begehrlichkeiten, die aus sotanen Speisen und Getränken zu entstehen pflegen. Auch Brot aßen sie selten, um sich den Magen nicht zu beladen. Und wenn sie es auch manchmal genossen, so mischten sie Weihrauch unter die Speisen, um dieses allzuschwere Essen von seiner Hitze zu befreien. Was soll ich erst von Geflügel anfangen? Sie vermieden sogar die Eier, denn sie pflegten zu sagen, es sei doch nur flüssiges Fleisch in anderer Farbe.

Bei der Enthaltsamkeit kommt es aber nicht darauf an, daß man in gesundem Zustande köstliche und gewürzige Speisen zurückweist; sondern auch, wenn Krankheit oder sonst irgendeine Not dazu zwingt, und ebenso auch nicht, wenn man sich nur der köstlichen, feinen und überflüssigen Speisen enthält; sondern auch, daß man sich manchmal das

Notwendige entzieht, um es den Armen auszuteilen, gemäß jenem Wort des heiligen Hieronymus: „Gib, was du gegessen haben würdest, wenn du nicht fastetest, den Armen, auf daß das Fasten des Leibes zum Heil der Seele sei, nicht aber Gewinn des Geldbeutels." Falsche Enthaltsamkeit aber ist es, köstliche und feine Gerichte nur dann zu vermeiden, wenn es keine gibt; oder aber wegen Eitelkeit, auf daß du gelobt werdest; oder aber aus Geiz, du könntest arm werden: Sondern nur vom Leibe Krankheit fernzuhalten, sondern um Schande und Schimpf zu vermeiden; sondern um irgendeine Würde oder einen vorbeigehenden Nutzen zu erreichen, und nicht um im Diesseits vorweg die Gnade und im Jenseits Ruhm zu erwerben.

Aus dem Lateinischen übertragen von C. S. G.

Aus dem „Fiore di virtù" (um 1480:)
Kap. 36: Über die Enthaltsamkeit

Von der Tugend der Enthaltsamkeit liest man in der römischen Geschichte, daß einstens Kaiser Alexander durch die babylonische Wüste ritt, wo es ihm und seinem Heer bald an Proviant und allem Eßbaren mangelte, und viele waren schon vor Hunger zugrunde gegangen. Da fand einer seiner Ritter einige Bienenwaben mit Honig darin, nahm sie an sich und brachte sie dem Kaiser Alexander. Bevor dieser sie aber aß, warf er sie in einen großen Fluß und sagte, wolle Gott nicht, daß er leben bleibe und alle seine Gefährten stürben. Aber viele stürzten sich in den Strom, um noch etwas Honig zu erwischen und zu essen. Und eine ganze Anzahl ertranken, weil sie vor Hunger und Schwäche nicht in dem reißenden Strom zu schwimmen vermochten. Kurze Zeit darauf aber stießen Kaiser Alexander und sein Heer auf bewohnte Gegenden, wo sie alles Nötige zum Essen und Trinken fanden.

Aus dem Italienischen übertragen von C. S. G.

Aus Luigi Cornaros Traktat „Das mäßige Leben" (Padua 1558):

… Um nun für die Zukunft so vielerlei Schaden abzuhelfen, beschloß ich, in dieser kleinen Schrift darzutun, wie alle Völlerei ein Wahn ist und wie man sie leichtlich durch mäßiges Leben ersetzen kann, so wie es früher war. Und um so lieber tue ich dieses kund, als viele verständige Jünglinge in Erkenntnis des Lasters nur zustimmten, weil sie ihre Väter in der Blüte ihrer Jahre dahinsterben sahen und mich mit meinen 81 Jahren noch so gesund und rüstig finden … Aber auch bei mir war eine üble Schwäche, die gleich heftig eingesetzt und schon erhebliche Fortschritte gemacht hatte, daran schuld, daß ich die Völlerei aufgab, der ich mich derart überlassen hatte, daß sich mein Magen, ausgekältet und durchnäßt, allerlei Übel zuzog: Leibschmerzen, Seitenstechen, beginnende Gicht und stets ein leichtes Fieber; am schlimmsten aber: beständigen Durst. Das war zwischen meinem 35. und 40. Lebensjahr. Nachdem ich vielerlei Medizin versucht und keine mir geholfen hatte, sagten mir die Ärzte, daß es ein einziges Mittel gäbe, um meiner Krankheit zu steuern: das geregelte und mäßige Leben …

Da es mir übel gefiel, in so jungen Jahren sterben zu müssen und da mich mein Zustand beständig plagte, nahm ich mir diesen Rat zu Herzen. Ich wollte also alle jene milden Gerichte kennenlernen, von denen man mir sagte, daß sie mir zuträglich seien, beschloß aber zuerst zu erforschen, ob jene anderen, die ich gern aß, mir nützlich oder wirklich schädlich seien, um so zu erkennen, ob das Sprichwort: „Was gut schmeckt, Wohlsein weckt" seine Richtigkeit hat. Und da mußte ich entdecken, daß es falsch war; denn eiskalter und schäumender Wein, Melonen und andere Früchte, ungekochte Salate, Fische, Schweinefleisch, Torten, Gemüsesuppen und Teigwaren schmeckten mir nur gar zu wohl und schadeten mir doch. Nachdem ich also diese Erfahrung gemacht hatte, befolgte ich den Ratschlag meiner Ärzte und lebte von nun an mäßig.

Aus dem Italienischen übertragen von L. M. K.

Sperone Speroni „Gegen den Traktat des Messer Luigi Cornaro":

… Denn das mäßige Leben befiehlt, daß man gerade so viel ißt und nicht mehr und nicht weniger, und ausgerechnet von der und jener Sache und genau um diese Zeit, nicht früher und nicht später; man kommt also gar nie zum Fasten, noch zu andern Dingen, die diese Ordnung nur unterbrechen würden, wie Studium, Spazierengehen und Kampf fürs Vaterland; all das würde nur die Reihenfolge der Mahlzeiten und ihre Güte und die Zeiteinteilung stören. So wird also die Kraft bekämpft und die Gerechtigkeit aufgehoben, die doch dazu da ist, jedem Ding das Seine zu geben. Das mäßige Leben denkt aber an nichts anderes als ans Essen und will sogar dem Tod wegnehmen, was ihm gehört, der mit der Sichel dargestellt wird, eben weil er schneidet. Die guten Christen aber werden nie ans Essen denken, noch an die Wahl des Zeitpunkts, noch an die Menge und Güte ihrer Speisen; aber wo immer sie zu Tisch gehen, werden sie das zu sich nehmen, was man ihnen gibt; sie werden nicht ihr eigenes Essen und Getränke mit sich schleppen. Nur der Mäßige führt immer seine Weinflasche mit sich; darin gleicht er dem Deutschen, nur daß sie bei dem größer ist. Der gute Christ teilt seine Zeit nach den Gebetsstunden ein, der Mäßige nach dem Essen. Aber lassen wir den guten Christen, der eigentlich da sein sollte aber doch noch nicht geboren ist; und sprechen wir natürlich. Der Mäßige hat seine Sinne verkehrt, weil er sie nicht befriedigt; und die Sinne sind doch edler als das Leben, da sie den Tieren und dem Menschen allein zugehören, während das Leben auch den Pflanzen eignet. So ist der Mäßige gleichzeitig Baum und Mensch, aber schlimmer noch als der Baum; denn der ernährt sich redlich, und der Mäßige tut das nicht. Zwar ist es wahr, daß gleich wie der Baum nicht klagt, auch der Mäßige nichts zu jammern hat. Aber hier unten ist das Nicht-Klagen Unvollkommenheit und Irrtum.

Da man dem Tod doch nicht entgehen kann, so wähle man den Tod eines Mannes und nicht das Erlöschen einer Kerze. Und darum vermeide man die Mäßigkeit, die uns einem solchen Erlöschen zuführt, wie die Pest, die Schwindsucht und die Wassersucht. Wenn Eure Herrlichkeit auch vergnügt sein mögen und mehr singen und lachen als die Unmäßigen, so erinnere ich mich doch, daß ich Sie oft zur Erde gebeugt sah; das kommt von

der großen Austrocknung Ihrer Knochen, denen die Lust und die Kraft fehlt, aufrecht zu stehen, eben wegen der Mäßigkeit, die den Lebenssaft austrocknet, weil es an den genossenen Speisen nicht genug auszutrocknen gibt. Alles in allem, wer im Essen mäßig ist, muß, da wir nicht vom Essen allein leben, auch in vielen andern Dingen mäßig sein; wenn wir Wein und Brot abwiegen und die Stunden auszählen, müssen wir auch die Gedanken, Schreiben und Lesen und ähnliche Dinge, die die Verdauung beeinflussen, genau abzirkeln; auch dürfen wir nur so und so viele Stunden am Tag schlafen, so und so viele des Nachts. Nein, diese Mäßigkeit ist gar zu ungewöhnlich und affektiert, gar zu feige und bar aller Vernunft. Und die Welt kann sie in ihrem Getriebe nicht gebrauchen.
Rom, am 22. Februar 1562.
Aus dem Italienischen übertragen von L. M. K.

Buch des Kabus oder Lehren des persischen Königs Kiekįwus für seinen Sohn Ghilan Schach:

Unter allen Sachen ist das Essen die angenehmste. Die Verständigen haben dabei ebenfalls eine gewisse Ordnung eingeführt und haben Edle und Gemeine in drei Klassen gesetzt. Zur ersten Klasse gehören die Handelsleute, welche kaufen und verkaufen und meistenteils die Gewohnheit haben, nach dem Abend zu essen. Dergleichen Essen aber ist schädlich, weil sie sich schlafen legen, ehe sie verdauet haben. Von der zweiten Klasse sind die Krieger, welche gewohnt sind, zu jeder Zeit zu essen, wo sie etwas bekommen. Denn da sie meistenteils Gäste sind und anderen Leuten in die Hände sehen müssen: so speisen sie, was sie am gehofften Orte erhalten, zu welcher Zeit es auch sein mag. Dieser Gebrauch ist folglich eine Gewohnheit der Tiere, welche ihre Gerste und Stroh verzehren, wo sie es finden und sich gedulden, wenn sie nichts finden. Die Edeln hingegen pflegen innerhalb Nacht und Tag nur einmal Mahlzeit zu halten. Dies ist die Weise derer, welche ihre Gesundheit erhalten wollen. Indessen diese Art zu essen, schwächt den Körper und verändert seine Kräfte. Nach meiner Meinung, mein Sohn, ist der beste Rat, daß man bei Tagesanbruch etwas Weniges esse, um die Galle abzuführen, und daß man dann seinen

Geschäften obliege bis nahe gegen Mittag. Dann speise jeder soviel als nötig ist, damit es um die Vesperzeit verdauet sei. Hierauf muß man kurz vor Abend die Abendmahlzeit nehmen, um sie bis zur Schlafzeit verdauet zu haben. Aber jedesmal muß man nur nach Beschaffenheit der Person und der Verdauungskräfte speisen und sich vor Überladung und Unverdaulichkeit hüten. Diese Ordnung ist dem Verstände und der Weisheit angemessen.

Mein Sohn! Ehe die Personen, die mit dir zu speisen pflegen, nicht gegenwärtig sind, lasse das Essen nicht auftragen und speise nicht. Sobald sie sich aber versammelt haben: so mußt du das Essen bringen und zu speisen anfangen lassen. Nimm das Essen langsam ein und speise nicht hastig. Halt den Kopf nieder und schaue nicht auf jemandes Gesicht und Bissen, indem es sehr unanständig ist, auf jemandes Bissen zu achten. Man erzählt darüber folgende Geschichte.

Es gab einen Fürsten, genannt Sahib Kjah, der eines Tages mit seinen Vertrauten und Kanzleibeamten speiste. Er bemerkte in jemandes Löffel ein Haar und sagte ihm: Halt! Wirf das Haar vom Bissen! Der Gast legte den Bissen aus der Hand, stand auf und ging weg. Die Mitgesellschafter waren darüber verwundert, und Sahib ließ den Mann zurückholen und fragte ihn: Warum bist du aufgestanden und fortgegangen? Er antwortete: Wie soll ich die Speise des Mannes essen, der das Haar im Bissen sieht! Als Sahib diese Worte hörte, ward er beschämt.

Also, mein Sohn! Beim Essen beschäftige dich nur mit dir selbst!

Wenn dich jemand mit einem Gerichte besucht: so entschuldige dich erst gegen ihn und dann hernach laß deine eigne Mahlzeit auftragen.

Allein beim Auftragen dieses Essens haben die Verständigen zweierlei Gebräuche. Einige haben die Gewohnheit, erst ihr eigenes Essen kommen zu lassen, andere sind gewohnt, zuerst das Gericht des Ankommenden zu speisen. Beides ist erlaubt und hat keinen Übelstand. Aber die letzte Gewohnheit ist die beste, weil sie Gefälligkeit ist.

Überhaupt, wenn allerlei Arten von Gerichten eins nach dem andern zu essen sind: so laß das zuerst aufgetragene Gericht nicht zu geschwind wieder wegnehmen und das andere herbringen, laß das Essen etwas vor dir verweilen und dann laß ein anderes holen. Nicht alle haben einerlei Appetit, indem es Leute geben kann, die das nachher kommende Gericht nicht lieben. Wenn es aber gemächlich hergeht: so werden alle ihren Teil erhalten. Auch gibt es Leute, die hurtig essen, und andere, die langsam speisen. Je mehr Muße sich also deine Esser nehmen, desto besser wird's sein, weil dadurch die Geschwindesser und die Langsamesser alle gesättigt werden.

Wenn vor dir ein Gericht steht, was vor den übrigen Gesellschaftern nicht zu finden ist, so teile auch ihnen dies Gericht mit, damit sie sich nicht darnach sehnen dürfen.

Während daß gespeiset wird, mache kein saueres Gesicht, zanke nicht mit den Tafeldienern und sprich nicht: Jenes Essen ist gut und dieses ist schlecht! Solche Reden müssen gar nicht vorkommen.

Aus dem Persischen übertragen von Heinrich von Diez.

Brantôme, Des Dames Gallantes (Premier Discours, 16. Jahrh.):

… Nun aber kommen die Früchte des Sommers, die doch eigentlich unsre ehrsamen, warmblütigen Damen abkühlen müßten. Manche sah ich nur wenig, andere wiederum erklecklich zugreifen. Doch konnte man da weder bei den einen noch bei den anderen einen Temperaturwechsel ihrer Gluthitze feststellen; denn das Schlimmste bei der Sache ist, daß es wohl Früchte gibt, die abkühlen können, aber auch eine ganze Masse anderer, die auch ebenso einheizen, und gerade diese werden von unseren Damen ganz besonders bevorzugt, als da sind Spargel, Artischocken, Trüffeln, Morcheln, Räßlinge, Steinpilze und junges Fleisch, das ihnen die Köche auftraggemäß zurichten und genüßlich und lecker zubereiten, und das die Ärzte ihnen wohl auf Rezepten zu verschreiben und zu verordnen verstehen.

Sind diese guten Mahlzeiten vorbei, dann habt acht, ihr armen Liebhaber und Ehemänner! denn habt ihr nicht eure Augen offen, so seid ihr schon eurer Ehre verlustig, und nur gar zu oft schleicht man sich von euch weg, um auf den Wechsel zu gehen.

Das ist noch nicht alles; denn mit diesen neuen Früchten muß man gute dicke Pasteten herrichten, die man vor nicht allzu langer Zeit erst erfunden hat, mit viel Pistazien, Taubenfleisch und weiteren bluthitzenden Apothekerdrogen, insonderheit aber Hahnenkämme und -klicker, die der Sommer in größerer Überzahl erzeugt als der Winter und die übrigen Jahreszeiten. Im Sommer geht auch ein rechtes Schlachten der hübschen kleinen Hähne los, viel mehr als im Winter große Hähne den Hals umgedreht bekommen, denn sie sind nicht so gut und zart wie die kleinen, die hitzig, warmblütig und stößiger sind als die anderen. Das ist so eine von den vielen Vergnüglichkeiten, die der Sommer für die Liebe mit sich bringt.

Und zu sotanen Pasteten, die aus dem Mannsgemäch dieser kleinen Hähne, aus Artischockenböden und Trüffeln oder anderen aufheizenden Leckereien gefertigt sind, greifen, wie ich mir habe sagen lassen, manche Damen mit Vorliebe; wenn sie davon essen, mit Fingern oder Gabeln drin herumfischen und bald ein Stück Artischocke, bald etwas Trüffel, bald Pistazien, bald einen Hahnenkamm oder andere leckere Stücke angeln und in den Mund stecken, dann sagen sie traurig und ganz niedergeschlagen: „Nix is." Und stoßen sie gerade auf einen niedlichen Hahnenklicker, so legen sie Hinunter die Zunge und sagen hocherfreut: „Heil!"; geradeso wie man in Italien Lotterie spielt und als hätten sie richtig gesetzt und irgend etwas besonders Reiches und Wertvolles gewonnen.

Aus dem Französischen übertragen von C. S. G.

Aus den Memoiren der Marquise von Créqui (18. Jahrh.):

Eine große Torheit lag zu jener Zeit in der Art, wie man die Kinder ernährte. Erst stillte die Mutter selber, ganz gleich, ob sie nur schlechte Milch hatte oder gar keine. Ganz nach Jean Jacques Rousseau. Da nicht alle Kinder so kräftig waren, ungenügende Nahrung vertragen zu können, so starben zwei Drittel von ihnen an der Brust der Mutter, die andern fristeten ein kümmerliches Dasein, um nach achtzehn oder zwanzig Jahren an der Auszehrung zu sterben.

Eine andere Verrücktheit, an der Rousseau nicht schuld war, bestand darin, daß man die Kinder hinderte, nach Herzenslust zu essen. Suppe und Fleisch bekamen sie nicht. Obst durften sie der Maden wegen nicht essen, auch Süßigkeiten nicht, und die Salze könnten der Brust schaden. Sie bekamen kein anderes Getränk als Brotwasser, das gut für die Eingeweide sein sollte. Sie erhielten nur breiartige Speisen, Grützen, Brot in

Pieter Claesz: Stilleben mit Truthahnpastete, Amsterdam, Rijksmuseum

Milch aufgeweicht, wie man Kanarienvögel füttert. Der Marquis von Villeneuve meinte, der Papagei seiner Frau würde besser als seine vier Kinder ernährt. Da alle Kinder hungrig waren, weinten sie den ganzen Tag. Einige Knaben revoltierten dagegen: die drei Béthunes und die Choiseuls verbündeten sich und erbrachen nachts die Speisekammer ihrer Großmutter, der Herzogin von Sully, um sich Essen zu stehlen. Aber die armen kleinen Mädchen, die nichts Gutes stehlen konnten, waren schlecht dran: sie sollen Katzenfutter gegessen haben.

Der kleine Saint-Mauris und seine Schwester hatten die Masern, die in Versailles ausgebrochen waren, noch nicht gehabt, so nahm ich sie zu mir. Man brachte sie, und da sie so eigentümliche, schwarze, grüne, violette und rote Flecken auf ihren Lippen hatten, versuchte ich mit aller Vorsicht, ihr Vertrauen zu gewinnen, und höre, daß sie auf der Reise von Versailles nach Paris nichts anderes als Oblaten, mit denen sie ihre Taschen angefüllt hatten, zu essen bekommen hätten. Unter Tränen bat mich das kleine Mädchen, sie nicht anzuzeigen, weil man sie töten würde, denn die Oblaten hätten sie dem König aus dem Zimmer ihres Vaters gestohlen. Sie waren fast verhungert und mager wie Schakale. Ich begann sofort, sie ordentlich zu füttern, zuerst sehr vorsichtig, aber es war eine Freude, zu sehen, wie sie auflebten. Selbst wenn sie bei mir Oblaten gefunden hätten, was allerdings nicht der Fall war, sie hätten sie nicht mehr angerührt. Nach dieser neuen Lebensweise, die freilich bei mir die alte war, wurden sie stärker und von Tag zu Tag hübscher. Sie wurden viel netter, zutraulicher und wahrhaftiger. Als die Fürstin oder der Fürst von Montbarrey sie besuchte, hätten sie sie fast nicht erkannt. „Wie", sagten sie, „unsere Kinder essen alles, was sie wollen, und sind nicht krank? Sie sind ja richtig vernünftig geworden!"

Aus dem Französischen übertragen von Rudolf Pechel.

Balzac, „Physiologie der Ehe":

Beweist nicht Jean-Jacques durch seine wundervolle Julie deiner Frau, daß sie eine unendliche Anmut sich aneignen wird, indem sie ihren zarten Magen und ihren göttlichen Mund nicht dadurch entehrt, daß sie unedle Stücke Rindfleisch und riesige Hammelkeulen zu Speisesaft verarbeitet? Gibt es auf der Welt etwas Reineres als die interessanten, stets frischen und geruchlosen Gemüse, die farbenprangenden Früchte, den Kaffee, die duftende Schokolade, Atalantas goldene Äpfel: die Orangen, Arabiens Datteln, die Brüsseler Zwiebäcke? Diese Speisen sind gesunde und liebliche Nahrung, mit der man befriedigende Erfolge erzielt, während sie zugleich einer Frau eine gewisse geheimnisvolle Originalität verleiht. Sie erlangt durch ihre Diät in ihren Kreisen eine kleine Berühmtheit – wie durch eine Toilette, durch eine gute Tat oder ein witziges Wort. Pythagoras muß ihre Leidenschaft sein, wie wenn Pythagoras ein Pudel oder ein Äffchen wäre.

Begehe niemals die Unvorsichtigkeit gewisser Männer, die, um sich den Anstrich eines starken Geistes zu geben, den weiblichen Glauben bekämpfen: daß man sich seinen guten Wuchs erhalte, indem man wenig esse. Frauen, die Diät halten, werden nicht fett – das ist klar und unumstößlich; darüber kommt niemand hinweg.

Aus dem Französischen übertragen von C. S. G.

Aus den Briefen der Mademoiselle Laure de Malboissière:

Ein bürgerliches Mittagessen im Paris des ausgehenden 18. Jahrhunderts.

Am 20. Mai (1764) speisten wir im Hause eines alten Freundes, eines Bankiers, der sich auf Montmartre zurückgezogen hatte. Das Essen war gesund und einfach; eine gute, ländliche Lattichsuppe ohne alle fremdländischen Würzen; ein kleines Stück Ochsenfleisch, mit frischer Butter und Mohrrüben; schöne Koteletts, ohne Sauce; ein ausgezeichnetes Brathuhn mit leckerem Salat; Pasteten mit Taubenfüllung und grüne Erbsen; das war alles. Als Nachtisch gab's noch Rahmkäse, Brezeln, Marmeladen, Konfekt und getrocknete Aprikosenscheiben. Und endlich, finis coronet opus, kam ein ausgezeichneter Kaffee, den der Hausherr selbst bereitete.

Aus dem Französischen übertragen von L. M. K.

Christophorus Achatius, „Jugendspiegel" (1643):

Wie ein Knabe zum Tische sich anschicken und denselben bereiten soll.

Ehe du zu Tische sitzest, so bereite und ordne vorhin alle Dinge, nämlich Wasser, Wein, Bier; wasche und säubere die Trinkgeschirre, lege das Tischtuch auf, desgleichen Messer, Salzfaß, Teller, Löffel, Brot, welches du, wo es verbrannt wäre und Asche, Kohlen oder etwas Unsauberes an sich hätte, fein beschneiden und auf die Teller teilen sollst.

Mit solcher Ordnung hebe den Tisch wiederum ab, so man gegessen hat, erstlich die Teller, letztlich das Tischtuch, welches du in ein gewöhnlich Körblein ausschütten sollst, und, so was Gutes vorhanden, es herauslesen, damit es entweder Menschen oder Vieh zugut komme und nicht verderbe.

Ehe sich die Gäste zu Tisch setzen; sollst du mit gefalteten Händen fein langsam und mit klarer Stimme das „Bendicite" sprechen, nämlich: das „Aller Augen, Vater unser und Herr Gott himmlischer Vater", wie solches Alles in Dr. Lutheri Katechismo fein beschrieben steht.

Niederdeutsche Tischzucht (16. Jahrh.):

Wan du over eines Herren Tafelen bist, so sollst du merken, wan he drinket, der Wile sollst du nicht eten; du sollst dat Tafellaken halten mit beiden Händen; wan din Kumpan drinket, der Wile sollst du nicht eten. Wan din Kumpan die Hand in der Schüsselen hat, so sollst du dine Hand nicht darzustrecken: Dat Brot, dar du eines hast abgebeten, dat sollst du nicht wieder instecken. Du sollst lernen eten mit beiden Henden, wan die Schüsselen steit bei der linken Hant, so sollst du eten mit der rechten Hant; wan die Schüttelen steit bei der rechten Hant, so sollst du eten mit der linken Hant; so stoßest du dinen Kumpan nicht, der mit dir it. Wat vor dir liege in der Schüsselen, dat sollst du nehmen; du sollst nicht overtasten und nehmen, dat vor dinen Kumpanen liecht. Du sollst den Knoken nicht nagen als ein Hund. Du sollst nicht viele suppen als ein Russe. Du sollst nicht suppen mit der Schüsselen als ein Wend. Willst du aber suppen, so suppe mit dem Löppele als ein Münich, und suppe nicht lüde als ein Kalb; supp stilliken als ein Jungfraue. Du sollst nicht über beide Wangen eten als ein Affe. Du sollst nicht schmatzend eten als ein Mastschwein. Du sollst ein Ei nicht teilen. Du sollst enen Appel nicht alleen eten; sneid den Appel midden entzwei, de eine Hälfte teile du an zwei Stücke und gieb ihn nach beiden Seiten. Wan du selbander ein Brot hast, so teile dat gleich und laat deinen Kumpan wählen. Du sollst den Käse nicht herausheben wie einen Sattel. Du sollst die Kerschberen nicht eten als ein Ferkel. Willstu eine Beere schälen, des sollst du beginnen von dem Stiele. Du sollst nicht nur Knobloch eten, dat du nicht stinkest mang andern Leuten als ein Jude. Du sollst vor den Leuten nicht die Zähne viel stockern noch klauben. Du sollst dinen Gürtel lösen eher du zu der Tafelen geist, und nicht over der Tafelen.

Aus dem „Nuovo Galateo" von Melchior Gioia (1702):
Allgemeinregeln, das Essen betreffend.

1. Nicht ins Brot hineinbeißen, wie die Bauern es tun, sondern es mit der Hand oder mit einem Messer zerteilen.

2. Nicht in die Suppe blasen, wenn sie zu heiß ist; denn die Verbindung des Atems mit der Suppe wirkt auf die Phantasie der Andern wenig appetitanregend.
3. Die Speisen nur mit dem Messer, der Gabel oder dem Löffel berühren; der Gebrauch der Pfoten bleibt dem Tierreich überlassen.
4. Nicht die Bissen auf der Gabel beschnüffeln; der Hausherr könnte meinen, du zweifelst an der Güte seiner Speisen.
5. Keine zu großen Bissen verschlingen, so daß sich dir die Backen blähen, als seist du ein Trompeter oder wolltest das Feuer anblasen. Noch schlimmer ist es, wenn Frauen dieses Laster an sich haben, das ihr Gesicht entstellt.
6. Nicht zu schnell essen; du könntest dich verschlucken; den nächsten Bissen erst in den Mund nehmen, wenn du mit dem vorherigen fertig bist. Sonst steht dir vor Anstrengung der Schweiß auf der Stirn zum Abscheu der Umsitzenden. Andrerseits aber auch nicht sozusagen müßig bei Tisch sitzen, denn das erweckt den Eindruck, als ob du die Gastfreundschaft, mit der man dich bedenkt, nicht zu schätzen wüßtest.
7. Iß mit geschlossenem Munde ohne zu schmatzen.
8. Knochen und Kerne nicht zerbeißen. Diese Knackgeräusche rufen bei den Umsitzenden Ekelgefühle hervor.
9. Die Knochen nicht aussaugen; noch weniger sie mit der Hand zum Mund führen, um sie abzunagen. Löse mit deinem Messer auf dem Teller das Fleisch von den Knochen.
10. Das Brot oder das Fleisch nicht ins Salzfaß eintauchen.
11. Nimm das Salz mit der Messerspitze, nicht mit der Gabel oder dem Löffel, die du schon 20 Mal im Munde hattest.
12. Geh mit deinem Löffel nicht in die Schüssel noch in einen fremden Teller.
13. Biete niemals anderen von dem an, was du schon berührt hast; das darf nur der Hausherr mit der Dienerschaft oder mit Personen aus dem engsten Familienkreis.
14. Nie das, was du schon auf deinem Teller hattest, in die Schüssel zurücklegen.
15. Wenn du etwas aus dem Munde entfernst, laß es nicht von oben herab auf den Teller fallen, sondern nimm es geschickt mit der Hand und lege es beiseite.

16. Folge nicht dem Beispiel desjenigen, der nach Art der Schweine mit der Zunge Hände und Lippen sauberleckt.
17. Wische die Hände nicht an der Tischdecke ab und so wenig als möglich an der Serviette; nimm statt dessen etwas Brot, das du auf deinem Teller liegen läßt. Hüte dich, auf dem abgeräumten Tisch Speisereste zu hinterlassen.
18. Putze deine Zähne nicht an Tischdecke oder Serviette; noch weniger wische dir den Schweiß weder mit der einen noch mit der andern von der Stirn.
19. Stochere in deinen Zähnen nicht mit Messer oder Gabel herum; und iß nicht mit dem Messer; du könntest dich sonst im Mund schneiden.
20. Entferne die Speisenreste aus den Zähnen nie vor angesehenen Leuten; es ist eine zu intime Handlung. Trage auch nicht den Zahnstocher, nach Art des Vogels, der sein Nest baut, im Munde spazieren.

Aus dem Italienischen übertragen von L. M. K.

Chaucer, „Canterbury-Geschichten" (14. Jahrh.):
Erzählung des Ablaßkrämers

O schändliche, verfluchte Schlemmerei,
O gräßliche, o wüste Démmerei,
Aus denen unser ganzes Übel stammt;
Durch sie sind wir vom Herrn verdammt.
Erst Christus löste uns mit seinem Blut.
Fürwahr, wir gaben unser bestes Gut
Der schnöden Leibeslust als Lösegeld.
Die Schlemmerei verdarb den größten Held.

Um dieses Laster Gott der Herr verstieß
Den Vater Adam aus dem Paradies.
Samt Eva mußt er sich der Fron ergeben,
Solang er nüchtern war, da könnt er leben
Im Paradies; doch als er von der Frucht
Des streng verbotnen Apfelbaums versucht,

Verlor er gleich Gottvaters Gunst und Huld:
Du Schlemmerei, du trägst die ganze Schuld.

Ja, wüßte mancher, welcher Schwärm von Plagen
Herkommt aus Übermaß und vollem Magen,
Würd er bei seinen geilen Tafelein
Im Essen und im Trinken mäßig sein.
Ost-, west-, süd-, nordwärts, um das Erdenrund,
Jagst du, o Leckerzung und Brockenschlund,
Des Menschen Sinn, in Feuer, Luft und Wasser
Die Schleckerein zu kochen für den Prasser.

Sankt Paul, darin kannst du uns unterweisen:
„Den Wanst der Speise und des Wanstes Speisen
Wird beide Gott – wie Paulus sagt – zerstören."
Pfui! Greulich ist's zu sagen und zu hören,
Und greulicher das Tun noch als es klingt,
Wenn einer so die feisten Stücke schlingt,
Daß er durch schmutzige Unmäßigkeit
Zum Abtritt gar den eignen Mund entweiht.

Hört, was in Tränen der Apostel klagt:
Mit solchen Sünden ist die Welt geplagt,
Für jeden, so am Prassen Lust gefunden,
Wird Christus neuerlich am Kreuz geschunden.
Bauch heißt ihr Gott; ihr End ist Tod und Not.
O Leib, o Wanst, du bist ein Faß voll Kot,
Du stinkst ja nach Verwesung und nach Mist.

Wie faul der Leib von ob bis unten ist!
Was muß man nur zu deiner Atzung treiben!
Wie muß der Koch da stoßen, schlagen, reiben,
Und die Substanz zum Akzidens bekehren:
So will es stets dein lüsternes Begehren!
Er klaubt das Mark noch aus den alten Knochen;
Nichts wirft er fort; euch muß er alles kochen,

Was eurer Kehlen süßes Angebinde.
Aus Spezereien, aus Wurzel, Lauch und Rinde
Muß er die Braten und die Saucen würzen,
Um euren Appetit nicht abzukürzen.
Doch die, so dieser Üppigkeit ergeben,
Sind tot, da sie in Sündenlastern leben.
Doch hört, ihr Herrn, und laßt euch eins berichten,
Daß jede Heldentat in den Geschichten
Des Alten Testaments und jede Schlacht,
Wo Gott dem Judenvolk den Sieg gebracht,
Mit Fasten stets und mit Gebet geschah:
Lest nur die Bibel nach. So steht es da.

Aus dem Englischen übertragen von C. S. G.

Thomas von Aquino, „Summa Theologica":

III. Abhandlung, 147. Kapitel
Das Fasten ist ein Tugendakt.

Dies scheint nicht. Denn:

Der Tugendakt ist Gott immer angenehm, nicht aber das Fasten; nach Isai. 58: „Warum haben wir gefastet, und du hast es nicht beachtet?"

Das Fasten folgt nicht der rechten Mitte. Denn bei der Abstinenz wird diese dahin bestimmt, damit man den Bedürfnissen der Natur zu Hilfe komme. Durch das Fasten aber wird von diesen Bedürfnissen etwas abgezogen.

Fasten kommt den Guten und Bösen zu; also ist es kein Tugendakt.

Auf der anderen Seite zählt unter andere Tugendakte Paulus 2. Kor. 6 das Fasten auf.

Ich antworte, ein Akt werde dadurch tugendhaft, daß er durch die gesunde Vernunft auf ein ehrbares Gut als zu seinem Zwecke hingelenkt werde. Das Fasten aber verfolgt einen dreifachen vernunftgemäßen Zweck: 1. Es drückt die Begierden des Fleisches nieder, wonach der Apostel sagt: „In Fasten, in Keuschheit", um zu sagen, daß Fasten förderlich sei der Keuschheit; und Hieronymus: „Ohne Ceres und Bacchus bleibt die Venus kalt", d. h. durch das Enthalten von Speise und Trank wird matt die

Wollust; – 2. Es trägt dazu bei, daß der Geist sich zu göttlichen Dingen erhebe, weshalb Dan. 10 gesagt wird, nach einem Fasten von drei Wochen hätte Daniel von Gott eine Offenbarung erhalten; – 3. Es dient zur Buße für die Sünden, weshalb es Joel 2 heißt: „Bekehret euch zu mir mit euerem ganzen Herzen, in Fasten, in Weinen und Wehklagen."

Augustin faßt dies zusammen: „Das Fasten reinigt die Seele, erhebt den Geist, unterwirft das Fleisch dem Geiste, macht das Herz demütig und zerknirscht, zerstreut die Nebel der Begierden, löscht aus die Flammen der Wollust, zündet an das Licht der Keuschheit."

Ein in seiner Art tugendhafter Akt kann auf Grund von hinzutretenden Umständen ein sündhafter werden; wie gesagt wird: „In euerm Fasten wird euer Wille gefunden …, ihr fastet aus Streit und Zanksucht"; wozu Gregor bemerkt: „Vergebens wird das Fleisch durch Fasten gequält, wenn durch ungeregelte Leidenschaften die Seele zerrüttet wird"; und Augustin erklärt: „Das Fasten sucht nicht das viele Sprechen auf; es urteilt, daß Reichtum überflüssig sei; es verachtet den Hochmut, verleiht dem Menschen, es zu verstehen, wie er gebrechlich und ohnmächtig sei."

Aus dem Lateinischen übertragen von C. S. G.

Aus der Chronika derer von Zimmern:

Es haben sich damals, als die Brüder in Köln waren, viele gute Händel dort ereignet. Herr Johannes Christoph pflegte keinen Käse zu essen, auch kein Öl; das ärgerte Graf Thomas, und er hätte ihn gerne dazu gebracht, alles, wie andere Leute auch, zu essen. Er ließ ihm einmal eine Käsesuppe herrichten und sie ganz fein bereiten, denn er hatte gute Köche, und wie sie auf den Tisch kam, war keiner da, dem sie besser schmeckte, als Herrn Johannes Christoph; er aß sie wohl halber aus. Das gefiel dem alten Herrn und er sagte es ihm hernach. Da stellte er sich gar besorgt, es werde ihm nicht gut bekommen, aber es geschah ihm nichts. – Leber aß er nicht, aber gebratene Hirschlebern mochte er zuzeiten wohl essen. Es ging herrlich her mit Essen und den besten Weinen, aber zu keiner Zeit lebte man prächtiger als zu Fastnacht; da war nichts außerhalb noch innerhalb der Speisekammer, das nicht hervormußte: kalte Fische, kalte Suppen, Konfekte und die besten Weine vom Rheinstrom und der Mosel. Weil aber nichts warm aufgetragen wurde, so waren die Fasten nicht gebrochen; ich möchte noch alle Tage so fasten.

Aus den „Opera" des Bartolomeo Scappi (Venezia 1545):

Fastenessen in Roma-Travestere, das der hochehrwürdige Herr Kardinal Lorenzo Campeggio von Bologna Seiner Majestät dem Kaiser Karl V. gab, als Seine Majestät im Monat April des Jahres 1536, noch in der Fastenzeit, in Rom einzog.

Zuerst wurde der Tisch mit 4 parfümierten und reich bestickten Tischdecken, 12 Servietten, 5 Gedecken für die Speisen vom kalten Buffet und 7 für die warmen Gerichte der Küche ausgestattet, jedes zu 3 Tellern, von 3 Truchsessen und 3 Tranchiermeistern serviert.

1. Speisenfolge vom kalten Buffet:

Pisaner Biskuits mit Malvasier, in goldenen Tassen.
Marzipanplätzchen von verschiedener Form.
Marzipanplätzchen, in Eigelb abgeröstet.
Neapolitaner Mandelplätzchen
Frische Marzipankelche à la Veneziana. Frische Pistazientorte.
Gezuckerte Orangenscheiben.
Kuchen, mit süßem Mandelöl, Zucker und Pistazienkernen zubereitet.
Zwiebeln à la Romanesca, d. h. Krapfen aus gelben Erbsen, Zucker, Zibeben, Rosinen und Datteln.

1. Speisenfolge aus der Küche:

Fette Lampreten am Rost.
Enthäutete Störscheiben, am Spieß gebraten, in schwarzer Sauce, mit Pistazienkonfekt serviert.
Auf dem Rost gegrillte Maifische, mit einer Sauce aus in Wein und Zucker gekochten Zibeben.
Kleine Tiberlampreten, im eigenen Saft.
Marinierte Karpfen, kalt, mit Weinessig und gezuckert.
Marinierte Forellen, mit Zucker bestreut.

Gemüsesuppe.
Pasteten von Lampreten, mit der eigenen Sauce gefüllt.
Pastete aus Milch und Leber vom Umberfisch. Kandierte Oliven. Eingemachte Trauben.
Frikadellen aus zerhacktem Fisch in Form von Geflügel. Fischgelee als Halbrelief.

2. Speisenfolge aus der Suppenküche.

Suppe von Stör, Pflaumen und getrockneten Weichseln.
Seekrabbensuppe.
Tintenfischsuppe mit Zibeben.
Suppe von Lampreten.
Venezianische Steinbuttsuppe.
Maismehltorte mit Apfelgelee.
Frikadellen aus zerhacktem Fisch in Form von Fischen.
Maifischpasteten, heiß serviert.
In Wein gesottene Forellen mit allerhand Gewürzen, heiß aufgetragen und mit Veilchen garniert.
Marzipantorte mit Pistazienkonfekt obenauf.
Omelette soufflée.
Pastete von entgräteten Sardinen und Thunfischscheiben.
Fisch in Gelee, in goldschimmernde Würfel geschnitten.
Hechtfilets in deutscher Suppe.

3. Speisenfolge aus der Küche. Gesottenes:

Störköpfe in weißer Sauce, mit lila und gelben Stiefmütterchen garniert.
Störscheiben in weißer Sauce mit Schnittlauch.
Große Hechte in weißer Sauce, mit abgezogener Haut, mit Pistazienkonfekt obenauf.
Forellen in gewürzter Weinsauce.
Pasteten aus den Bauchstücken des Stör.
Törtchen aus Pinienöl, Mandeln und Zucker.
Kaiserkronen aus Maismehl.
Erbsenkuchen mit Neapolitaner Makronen.
Ragout von Hechtfilets, mit Zucker bestreut.
Kuchen mit dem Wappen Seiner Majestät.

2. Speisenfolge des kalten Buffets:

Geschälte Artischockenstiele mit Pfeffer und Salz.
Frische, geschälte Mandeln.
Nüsse.
Päpstliche Birnen. Kringelchen.
Gedämpfte Datteln.
Zuckerbirnen.
Birnentörtchen.
Quitten, in Wein, Zucker und Zimt gekocht.
Pflaumenkuchen mit Rosinen.
Rosinen in warmer Weinsauce.
Verschiedene trockene Kuchen.
Würfel aus Fruchtgelee.
Käse aus gebackenen Mandeln.
Junger Fenchel.
Nachdem die Tischdecken abgenommen und Wasser zur Handwaschung gereicht war, gab man neue Servietten, Messer, Gabeln und Löffel und große Brezeln auf jede Serviette.

3. Speisenfolge des kalten Buffets:

Salat aus Fischresten.
Sardellen in Öl, Essig mit Majoran.
Kaviar mit Zitronensaft.
Marinierte Karpfen, in Weinessig, mit Zucker bestreut.
Heringsfilets.
Salat mit Borretschblüten.
Salat von Kapern und Weinbeeren.
Salat mit Rosmarin.
Spargelsalat.
Lattichsalat.

4. Speisenfolge aus der Küche:

Gegrillte Seebarben.
Am Rost gebratene Seezungen, mit Granatapfelkernen bestreut.
Gebackene Thunfischscheiben mit gekochten Rosinen.
Seekrebse gefüllt, am Rost, mit Zitronensaft.

Meeräschen geröstet, mit Zitronenscheibchen und Zucker.
Eingemachte Weintrauben.
Umberfisch mit Oliven.
Tomatensauce.
Aal und Fischhaschee, in Form eines Widderkopfes.
Gewiegter Salm in Wein gekocht, mit Petersilie garniert.
Pastete aus Rabenfischen. Schildkrötenpastete.
Auflauf aus zerhacktem Fisch mit Rosinen und Zibeben.
Birnentorte.

5. Speisenfolge aus der Suppenküche:

Schwarze Suppe vom Umberfisch.
Gefüllte Tintenfische in Zwiebelsuppe à la Veneziana.
Pflaumen- und Rosinensuppe .mit Seekrebsen.
Gesottene Doraden mit pikanter Kräutertunke.
Frische Karpfen mit Rosinen und Kräutern.
Erdbeeren in weißer Sauce.
Pastetchen mit Schildkröteneingeweiden.
Heiße Seekrebspasteten.
Zitronen mit einer Füllung von gedämpften Datteln und Zibeben.
Würfel aus Mandelbutter.
Gebackener Kaviar in Omelettes aux fines herbes.

6. Speisenfolge aus der Küche:

Seesterne und Krebse, in Wein gekocht, hübsch serviert, Zangen und Scheren versilbert und vergoldet.
Gekochte Seekrabben in weißer Tunke mit Granatapfelkernen.
Gekochte Rabenfische mit Majoran.
Kabeljau auf spanische Art in Senfsauce.
Falsche Kalbsschnitzel aus gegrillten Fischfilets, mit Zucker und Zitronensaft angerichtet.
Thunfischauflauf.
Torte aus Aal und Spinat.
Marzipankuchen mit verschiedenen Wappen.
Schildkröten, aus Teig, vergoldet und versilbert.
Lachs in Gelee und so bereitet, daß er wie Schinken aussieht.

7. und letzte Speisenfolge aus der Küche:

Gebratene Erdbeeren, mit gelben Stiefmütterchen geschmückt.
Spanische Oliven.
Eingemachte Weintrauben verschiedener Sorten.
Gebackene Tiber-Lampreten, mit Zitronenscheibchen.
Gebackene Tintenfische.
Große Seekrebse mit Kernen und Saft vom Granatapfel.
Pflaumentörtchen.
Gelee in Form von Sternen, goldfarben.
Gebackene Langustenschwänze mit Rosinensauce und Orangenkonfekt.
Spinat mit Rosinen, Essig und Senf. Torte aus Kaviar.
Rosenkohl à la Napoletana, heiß serviert, mit Öl, Zitronensaft und Pfeffer.
Nachdem die zweite Tischdecke abgenommen und Wasser zur Handwaschung gereicht war, gab man neue, prächtig gestickte Servietten.

4. Speisenfolge des kalten Buffets:

Austern mit Zitronensaft und Pfeffer.
Pflaumenkuchen mit Apfelschnitten.
Birnentorte.
Krebszangen mit Essig und Pfeffer.
Artischockenböden.
Suppe von Plattmuscheln.
Pasteten voll von lebenden Vögeln.
Würmer, aus Butter nachgemacht.
Verschiedene Marzipanstatuen.
Verschiedene Waffeln.
Brezeln aller Arten.
Rohe Trüffeln, mit Salz und Pfeffer.
Gewärmte Trüffeln mit Öl, Zitronensaft und Pfeffer.
Gekochte Artischocken mit Essig und Pfeffer.
Pistazien.
Die Servietten wurden abgenommen und frische ausgeteilt, mit verschiedenen Vögelchen darinnen; außerdem wurden goldene und silberne Gäbelchen und Löffelchen gereicht.

5. Speisenfolge des kalten Buffets:

Parfümierte Zahnstocher in goldenen Tassen.
Nelkensträuße.
Zitronensalat.
Birnenkompott.
Pfirsichkompott.
Melonensalat.
Saure Gurken.
Lattichsalat.
Kürbissalat.
Mandarinenkompott.
Artischocken in Essig und Öl.
Junge Erbschen.
Frische Mandeln.
Mispeln.
Ingwer.
Zichoriensalat.
Fenchelsalat.
Boraschsalat.
Gezuckerte Granatapfelkerne in goldenen Tassen. Makrönchen.
Anis- und Pistazienkonfekt.
Orangeat.
Zimtsterne.
Blumensträußchen, deren Stiele versilbert und vergoldet waren.
Zu diesem Essen spielten verschiedene Kapellen mit allerlei Instrumenten.
           Aus dem Italienischen übertragen von L. M. K.

Arabisches Sprichwort:

Kaffee schwarz wie die Nacht,
Süß wie die Liebe,
Heiß wie die Hölle.

Montesquieu, „Pensées diverses":

Das Mittagessen bringt die eine Hälfte von Paris um,
das Nachtmahl die andre.
       Aus dem Französischen übertragen von C. S. G.

Spruch aus einer Orakelpuppe:

Trink am Abend Schokolade und am Morgen den Kaffee,
Küß und laß dich wieder küssen, ist der Jungfern ABC.

Leipziger Spruch:

„Den braunen Trank der Türken,
Trink ich des Nachmittags
Zur Ehre der Brünetten.
Den hellen Trank aus China,
Den Tee, trink ich des Morgens
Zur Ehre der Blondinen."

Spanische Regel:

Zu einem guten Kaffee gehört dreierlei: Kaffee, Kaffee und nochmals Kaffee.

Florentiner Sprichwörter:

Salat will Salz vom Künstler, Essig vom Geizhalz, Öl vom Verschwender.

Eier, Feigen, Pfirsich, Melonen,
Solln den besten Fresser lohnen.

Albert Anker: Stilleben mit Kaffee, Winterthur, Stiftung für Kunst, Kultur und Geschichte

Schwedisches Sprichwort:

Ißt du gar zuviel Gemüse,
So verdummt die Zirbeldrüse.

J. J. Rousseau, „Emile", 5. Buch:

Ich sagte schon, daß Sophie ein Schleckermäulchen war. Und zwar von Natur aus; aber durch Gewohnheit hat sie sich zur Mäßigkeit erzogen, und jetzt ist sie es aus Tugendhaftigkeit. Mit den Mädchen ist es dabei anders als mit den Buben, die man bis zu einem gewissen Grad durch ihre Schleckerlust geradezu leiten kann. Diese Neigung ist nicht ohne Folgen für das Geschlecht;

auch ist es zu gefährlich als daß man es dabei bewenden lassen dürfte. Wenn die kleine Sophie als Kind allein in das Zimmer ihrer Mutter hineinging, so kam sie nicht immer mit leeren Händen wieder heraus, auch war ihre Zuverlässigkeit gegenüber den Bonbons und Pralinen nicht jeder Probe gewachsen. Ihre Mutter überraschte, tadelte, strafte und ließ sie fasten. Schließlich erreichte sie aber ihr Ziel, indem sie der Kleinen erzählte, die Süßigkeiten verdürben die Zähne, und allzuviel Herumschlecken mache fürchterlich dick. So besserte sich Sophie; mit dem Größerwerden kamen andere Appetite, die sie von dieser niedersten Sinnlichkeit abbrachten. Wenn sich, so bei Männern wie bei Frauen, das Herz erst regt, dann ist die Schleckerlust nicht mehr das hervorstechendste Laster. Immerhin hat sich Sophie den ihrem Geschlecht eigenen Hang bewahrt: sie liebt alles, was mit Milch gemacht ist und alle Süßigkeiten. Sie liebt Kuchen und Zwischenspeisen, jedoch sehr wenig Fleisch; nie hat sie Freude an Wein oder starken Schnäpsen: im übrigen ißt sie von allem nur sehr mäßig; denn ihr Geschlecht, das weniger angespannt arbeitet als wir, braucht nicht so viele Subsistenzmittel. Immer aber liebt sie was gut ist und weiß es auch zu würdigen.

Aus dem Französischen übertragen von C. S. G.

Eustache Dechamps, „Ballade gegen das Fasten" (14. Jahrh.):

„Auf, auf! Alarm!" der Fastnachtsdienstag schreit
Zum Karneval, wir stehen am Abgrundsrand,
Das Fasten naht, mach dich zum Kampf bereit!
Der Aschermittwoch droht schon unserm Land!
Erschrocken stehn die Völker weit und breit,
Sie fliehen Ochsen, Rinder, Hammel, Kuh,
Kanin, Kalb, Rebhuhn, Lämmchen haben Ruh,
Ei, Käse, Butter, Hirschfleisch überall
Verlassen bleibt, Fasan und Pfau dazu.
Dem Fasten Fluch! Mein Lust ist Karneval!

Das Fasten ist den Armen üble Zeit:
Die Nüchternheit ist da ihr wahrer Stand,
Der schwersten Arbeitsfron sind sie geweiht:

Ein bißchen Öl, mit Zwiebel, Knoblauchtand,
Walnüsse, Äpfel ohne Fröhlichkeit,
Sind ihre Speis: Gemüs und Kohl dazu,
Im Topf ein magres Gerstensüppchen – hu!
Und Arbeit hin und her in Überzahl!
Ins Bette spät, heraus schon in der Fruh!
Dem Fasten Fluch! Mein Lust ist Karneval.

Da stinken Heringe im Salz von weit,
Und Fische, schon verfault am Meeressand,
Aus Bohnen, Erbsen rührt die Bauernmaid
Mitsamt gekochten Äpfeln einen Schmand!
Ihr Götter bringt den Mönchen Übelkeit,
Den braven Frommen von Chartreux und Doubs!
Vor lauter Fasten drückt sie baß der Schuh,
Die meisten atzen sich am Darbemahl,
Vor Winden hat der Leib nicht Ruh.
Dem Fasten Fluch! Mein Lust ist Karneval.

Den wackern Bäuchen bringst du Magerkeit;
Schon paßt das früher allzu enge Band,
(Ihr ew'ges Klagen und ihr ewiger Streit!)
Ölsüppchen, leicht mit Hafer angebrannt –
Ach! Sieben Wochen dauert Fastenzeit,
März ist dein Mond, da geht es böse zu;
Einmal im Jahr, o Gott, und dann mit Hu
Sperrt dich der Mai in deinen Stall.
Ostern ist frei: dann zeuch, du Erzfeind du!
Dem Fasten Fluch! Mein Lust ist Karneval.

Abgesang:

O Fürst, wir tragen's mit Geduld und Ruh,
Ist auch die Tischbestallung karg und schmal.
Kurz ist Quaresima: ein flüchtig Nu.
Dem Fasten Fluch! Mein Lust ist Karneval.
   Aus dem Altfranzösischen übertragen von C. S. G.

M. A. Désaugiers, „Das Lied vom Essen" (um 1830):

Wenn das erste Morgendämmern
Meine Glatze still erhellt,
Dann beginne ich mein Schlemmern,
Such ich im Buffet Entgelt.
Wenn mich gute Speise lohnte,
Göttergleich ist dann mein Glück,
Jede, die mein Mund verschonte,
Bleibt im Herzen mir zurück.

Trinken ist ein fad Vergnügen
Für den Freund der Fröhlichkeit,
Trinken mag dem Tropf genügen,
Essen ist erst Lustbarkeit.
Bin ich in Ekstase schwitzend,
Mal ich mir die Wollust aus,
Wie sie einhaut, rittlings sitzend
Vor nie endendem Geschmaus.

Und ein Kochchef, wenn ich speise,
Wird zum Halbgott avanciert,
Der aus seiner Dünste Kreise
Menschliches Geschlecht regiert.
Zeigt er doch hienied den Stempel
Eines Gottes Dieners dar,
Seine Küche ist der Tempel
Und sein Ofen der Altar.

Aber ohne weitre Glossen –
Freunde, wisset allzumal,
Unsre Väterchen beschlossen
Hochzeiten mit einem Mahl.
Hat die Nacht sie dann genommen
In des Dunkels süßen Flor,
Sind wir auf die Welt gekommen,
Weil ein Essen ging zuvor.

Ja, mich soll der Tod erst haben
Über einem großen Mahl,
Unterm Tisch laßt mich begraben
Zwischen Speisen sonder Zahl.
Schreibt mir, meines Wandels Richter,
Diese Inschriftslitterae:
„Hier liegt er, der erste Dichter,
Der verstarb an Diarrhöe."
            Aus dem Französischen übertragen von C. S. G.

Anonymer Brief von 1540 (Codex Marcianus XI, 66):

Ein studentisches Abendessen in Padua

Montag abend lud ich, zu meinem und meiner Freunde und Kommilitonen Vergnügen, zum Essen ein; der Geladenen waren es 45, darunter der Pedell und der Universitätsnotar. Man begann zu früher Stunde: ein Eßkönig wurde gewählt und zwei Räte und ein Herold und zwei Boten, und allsogleich wurde als Parole ausgegeben, daß alle dem König gehorchen müßten, sub poena. Und der König ordnete an, daß ein Seneschall für die Zurüstung des Essens zu sorgen habe; dieser aber bedauerte, es gäbe keine Möglichkeit dazu, denn alle notwendigen Instrumente und Tische seien im Pfandhaus. Et tandem, pflogen sie Rats miteinander, taten so als ob sie die Anwesenden zählten, fragten sie nach Geburtsort und -tag und trieben viel andere Scherze mehr. Tandem, gingen sie hinaus, brachten einen großen Holzzuber und Kerzen, und es ging der Seneschall voran mit zwei Fackeln und befahl, man solle anfangen; und mit einer sicheren Geschicklichkeit setzten sie den Zuber umgekehrt hin, dazu die Kerzen, daß alle sich vor Lachen schüttelten. Dann brachten sie Waschwasser für die Hände solchermaßen: erstens zwei Waschlappen, dann Francesco mit einem Stöckelchen, dann ein anderer, als Lastträger verkleidet, mit einer Holzmulde auf der Schulter, dann ein weiterer Laienbruder mit einem Pokal voll Rosenwasser, darauf wieder ein anderer mit einer Tischdecke; so zogen sie einmal rings die Wände entlang, traten vor den König, und der mit dem Pokal leerte dessen Inhalt in die Holzmulde und reichte das

Waschwasser unter allgemeinem Lachen. Und der König hieß alle niedersitzen. Als sie saßen, brachten sie allsogleich die Servietten in einem Waschkorb herein, eben darin lag auch Salz, Brot, Messer und Wein: die Servietten waren Säuglingswindeln, und diese banden sie sich um den Hals; das Salz war geformt wie kandierte Früchte, das Brot gerieben und in Holzschälchen, jedem eines; funkelnagelneue Messer mit verrückten Horngriffen ohne Schneide; der Wein in langhalsigen Parfümfläschchen. Dann kamen zwei Sorten Salate in Taubentrinkschälchen mit Kerzenstrunkscheren zum Herausnehmen. Dann Kompott aus Hühnerleber in kleinen irdenen Töpfchen mit Schöpflöffeln für die Sauce, in welche das geriebene Brot gestreut werden mußte, daß den meisten das Gesicht verschmiert wurde. Dazu Wein: war das Kranichfläschchen leer, so gab's stets neue. Dann kamen fisch- und vogelförmig geschnittene Rinderbraten, dazu faulige Birnen und mehr Narreteien. Dann wurde alles abgeräumt und Handwaschwasser gegeben wie zu Anfang: Dann schlug der Lastträger mit einem Holzhammer dröhnend auf den als Tisch dienenden Zuber, daß er zerbrach und alle umfielen ...
Aus dem Italienischen übertragen von C. S. G.

Aus den „Storie milanesi" des Corio (15. Jahrh.):

Am 15. Juni 1368 heiratete der Herr Herzog Leonello die Tochter des besagten Fürsten (Galeazzo Visconti), mit Namen Violante. An diesem Tag gab Galeazzo ein prächtiges Festmahl. An der Haupttafel saß der Herr Leonello, der Herr Graf von Savoyen, der Herr Bischof von Novara, die Söhne des Herrn Bernabo, Mattheo und Ludovico, der gefeierte Dichter Francesco Petrarca und andere Barone und Edelleute von Rang. Am zweiten Tisch aber saß die königliche Madonna Beatrice della Scala, Gattin des Herrn Bernabô, mit vielen ehrwürdigen Matronen und Edeldamen. Und es gab folgende Gänge:

Der 1. Gang wurde doppelt serviert, d. h. es gab Fisch und Fleisch für den Tisch des Herrn Herzog: 2 gebratene Schweine und gebackenen Stockfisch, alles vergoldet. Dazu erschienen 2 Windhunde in samtenen Wämsern mit Seidenschnüren und 12 Paar Jagdhunde an vergoldeten Messingketten in ledernen Wämsern, je sechs zusammengekoppelt.

Der 2. Gang: Hasenbraten, vergoldet, und Kabeljau. Dazu 12 Paar Windhunde in seidenen Wämsern mit einer seidenen Schleife pro Paar. Und 6 Falken in Mäntelchen mit Silberknöpfen.

Der 3. Gang bestand aus einem großen gebratenen und vergoldeten Kalb und aus Forellen. Dazu erschienen wieder 6 reichgeschmückte Hunde.

Der 4. Gang: Vergoldete Wachteln, Rebhühner und Forellen. Dazu 12 Sperber mit kleinen Schellen in Seidenmäntelchen mit Silberknöpfen.

Der 5. Gang: Entenbraten und gebackene Karpfen. Dazu Falken in perlenbesetzten Samtmäntelchen.

6. Gang: Ochsenfleisch, fette Kapaune und Kabeljau in Knoblauchtunke.

7. Gang: Kapaune und Fleisch in Zitronensauce und Fische in Zitronensauce. Dazu 12 Turnierrüstungen, 12 Lanzen und 12 Turniersättel, davon 2 silbergeschmückte für den Herrn Herzog; die andern aus vergoldetem Messing.

Der 8. Gang brachte Pasteten von Ochsenfleisch und Aal. Dazu 12 Kriegsrüstungen, davon wieder 2 silbergeschmückte.

9. Gang: Fleisch- und Fischgelee. Dazu 12 Ellen goldgewirkten und 12 Ellen Seidenstoff.

10. Gang: Fleischgelee und Fischgelee von Lampreten. Dazu 2 silberne Fiaschi und 6 silberne Platten; ein Fiasco voll Malvasier, der andere voll Vernaccia.

Der 11. Gang bestand aus Lammbraten und gebackenen Weißfischen. Dazu 6 Pferde mit silberverzierten Sätteln und 6 Lanzen.

12. Gang: Reh- und Hasenbraten, vergoldet. Dazu 6 große Schlachtrosse mit reichgearbeitetem Sattelzeug.

13. Gang: Ragout von Hirsch- und Ochsenfleisch.

14. Gang: Hühnerragout mit Zitronenschnitten. Dazu 6 Turnierrosse mit vergoldetem Zaumzeug und roten Samtdecken, goldenen Knöpfen und Kokarden.

15. Gang: Truthähne mit Weinkraut, Pökelzungen mit Bohnen. Dazu eine perlenbesetzte Kopfhaube mit einem perlenbesetzten Mantel, beide hermelingefüttert.

Der 16. Gang bringt Braten von Kaninchen, Truthähne, Schwäne und Enten. Dazu eine Silberplatte, einen Rubin, einen Diamanten und eine Perle.

17. Gang: Molken und Käse. Dazu 12 fette Ochsen.

18. Gang: Früchte und Kirschen. Bei diesem Gang wurden den anwesenden Baronen und Edelleuten des Herrn Leonello 76 Pferde überbracht, alles von seiten des hochedlen Herrn Galeazzo Visconti, der ständig von 12 Rittern umgeben war.

Aus dem Italienischen übertragen von L. M. K.

Charles Dickens, Amerikanische Reisebeschreibungen:

Wir haben uns drei Tage an Bord des Messenger aufzuhalten, und kommen, wenn kein Unglück geschieht, am Montagmorgen in Cincinnatti an. Man hat drei Mahlzeiten des Tages; Frühstück um sieben Uhr, Mittagessen um halb ein Uhr, Abendessen um sechs Uhr. Jedesmal kommen eine Menge kleine Plättchen und Schüsselchen auf den Tisch, mit sehr wenigem Inhalt, und mit so vielerlei auch geprunkt wird, so findet man in der Wirklichkeit doch selten mehr als eine Keule, außer wer Liebhaber von roten Rübenschnittchen, Scheibchen getrockneten Ochsenfleisches, komplizierten Verwicklungen von gelbem Pökelfleisch, von Mais, indianischem Korn, Apfelsaucen und Kürbissen ist.

Einige Leute lieben alle diese genannten Leckerbissen zusammen und dazu noch überdies eingemachte Süßigkeiten als Delikatesse zu ihrem Rostschweinebraten. Dies sind meistens die an Verdauungsschwäche leidenden Damen und Herrn, die als Frühstück und Abendessen unerhörte Quantitäten heißes Weizenbrot verzehren, das beinahe so leicht verdaulich ist wie ein gekneteres Nadelkissen. Diejenigen, die diese Gewohnheit nicht beobachten, und sich statt dessen mehrere Male versehen, saugen gewöhnlich nachdenklich an ihren Messern und Gabeln, bis sie sich entschlossen haben, was sie zunächst nehmen wollen; sodann ziehen sie wieder diese Instrumente aus dem Munde, stecken sie in die Schüssel, bedenken sich und fallen aufs neue über die Arbeit her. Beim Mittagessen steht nichts zum Trinken auf dem Tische als große Krüge voll kalten Wassers. Niemand spricht bei irgendeinem Mahle mit irgendeinem Menschen irgendein Wort. Sämtliche Passagiere schneiden grämliche Gesichter und scheinen fürchterliche Geheimnisse auf ihren Seelen lasten zu haben. Da ist keine Unterhaltung, kein Gelächter, keine Heiterkeit, keine Geselligkeit, außer im Spucken, und dies wird in schweigsamer Ka-

meradschaftlichkeit um den Ofen herum verrichtet, wenn das Mahl vorüber ist. Jedermann setzt sich trübselig und verdrießlich nieder, verschlingt seinen Anteil, als ob Frühstücke, Mittag- und Abendessen Naturnotwendigkeiten wären, die sich mit keiner Erholung oder Freude verbinden ließen, und nachdem er in diesem Schweigen seine Portion hinabgewürgt, entfernt er sich wieder, so wie er gekommen. Ohne diese animalische Verrichtung könnte man den ganzen männlichen Teil der Gesellschaft für die melancholischen Geister abgeschiedener Buchführer halten, die an ihrem Schreibpulte tot niedergesunken; so langweilig und ladenstubenmäßig sind diese Einmaleinsgesichter. Leichenbesteller in ihrem Amte wären neben ihnen lustige Kumpane, und ein Leichenschmaus könnte in Vergleich mit diesen Mahlzeiten für eine Festivität voll sprudelnder Heiterkeit gelten.
                    Aus dem Englischen übertragen von Schmidt.

Charles Dickens, Amerikanische Reisebeschreibungen:

Die gewöhnliche Stunde des Mittagessens ist zwei Uhr. Ein Diner, das ein Festmahl vorstellen soll, findet um fünf Uhr statt, und bei einer Abendpartie soupiert man selten später als um elf, so daß es scharf zugehen muß, wenn man nicht selbst von einem Gelage um Mitternacht nach Hause kommen soll. Ich konnte zwischen einem Schmause in Boston und einem in London keinen anderen Unterschied ausfindig machen, als daß in der ersten Stadt die Assembleen zu weit vernünftigeren Stunden gehalten werden, daß die Unterhaltung möglicherweise etwas lauter und heiterer sein könnte, daß man von einem Gaste gewöhnlich erwartet, er werde bis ans Dach des Hauses hinaufgehen, um seinen Mantel abzulegen; daß er mit Gewißheit darauf rechnen kann, bei jedem Diner eine außerordentliche Menge Geflügel auf dem Tisch zu erblicken und bei jedem Souper wenigstens zwei mächtige Schüsseln mit heißen, gedämpften Austern, in deren jeder sich ein halbgewachsener Herzog von Clarence leicht ersticken könnte.
                    Aus dem Englischen übertragen von Schmidt.

Cook, Tagebuch einer Entdeckungsreise nach der Südsee in den Jahren 1776–1780:

Jetzo war das Essen fertig; und sobald sich die Gesellschaft niedergesetzt hatte, ward es von ebensovielen Tau-Taus hereingebracht, als Personen zum Speisen waren. Der König, die beiden Befehlshaber und Omai hatten noch überdem jeder zwei Personen von Stande zu ihrer Bedienung. Das Mittagsmahl bestand aus verschiedenen Gattungen von Fischen und Vögeln, auf ihre Art zugerichtet; aus gebratenen Ferkeln, gedämpften Yams, und den köstlichsten Früchten. Alles ward mit einer Stille und Ordnung aufgetragen, die man selten bei europäischen Tafeln bemerkt, wenn die Frauenzimmer von der Gesellschaft ausgeschlossen sind.
 Aus dem Englischen übertragen von Johann Reinhold Forster.

Goethe, Campagne in Frankreich:

Indessen schenkte mir das Glück Gelegenheit, einem besseren Gastmahl beizuwohnen. Es war zeitig Nacht geworden, jedermann hatte sich sofort auf die zubereitete Streue gelegt; auch ich war eingeschlafen, doch weckte mich ein lebhafter, angenehmer Traum: denn mir schien, als röch ich, als genöß ich die besten Bissen, und als ich darüber aufwachte, mich aufrichtete, war mein Zelt voll des herrlichen Geruchs gebratenen und versengten Schweinefettes, der mich sehr lüstern machte. Unmittelbar an der Natur mußte es uns verziehen seyn, den Schweinehirten für göttlich und Schweinebraten für unschätzbar zu halten. Ich stand auf und erblickte in ziemlicher Ferne ein Feuer, glücklicherweise ober dem Winde; von daher kam mir die Fülle des guten Dunstes. Unbedenklich ging ich dem Scheine nach, und fand die sämtliche Dienerschaft um ein großes, bald zu Kohle verbranntes Feuer beschäftigt, den Rücken des Schweines schon beinahe gar, das übrige zerstückt, zum Einpacken bereit, einen jeden aber tätig und handreichend, um die Würste bald zu vollenden. Unfern des Feuers lagen ein paar große Baumstämme; nach Begrüßung der Gesellschaft setzte ich mich darauf, und ohne ein Wort zu sagen, sah ich einer solchen Tätigkeit mit Vergnügen zu. Teils wollten mir die guten Leute wohl, teils konnten sie schicklicherweise den unerwarteten Gast nicht ausschließen, und wirldich, da es zum Austeilen kam, reichten sie mir ein kostbares Stück; auch war Brot zu haben und ein Schluck Branntwein dazu: Es fehlte eben an keinem Guten. Nicht weniger ward mir ein tüchtiges Stück Wurst gereicht, als wir uns noch bei Nacht und Nebel zu Pferde setzten; ich steckte es in meine Pistolenhalfter, und so war mir die Begünstigung des Nachtwindes gut zustatten gekommen.

Goethe, Italienische Reise:

Neapel, Montag, den 12. März 1787. Abends. Damit ich ja zur bestimmten Zeit heute bei dem wunderlichen Prinzeßchen wäre, und das Haus nicht verfehlte, berief ich einen Lohnbedienten. Er brachte mich vor das Hoftor eines großen Palastes, und da ich ihr keine so prächtige Wohnung zutraute, buchstabierte ich ihm noch einmal aufs deutlichste ihren Namen: er versicherte, daß ich recht sei. Nun fand ich einen geräumigen Hof, einsam und still, reinlich und leer, von Haupt- und Seitengebäuden umgeben. Bauart die bekannte heitere neapolitanische, so auch die Färbung. Gegen mir über ein großes Portal und eine breite gelinde Treppe. An beiden Seiten derselben hinaufwärts in kostbarer Livree Bediente gereiht, die sich, wie ich an ihnen vorbeistieg, aufs tiefste bückten. Ich schien mir der Sultan in Wielands Feenmärchen, und faßte mir nach dessen Beispiel ein Herz. Nun empfingen mich die höheren Hausbedienten, bis endlich der anständigste die Türe eines großen Saales öffnete, da sich denn ein Raum vor mir auftat, den ich ebenso heiter, aber auch so menschenleer fand als das übrige. Beim Auf- und Abgehen erblickte ich in einer Seitengalerie etwa für vierzig Personen, prächtig dem Ganzen gemäß, eine Tafel bereitet.

Ein Weltgeistlicher trat herein; ohne mich zu fragen, wer ich sei, noch woher ich komme, nahm er meine Gegenwart als bekannt an und sprach von den allgemeinsten Dingen.

Ein paar Flügeltüren taten sich auf, hinter einem ältlichen Herrn, der hereintrat, gleich wieder verschlossen. Der Geistliche ging auf ihn los, ich auch: wir begrüßten ihn mit wenigen höflichen Worten, die er mit bellenden, stotternden Tönen erwiderte, so daß ich mir keine Silbe des Hottentotischen Dialekts enträtseln konnte. Als er sich an den Kamin gestellt, zog sich der

Geistliche zurück und ich mit ihm. Ein stattlicher Benediktiner trat herein, begleitet von einem jüngeren Gefährten; auch er begrüßte den Wirt, auch er wurde angebellt, worauf er sich denn zu uns ans Fenster setzte. Die Ordensgeistlichen, besonders die eleganter gekleideten, haben in der Gesellschaft die größten Vorzüge; ihre Kleidung deutet auf Demut und Entsagung, indem sie ihnen zugleich entschiedene Würde verleiht. In ihrem Betragen können sie, ohne sich wegzuwerfen, unterwürfig erscheinen, und dann, wenn sie wieder strack auf ihren Hüften stehen, kleidet sie eine gewisse Selbstgefälligkeit sogar wohl, welche man allen übrigen Ständen nicht zugute gehen ließe. So war dieser Mann. Ich fragte nach Monte Cassino; er lud mich dahin und versprach mir die beste Aufnahme. Indessen hatte sich der Saal bevölkert: Offiziere, Hofleute, Weltgeistliche, ja sogar einige Kapuziner waren gegenwärtig. Vergebens suchte ich nach einer Dame, und daran sollte es denn auch nicht fehlen. Abermals ein paar Flügeltüren taten sich auf und schlössen sich. Eine alte Dame war hereingetreten, wohl noch älter als der Herr, und nun gab mir die Gegenwart der Hausfrau die Versicherung, daß ich in einem fremden Palast, unbekannt völlig den Bewohnern sei. Schon wurden die Speisen aufgetragen, und ich hielt mich in der Nähe der geistlichen Herrn, um mit ihnen in das Paradies des Tafelzimmers zu schlüpfen, als auf einmal Filangieri mit seiner Gemahlin hereintrat, sich entschuldigend, daß er sich verspätet habe. Kurz darauf sprang Prinzeßchen auch in den Saal, fuhr unter Knixen, Beugungen, Kopfnicken an allen vorbei auf mich los.

Es ist recht schön, daß Sie Wort halten! rief sie. Setzen Sie sich bei der Tafel zu mir! Sie sollen die besten Bissen haben. Warten Sie nur! Ich muß mir erst den rechten Platz aussuchen; dann setzen Sie sich gleich an mich!

So aufgefordert folgte ich den verschiedenen Winkelzügen, die sie machte, und wir gelangten endlich zum Sitze, die Benediktiner gerade gegen uns über, Filangieri an meiner anderen Seite.

Das Essen ist durchaus gut, sagte sie: alles Fastenspeisen, aber ausgesucht; das Beste will ich Ihnen andeuten. Jetzt muß ich aber die Pfaffen scheren. Die Kerls kann ich nicht ausstehen; sie hucken unserm Hause tagtäglich etwas ab. Was wir haben, sollten wir selbst mit Freunden verzehren.

Die Suppe war herumgegeben; der Benediktiner aß mit Anstand.

Bitte sich nicht zu genieren, Hochwürden! rief sie aus. Ist etwa der Löffel zu klein? Ich will einen größeren holen lassen; die Herren sind ein tüchtiges Maul voll gewöhnt.

Der Pater versetzte, es sei in ihrem fürstlichen Hause alles so vortrefflich eingerichtet, daß ganz andere Gäste als er eine vollkommenste Zufriedenheit finden würden.

Von den Pastetchen nahm sich der Pater nur eins; sie rief ihm zu, er möchte doch ein Halbdutzend nehmen: Blätterteig, wisse er ja, verdaue sich leicht genug.

Der verständige Mann nahm noch ein Pastetchen, für die gnädige Attention dankend, als habe er den lästerlichen Scherz nicht vernommen. Und so mußte ihr auch bei einem derberen Backwerk Gelegenheit werden, ihre Bosheit auszulassen: denn als der Pater ein Stück anstach, und es auf seinen Teller zog, rollte ein zweites nach.

Ein drittes, rief sie, Herr Pater! Sie scheinen einen guten Grund legen zu wollen!

Wenn so vortreffliche Materialien gegeben sind, hat der Baumeister leicht arbeiten! versetzte der Pater.

Und so ging es immer fort, ohne daß sie eine andere Pause gemacht hätten, als mir die besten Bissen immer zuzuteilen.

Ich sprach indessen mit meinem Nachbar von den ernstesten Dingen. Überhaupt habe ich Filangieri nie ein gleichgültiges Wort reden hören. Er gleicht darin, wie in manchem andern, unserm Freunde Georg Schlosser; nur daß er, als Neapolitaner und Weltmann, eine weichere Natur und einen bequemeren Umgang hatte.

Diese ganze Zeit war den geistlichen Herren von dem Mutwillen meiner Nachbarin keine Ruhe gegönnt; besonders gaben ihr die zur Fastenzeit in Fleischgestalt verwandelten Fische unerschöpflichen Anlaß, gott- und sittenlose Bemerkungen anzubringen, besonders aber auch die Fleischeslust hervorzuheben und zu billigen, daß man sich wenigstens an der Form ergötze, wenn auch das Wesen verboten sei.

Ich habe mir noch mehr solcher Scherze gemerkt, die ich jedoch mitzuteilen nicht den Mut habe. Dergleichen mag sich im Leben und aus einem schönen Munde noch ganz erträglich ausnehmen, schwarz auf weiß dagegen wollen sie mir selbst nicht mehr gefallen. Und dann hat freche Verwegenheit das eigene, daß sie in der Gegenwart erfreut, weil sie in Erstaunen setzt, erzählt aber erscheint sie uns beleidigend und widerlich.

Das Dessert war aufgetragen, und ich fürchtete, nun gehe es immer so fort; unerwartet aber wandte sich meine Nachbarin ganz beruhigt zu mir

Pieter Bruegel d. Ä.: Das Schlaraffenland, München, Alte Pinakothek

und sagte: Den Syrakuser sollen die Pfaffen in Ruhe verschlucken! Es gelingt mir doch nicht, einen zu Tode zu ärgern, nicht einmal, daß ich ihnen den Appetit verderben könnte. Nun lassen Sie uns ein vernünftiges Wort reden! Denn was war denn das wieder für ein Gespräch mit Filangieri! Der gute Mann! Er macht sich viel zu schaffen. Schon oft habe ich ihm gesagt: wenn ihr neue Gesetze macht, so müssen wir uns wieder neue Mühe geben, um auszusinnen, wie wir auch die zunächst übertreten können; bei den alten haben wir es schon weg. Sehen Sie nur einmal, wie schön Neapel ist! Die Menschen leben seit so vielen Jahren sorglos und vergnügt, und wenn von Zeit zu Zeit einmal einer gehängt wird, so geht alles übrige seinen herrlichen Gang.

Sie tat mir hierauf den Vorschlag, ich solle nach Sorrento gehen, wo sie ein großes Gut habe; ihr Haushofmeister werde mich mit den besten Fischen und dem köstlichsten Milchkalbfleisch (mungana) herausfüttern. Die Bergluft und die himmlische Aussicht sollten mich von aller Philosophie kurieren: dann wollte sie selbst kommen, und von den sämtlichen Runzeln, die ich ohnehin zu früh einreißen lasse, solle keine Spur übrig bleiben; wir wollten zusammen ein recht lustiges Leben führen.

Aus dem „Dictionnaire de la cuisine"
von Alexandre Dumas:

Der Onkel des berühmten Conte D'Orsay, Grimod de la Reynière, mußte eines schönen Tages in einem kleinen Dorfwirtshaus nächtigen, vielleicht weil ihn die Dunkelheit überrascht hatte, oder wegen eines Unwetters oder aus sonst irgendeinem Grund, der einen solchen Epikuräer eben zwingt, mit so einer einfachen Umgebung vorlieb zu nehmen. Kaum angekommen, fragte er den Wirt, was er zum Abendessen bekommen könne.

Dieser wurde rot und stotterte, daß er auch nicht die kleinste Kleinigkeit im Hause habe.

Ein großes Feuer aber, das durch die Glasscheiben einer Tür, und gerade der Küchentür, herausleuchtete, zog die Blicke unseres Feinschmeckers magnetisch an; zu seiner Verwunderung sah er dort 7 Truthähne, die an einem langen Spieß über dem Feuer brutzelten und einen feinen Duft aussandten.

„Wie wagst du, Ungeheuer, mir zu sagen, du hättest nichts Eßbares im Haus" – brüllte Grimod de la Reynière den Wirt an – „und hier sehe ich 7 prächtige Truthähne, die gerade fertig und zum Essen recht sind."

„Das stimmt schon" – antwortet der Wirt –, „aber die sind für einen Herrn aus Paris, der schon vor Ihnen ankam."

„Ein Herr allein?"

„Allein."

„Ja, ist er denn ein Riese?"

„Nicht größer als Sie, Herr."

„Potztausend! Sag mir schnell die Zimmernummer dieses Halunken, und ich will ein rechter Dummkopf sein, wenn er mir nicht einen von seinen Truthähnen abläßt."

Grimod läßt sich ins Zimmer des Reisenden führen; dort findet er ihn vor einem prachtvollen Feuer sitzend damit beschäftigt, zwei Messer aneinander zu schärfen.

„Ei der Tausend!" rief Grimod aus – „Wenn mich nicht alles täuscht – ist dieses mein Herr Sohn!"

„Ja, Herr Vater", antwortet der Jüngling und grüßt respektvoll.

„Du bist also der Kerl, der 7 Truthähne für sein Abendessen bereiten läßt?"

„Mein Herr," antwortet der liebenswürdige Jüngling, „ich sehe ein, wie es Sie kränken muß, daß Sie an mir so gewöhnliche Instinkte entdecken, die ja gar nicht im Einklang stehen mit der Kultur meines Elternhauses; aber ich hatte keine Auswahl; es war nichts anderes im Haus."

„Ich werfe dir ja gar nicht vor, daß du in Ermanglung von Kapaunen oder Fasanen Truthähne verspeist. Auf der Reise muß man essen, was man findet. Aber wie kommst du dazu, für dich allein 7 Truthähne machen zu lassen?"

„Herr Vater, ich hörte Sie stets zu Ihren Freunden sagen, daß am Truthahn nichts anderes gut ist, als die sot-l'y-laisse. Ich habe also 7 Truthähne bereiten lassen, um 14 sot-l'y-laisse zu essen."

„Das deucht mich", antwortete der Vater, „für einen Jungen von 18 Jahren ein etwas kostspieliges Verfahren; doch kann ich nicht behaupten, es sei unvernünftig."

Aus dem Französischen übertragen von L. M. K.

Aus den Memoiren der Frau von Genlis (18. Jahrh.):

An den Mittwochen sah Frau von Houdetot eine Anzahl von Menschen bei sich zu Tisch, die ein für allemal eingeladen waren und kommen konnten, wann es ihnen paßte. Gewöhnlich waren es acht, zehn, manchmal mehr. Es gab nichts Besonderes, keine Üppigkeit; das Essen war nur das Mittel, keinesfalls der Zweck, um zusammenzukommen. Nach dem Diner saß Frau von Houdetot am Kamin, in ihrem großen Lehnstuhl, mit gebogenem Rücken, den Kopf auf die Brust gesenkt, weniges leise sprechend, sich kaum bewegend, und nahm in gewissem Sinne an der Konversation teil, ohne sie zu leiten oder zu steigern, nicht als Herrin des Hauses, gütig, ungezwungen, aber mit lebhaftestem Interesse für alles, was gesprochen wurde, seien es literarische, gesellschaftliche oder Theatergespräche, sei es die kleinste Nebensächlichkeit oder ein geistreiches Wort, ein pikantes eigenartiges Gemisch von Alter und Jugend, von Ruhe und Beweglichkeit.

Aus dem Französischen übertragen von Rudolf Pechel.

Gogol, „Die toten Seelen":

Währenddem die Bedienten ihren Geschäften nachgingen, begab sich der Herr in die Gaststube. Jedem Reisenden sind diese Gaststuben gewiß hinlänglich bekannt: dieselben Wände, mit Ölfarben gemalt, die oberen Regionen vom Tabaksrauch geschwärzt, die untern abgerieben von den Rücken verschiedener Reisenden und noch mehr einheimischer Kaufleute, die da an Wochentagen ihre bestimmte Anzahl Tassen Tee hinunterschlürften – derselbe eingeräucherte Plafond, derselbe geschwärzte Leuchter mit einer Unzahl hängender Kristallgläschen, die jedesmal in die Höhe sprangen und tönten, wenn der Kellner über die abgeriebene Wachsleinwand lief, und geschickt den Präsentierteller schwenkte, auf dem so viele Teetassen als Vögel am Meeresufer lagerten – dieselben Bilder auf den Wänden, gleichfalls mit Ölfarben gemalt, ganz wie überall, nur mit dem Unterschiede, daß ein Bild eine Nymphe vorstellte, mit solch ungeheuern Brüsten, wie sie der Leser sicher noch nie gesehen. Ähnliche Naturspiele ereignen sich übrigens auf verschiedenen historischen Gemälden, die nach Rußland eingeführt wurden, man weiß es nicht recht wann, von wo und von wem, manchmal sogar von unsern Großen, Kunstliebhabern, die diese Bilder in Italien auf den Rat ihrer Kuriere gekauft. Unser Reisender legte die Mütze ab, löste die wollene, in allen Farben des Regenbogens spielende Halsbinde, die Verheirateten gewöhnlich von ihren zarten Ehehälften geknüpft werden; wer den Hagestolzen den Knoten macht, das weiß der liebe Himmel, ich habe nie solche Binden getragen. Nachdem die Halsbinde abgenommen war, ließ sich der Herr das Mittagessen auftragen. Es bestand aus den in Gasthäusern gebräuchlichen Schüsseln: Krautsuppe mit Fettkuchen, der einige Wochen eigens für Durchreisende aufbewahrt wird, Bratwurst mit Sauerkraut, Kapaun mit Gurken und der immer zu Diensten stehende süße Butterkuchen. Während alles dieses aufgewärmt oder geradezu kalt aufgetragen wurde, ließ der Reisende den Kellner erzählen, wer der frühere Eigentümer des Gasthauses gewesen, und wem es nun gehöre, ob es gute Einkünfte habe, ob der Gastwirt ein großer Schelm; worauf der Kellner wie gewöhnlich lächelnd sagte: ein ungeheurer Spitzbube, verehrter Herr. Wie im aufgeklärten Europa, so gibt's auch gegenwärtig im zivilisierten Reußenlande viele achtungswerte Personen, die im Gasthause nicht speisen können, ohne mit dem Kellner sich zu unterhalten und dabei auf dessen Kosten einige Witze zu machen. Doch unser Reisender stellte nicht durchaus leere Fragen; er erkundigte sich mit der größten Genauigkeit, wer in der Stadt Gouverneur, wer Gerichtspräsident und wer Prokurator, mit einem Worte – er vergaß keinen einzigen bedeutenden Beamten. Noch mit mehr Pünktlichkeit, ja selbst mit einem gewissen Grad von Teilnahme, fragte er nach allen bedeutenden Gutsbesitzern, wie viele Seelen jeder besitze, wie weit er von der Stadt wohne; er erkundigte sich genau nach dem Charakter eines jeden, und ob er öfter in die Stadt komme. Nicht weniger interessierte ihn der Zustand der Gegend: ob keine Krankheiten epidemisch geherrscht, hitzige Fieber, gefährliche Ausschläge, Pocken oder dergleichen Übel. Alle seine Fragen waren so genau und ausführlich, daß denselben mehr als bloße Neugier zugrunde zu liegen schien. In seinem Betragen hatte er etwas Gesetztes, und besonders schnäuzte er sich ungemein laut. Es ist unbekannt, wie er es anstellte, aber es ist Tatsache, daß seine Nase dabei wie eine Trompete dröhnte. Diese dem Anscheine nach ganz unschuldige Eigenschaft erwarb ihm indessen die Hochachtung des Kellners, so daß er jedesmal, wenn ihm dieser eigentümliche Ton zu Ohren kam, die Haare schüttelte, ehrerbietig den Kopf neigte und fragte: „Ist nichts gefällig?"

Nach Tische trank der Herr eine Tasse Kaffee, setzte sich aufs Sofa und legte sich am Rücken ein Polster zurecht, das in russischen Gasthäusern statt mit elastischen Roßhaaren mit irgend etwas gestopft, den Ziegeln und Kieseln gar zu sehr ähnlich ist. Auf dem Sofa fing er bald zu gähnen an, ließ sich also auf seine Nummer führen, legte sich nieder und schlief gegen zwei Stunden. Dann schrieb er auf ein Stückchen Papier nach dem Wunsche des Kellners: Rang, Tauf- und Familiennamen, um es, wie gebührt, der Polizei mitzuteilen. Dieses Stückchen Papier durchlas der Kellner buchstabierend, indem er die Treppe hinunterstieg: Kollegienrat Paul Iwanowitsch Tschitschikow, Gutsbesitzer, reiset in eigenen Angelegenheiten.

Aus dem Russischen übertragen von Lehr.

Adolph Stahr, „Aus der Jugendzeit" (um 1870):

Aber auch die gegenseitigen Besuche mit obengedachten Nachbarn waren verhältnismäßig selten, namentlich die eigentlichen Gastbesuche zum Mittagsbrot oder zum Kaffee oder Abendbrot. Dergleichen Besuche waren recht eigentliche Feste, und ein Tag, wo ein solcher Überlandbesuch einer oder zweier befreundeter Nachbarfamilien von uns erwartet wurde, war ein wirklicher Festtag. Ein solcher kündigte sich schon im voraus an durch ein vorhergehendes allgemeines Reinemachen und Scheuern des ganzen Hauses, dessen Zimmer und Flur dann mit dem weißesten Sande und mit Kalmus bestreut und mit Wacholderbeeren oder auch Wohl mit einigen angezündeten „Räucherkerzchen" durchduftet wurden, was unsere feierliche Stimmung beträchtlich erhöhte. Solche Gastgesellschaften fanden meist nur im Sommer oder in der guten Jahreszeit bei besonderen Familienanlässen statt, wobei auch die Gunst des Mondes als heimleuchtendes Gestirn für späte Rückfahrt sorgfältig in Betracht gezogen wurde.

Die Bewirtung war äußerst mäßig, – selbst für jene mäßige und genügsame Zeit. Wein – roter oder weißer Franzwein – blieb nur den feierlichsten Gelegenheiten vorbehalten; das gewöhnliche Getränk bei einem solchen Gastmittagsmahl war Bier, Braunbier für die Jugend, Bitterbier für die älteren Gäste, beides aus Prenzlau bezogen. Den Luxus einiger Flaschen „Fredersdorfer" Doppelbiers, welches in Stettin gebraut wurde, – Fredersdorf, der bekannte vertraute Kammerdiener Friedrichs des Großen, ward als Gründer der Brauerei genannt – vergönnten sich bei solchen Gelegenheiten nur Reiche. Dagegen ward abends eine Bowle Punsch bereitet und unter fröhlichem Gesänge bekannter Gesellschafts- und Tischlieder, an dem Männer und Frauen, alt und jung teilnahmen, heiter genossen. Solch gemeinsamer Tafelgesang fehlte damals bei keinem Festmahle in der Stadt wie auf dem Lande und trug mehr als heutzutage Champagner und kostbare Dessertweine dazu bei, die Stimmung der Tischgenossen zu einer festlich erhöhten und im besten Sinne geselligen zu machen. Das Mittagbrot einer solchen „Gesellschaft" bestand aus Suppe und Braten mit einem Zugemüse, und den Nachtisch lieferte das wenige Obst des Pfarrgartens und die im Backen von Waffeln und Napfkuchen bewährte Kunst der Hausfrau. – Eins der beliebtesten Tafellieder bei solchen Gelegenheiten war das akademische:

„Vom hoh'n Olymp herab ward uns die Freude,
Ward uns der Jugendtraum beschert! usw."
über dessen Verfasser bis heute noch jede Gewißheit fehlt. Eine Tradition, über welche ich anderwärts berichtet habe, nannte schon damals Jena als Entstehungsort und Schiller als den Dichter des beliebten Liedes. Daneben wurden des Schweizers Martin Usteri
„Freut Euch des Lebens ..."
komponiert von Hans Georg Nägili, Kotzebues, von Himmel in Musik gesetztes Lied:
„Es kann ja nicht immer so bleiben
Hier unter dem wechselnden Mond ..."
Schillers Punschlied der „Vier innig gesellten Elemente" besonders gern gesungen; auch Lieder aus der glorreichen Zeit der Befreiungskriege fehlten nicht; und wenn der Punsch die würdigen alten Herrn erwärmt und die Erinnerungen an ihre akademischen Jugendjahre neu belebt hatten, so ward auch wohl ein herzhaftes Gaudeamus igitur angestimmt, an welchem wir Gymnasiasten uns in froh erwartenden Gedanken an die auch uns dereinst bevorstehende Herrlichkeit akademischen Burschenlebens mit besonderem Eifer beteiligten. Selbst Claudius' Rheinweinlied, in unserm und aller unserer Freunde Häusern damals eine durchaus unbekannte Größe, war durchaus nicht ausgeschlossen, und das fröhliche:
„Am Rhein, am Rhein, da wachsen unsere Reben!"
erscholl um nichts weniger herzlich zum Klange der Gläser, obschon dieselben nur mit bescheidenem Punsche gefüllt waren. Ich selbst habe den ersten Rheinwein in meinem Leben erst am Rhein selbst getrunken, als ich, fast ein 23jähriger Student, meine große Ferienreise an den Rhein im Herbste des Jahres 1826 zu Fuße und mit dem Ränzel auf dem Rücken unternahm.

Die Sitte des fröhlichen Gesanges bei Tische, wie bei Wasserfahrten, Land- und Waldpartien, die sich heutzutage nur noch in den Zusammenkünften der mehr oder minder kunstmäßig geschulten „Liedertafeln" erhalten hat, trug viel dazu bei, das damalige gesellige Zusammensein der Menschen zu erheitern und der Musik zu jener ethischen Wirkung auf das Gemüt zu verhelfen, die denn doch am Ende die Hauptsache ist und bleibt. Diese Sitte währte in den mittleren Schichten der Gesellschaft in Norddeutschland noch fort bis zum Anfange der dreißiger Jahre, wo sie unter dem zunehmenden Einflusse des musikalischen Virtuosentums allmählich verschwand und in dem geselligen Leben eine empfindliche Lücke zurückließ. Ein deutscher Kulturgeschichtsschreiber wird dieselbe nicht unberücksichtigt lassen dürfen, wenn er es unternimmt, die Ursachen und Symptome der mehr und mehr zunehmenden Trockenheit und gemütlichen Verarmung und der mitten im materiellen Überflusse oft zum Verzweifeln langweiligen und gemütlosen Öde unserer modernen Geselligkeit aufzuzeigen.

Friedrich Saß, Berlin in seiner neuesten Zeit und Entwicklung:

Wir wollen mit der Jostyschen Konditorei beginnen. Sie liegt an der Stechbahn, an der gefährlichsten Ecke Berlins, dem Schlosse schräg gegenüber. Schon die lebensgroßen Wandgemälde des verstorbenen und jetzigen Königs in vollständiger Uniform können den Eintretenden belehren, daß er sich hier an einem Orte befindet, wo die Elemente der preußischen Militärhierarchie ganz besonders vorzuherrschen pflegen. Es ist aber nicht der leichtfüßige Gardeleutnantston, wie er bei Kranzler zum Vorschein kommt, der sich hier geltend macht, es ist hier bei Josty noch manches Alte, schwere und vernagelte Geschütze von anno 1813 vorhanden. In den Wochentagen sieht man viele Zivilpersonen, deren ramassierter Schnurrbart den pensionierten Militär verkündet. Sonntags nach der Parade blinken und blitzen die Uniformen in buntester Mischung. Die Militärpersonen, welche bei Josty verkehren, sind meistens gereift und alternd, manche von ihnen sind malcontent, wenn auch nur im stillen, was ja nicht gegen die Subordination ist. Viele von ihnen sind über die Erinnerungen 1813–1815 nicht hinausgegangen und halten sie fest und verteidigen sie als ihr teuerstes Gut. Im allgemeinen ist der Geist des Jahres 1815 lange verdampft im preußischen Heer. Nur in einzelnen Typen hat er sich hartnäckig verfestet, und wenn die Resultate, mit welchen uns jener Geist beschenkt hat, auch keine Veranlassung zu Lobhymnen auf ihn geben können, so muß er doch jedenfalls neben dem modernen Gardeleutnantsgeiste, den wir, wenn wir die Kranzlersche Konditorei besuchen, genauer schildern werden, seine volle Berechtigung finden. Er tritt mit dem modernen Militärgeiste oft in Widerspruch. Er achtet das Volk als seine Stütze, während dieser nichts mit dem Volke zu tun haben mag und alles, was in Zivil geht, sich gegenüberstellt. Nach und nach verschwinden immer mehr Typen des preußischen Militärgeistes von 1815 bei Josty, man trägt die alten Kämpfer zur Ruhe, der Säbel des neuen Geschlechtes ist ohne Scharten und für das Blinken und Funkeln auf der Parade eingerichtet.

Eine andere Schweizer Konditorei, in der ebenfalls das ancien régime vorzuherrschen pflegt, wenngleich ein anderes, ist die Konditorei des Herrn Spargnapani Unter den Linden. Sie ist berühmt durch ihre immer ausgezeichnete Ware. Des Morgens und des Abends sieht man hier viele ergrauende, ernste Männer. Die meisten sind die Gegner und die Feinde der neuen Zeit und des neuen Geschlechts. Sie leiden an Gicht, an Podagra, an Chiragra, an Rheumatismus, und wenn dann und wann ein junger Mann in diesem Kreise erscheint und die Türe etwas länger aufbleibt als gewöhnlich, so ziehen finstere Wolken über ihre Stirnen, und sie ruhen und rasten nicht, bevor jedes Luftloch wieder verschlossen. Herr Spargnapani ist ein feiner Mann und berücksichtigt sein Publikum. Darum ist abends in seinem Lokale eine Hitze, welche die blutwarme Jugend nie lange vertragen kann, während die geschwächten Körper unseres ancien régime sich ganz behaglich in derselben erquicken. Seinem Charakter nach läßt sich das feierliche und morose Alter in der Spargnapanischen Konditorei als ein hohes und mittleres Beamtentum bezeichnen.

Es wäre unrecht, diesem Alter Intelligenz abzusprechen. Im Gegenteil, dieses Alter hat einen zähen, praktischen Verstand und ist keineswegs in Indifferentismus und Indolenz versunken. Das kann man schon bei Spargnapani erblicken, wo dieses Alter sich von seinem bürokratischen Mühen erholt. Die Bewegungen der Gegenwart werden keineswegs ignoriert, sie werden vielmehr alle verfolgt. Die liberalen Zeitungen werden alle gelesen, die französischen, die englischen Kammerverhandlungen werden oft mit wahrer Gier bis ins einzelne beachtet; aber der Standpunkt des Altpreußentums wird allem demgegenüber nicht aufgehoben, es bleibt hartnäckig, zähe, starr und unumstößlich.

Ein lautes Reden ist beinahe unerhört und könnte allgemeinen Unwillen erregen. Die Garçons treten kaum hörbar auf. Die alten Herren sitzen da wie die Römischen Senatoren, als sie mit feierlichem Ernste und unbeweglich den Einbruch der Gallier erwarteten.

Einen ganz anderen Charakter prägt, der Spargnapanischen Konditorei gegenüber, die Stehelysche am Gendarmenmarkt aus. Ihre Lage, dem Schauspielhause schräg gegenüber, berechtigt sie von vornherein, ein Sammelplatz der literarischen und künstlerischen Elemente Berlins zu werden, und eine Geschichte der Stehelyschen Konditorei schreiben, hieße nichts anderes, als die Geschichte der Berliner Literaturzustände geben. Hier war es, um nur bei der letzten Periode zu bleiben, hier war es, wo E. T. A. Hoffmann phantasierte und seinen Spuk trieb, wo die Teelöffel vor ihm tanzten und die Kaffeekannen ein Ave Maria beteten, hier war es, wo Heine seine Baisers verzehrte. Schon diese kurzen Andeutungen zeigen, wie wichtig die Kenntnis der Stehelyschen Konditorei für die Erkenntnis der Berliner und der deutschen Kultur- und Literaturzustände geworden ist. Man kann es ohne Anmaßung sagen, das junge Volk, die neue Zeit, hat gesiegt bei Stehely. Diese Konditorei ist der Gegenpol von Spargnapani geworden. Zwar zeigt sich noch hier dann und wann eine Gestalt des ancien régime, aber sie wagt sich entweder nicht weiter als bis in die Vorhalle, oder sie zieht sich in den Hintergrund zurück. Der Mittelpunkt dieser Konditorei, die vielerwähnte „Rote Stube" ist dem Geiste des jungen Volkes erobert.

Die „Rote Stube" bei Stehely ist der Zusammenkunftsplatz der Berliner Liberalen und Radikalen geworden, und eben diesen gilt, was Prutz in seiner Parabase seiner politischen Wochenstube bemerkt.

„Politik allein, so schnattern sie laut und essen Baisers bei Stehely."

Alle Nachmittage finden hier bei einer Tasse Kaffee unschuldige Erörterungen und Besprechungen statt, wie sie Journallektüre und die Ereignisse des Tages herbeiführen, und es wird hier nichts weniger als das Spargnapanische Prinzip des Schweigens aufrechterhalten. Die Stimmung der „Roten Stube" pflegt immer eine lebendige zu sein. In neuester Zeit freilich ist der Kreis zwar nicht mehr so vollständig als früher. Es sind viele Parteiungen und Dissonanzen in das literarische Berlin hineingefahren, welche ein Zusammensein häufig verhindern und auch die „Rote Stube" beeinträchtigt haben. Aber immer noch geht es bei ihr zwischen vier Uhr nachmittags und der Theaterzeit ziemlich lebhaft zu.

Verlassen wir nun die Stehelysche Konditorei, mit ihrer von Literatur, Politik und Philosophie geschwängerten Atmosphäre, so werden wir der Vollständigkeit halber uns an Orte begeben müssen, wo aristokratische

Luft weht. Ehe wir indes das Eldorado der Berliner Gardeleutnants und Dandys, Lions usw. besuchen – und es gehört Überwindung dazu, müssen wir noch eine Konditorei erwähnen, die zwar auch die Aristokratie zur Schau trägt, sich aber als aristokratischer Parvenü bezeichnen lassen würde. Wir meinen die Fuchssche Konditorei Unter den Linden.

Ein prachtvolles Lokal. Man muß schon, wenn ein Provinziale die Hauptstadt besucht, ihn hierher führen, um ihn in Bewunderung über einen solchen Luxus zu setzen. Die Wände des einen Zimmers sind durchgängig Spiegelglas. Ein anderes Zimmer ist ganz im Geschmack eines Schweizerhauses eingerichtet. In dieser Konditorei soll man aber auch nichts anderes als die kalte Pracht bewundern, denn für Journallektüre ist kaum gesorgt worden, und Stille und Einsamkeit herrscht durchgängig in diesen eleganten Räumen. Aristokratisch-blasiert-einsam steht die Fuchssche Konditorei das ganze Jahr, aber in der Weihnachtszeit wirft sie ihr aristokratisches Gewand von sich, arrangiert eine Weihnachtsausstellung und gibt eben dadurch den Beweis, daß sie nicht von echtem aristokratischen Wasser ist. Um die Weihnachtszeit wird sie fleißig besucht; denn alsdann macht Herr „Punch" in ihr Berliner Witze und sucht die Narrheiten und Verlegenheiten des ablaufenden Jahres humoristisch, mit Bilderbeigabe, vorüberzuführen. Es versteht sich aber von selbst, daß dieser Witz kein ungezügelter sein darf; denn dafür gibt es in Berlin Polizei und Zensoren, und die Witze des Herrn Punch müssen erst vor ihrem Tribunal ihre Bestätigung erhalten.

Und nun mögen wir immerhin die Linden entlang, nach Kranzler schlendern. Diese Konditorei ist die Walhalla der Berliner Gardeleutnants geworden, wo sie, nachdem sie rechts und links kommandiert haben, zur Belohnung für ihre Tapferkeit Eis und Baisers essen dürfen. Das klassische Nichts hat in dieser Konditorei seinen glänzendsten Ausdruck gefunden, und der Gardeleutnantston hat sich in ihr geltend machen können, weil er hier auf keine politischen Debatten, auf keine politischen Oppositionsjournale stößt; denn in diesem Tempel unserer Aristokratie werden eben nur die Preußische Staatszeitung, die „Vossische Zeitung", der „Hamburger Korrespondent" und das wichtigste Blatt von allen, das Blatt, welches die Beförderungen im Militär anzeigt, das „Militärblatt" gefunden. Die Aristokratie weist den Kampf der Zeit vornehm von sich ab und bewegt sich in prätentiösen, exklusiven Formen, in einer vergoldeten

Freiheit. In der Tat, ein Berliner Gardeleutnant, ein Berliner Dandy – und beide der exklusivsten Art kann man bei Kranzler studieren – ist in unserer Zeit ein seltsames Wesen. Er kann wohl unsere Beachtung verdienen als ein Beweis, in welcher Leerheit der gegenwärtige Zustand der Gesellschaft seine Ausläufe findet. Der Gardeleutnant wird geboren als echtes Vollblut von echtem Vollblut und fühlt sich nun von vornherein als ein Wesen höherer Art, den Bauern, den Tagelöhnern, dem bürgerlichen Volk gegenüber. Der junge „Von" braucht eigentlich nichts zu werden, er kann die Erlernung eines Geschäfts, um vermittels desselben zu erwerben, dem Bürgertum überlassen; denn ein Gardeleutnant, wie er sein soll, muß reich sein. Indessen, der „Repräsentation" wegen wird er in eine Kadettenanstalt geschickt und dort auf die bequemste und sorgsamste Art mit jenen Kenntnissen versorgt, die er gerade braucht, um dem Gardeleutnantstum Ehre zu machen. Und wenn das Bärtchen nun flaumt, wenn die Epaulettes zum ersten Male auf seinen Schultern prangen, wenn der Federbusch zum ersten Male auf seinem Haupte winkt, wenn die Soldaten in allen Ecken und Winkeln präsentieren, wie sollte er da nicht fühlen, daß er berufen ist, ein „Wesen von höherer Art" in dieser sublunarischen Welt darzustellen? Ein Gardeleutnant glaubt schon, nicht mehr mit einem Leutnant von der Linie umgehen zu dürfen. Er meint, daß dieser unter ihm stehe. Was fehlt bei solchem Tone nun noch, um ganz und gar den Zustand der preußischen Armee darzustellen, welcher 1806 ein so kläglliches Ende nahm?

Was sich sonst in Zivil bei Kranzler bewegt, pflegt mit den Gardeleutnants in einer Sphäre zu atmen und als Dandy eine Blasiertheit zur Schau zu tragen, welche jene noch unter dem Anschein des militärischen Heroismus verbergen müssen. Junger, müßiger Adel, der in der Residenz seine Revenuen verzehrt, Gesandtschaftsattachés usw. sind die Lichtpunkte, die großen Sonnen des Kranzlerschen Dandytums, denen sich mehr oder minder erleuchtete, dunkle oder leere Körper anschließen.

Hoffmann von Fallersleben:
Café National in Berlin

Welch ein Flüstern, welch ein Summen!
Welch ein stiller Lesefleiß!
Nur Marqueure schrei'n und brummen:
Tasse schwarz! und Tasse weiß!

Und die Zeitungsblätter rauschen,
Und man liest und liest sich satt,
Um Ideen einzutauschen,
Weil man selbst gar wenig hat.

Und sie plaudern, blättern, suchen,
Endlich kommt ein Resultat:
Noch ein Stückchen Apfelkuchen!
Zwar der Kurs steht desolat.

Und sie sitzen, grübeln, denken,
Und sie werden heiß und stumm,
Und mit kühlenden Getränken
Stärken sie sich wiederum.

So vertreibt man sich die Zeiten
Und des Tages Hitz und Last,
Bis erfüllt mit Neuigkeiten
Geht nach Haus der letzte Gast.

Doch am Morgen sieht sich wieder
Hier der alte Leserkreis,
Und man läßt sich häuslich nieder:
Tasse schwarz! und Tasse weiß!

Theodor Fontane, Meine Kinderjahre:
Wie wir in unserem Hause lebten. „Große Gesellschaft"

Etwa um eben diese Zeit begann auch das gesellschaftliche Leben und zwar in Gestalt einer Reihe von Woche zu Woche wiederkehrender Gastereien. Über diese Gastmähler, unter denen manches soweit dem Belsazer's glich, als eine Geisterhand schon den Bankrutt des Gastgebers an die Wand schrieb, habe ich in ihrer Totalität nur immer berichten hören, was aber von diesen mal kleineren mal größeren Gesellschaften auf speziell unser Haus entfiel, das habe ich mit Augen gesehen und davon will ich in nachstehendem erzählen.

Waren wir an der Reihe, so bemächtigte sich des ganzen Hauses eine feierliche Stimmung, die mit der Stimmung bei Hochzeiten eine gewisse Ähnlichkeit hatte, wie denn auch die bekannte Dreiteilung von Polterabend, Hochzeit und Lendemain in der Gestalt von Vorbereitungstag, eigentlichem Festtag und Resteressen wiederkehrte. Welchem dieser drei Tage der Preis gebührte, mag unentschieden bleiben, doch glaube ich fast, daß mir der erste Tag der liebste war. Er verlief zwar unmateriell und entsagungsreich, hatte dafür aber die Vorahnung kommender Herrlichkeiten.

An diesem Vorbereitungstage erschien, wie in allen anderen Häusern, so auch bei uns die Witwe Gaster, eine renommierte Kochfrau. Sie vereinigte Behagen und Würdigkeit in ihrer Erscheinung und wurde, dieser letzteren Eigenschaft entsprechend, mit Respekt und unbedingtem Vertrauen behandelt. Sie lebte, bei begreiflicher Abneigung gegen alles das (besonders Süßigkeiten), was sie tagaus, tagein zu produzieren hatte, beinah ausschließlich von Rotwein und entlehnte das wenige, was sie nebenher noch an Nahrung brauchte, dem beständigen Fettwrasen, in dem sie stand. Ihr Eintritt in unser Haus war für mich gleichbedeutend mit Postofassen in Nähe der Küche, wo nun alles, was sich vollzog, von mir beobachtet, beziehungsweise bewundert wurde. Den Anfang machte immer die Herstellung eines Baumkuchens. Als die Gaster, die darüber Buch führte, den Tausendsten fertig hatte, gaben ihr die Swinemünder Hausfrauen ein wohlverdientes Fest. Es gibt auch heute noch Baumkuchen, gewiß; aber die jetzigen sind Entartungen, schwächliche, schwammartige Bleichenwangs, während die damaligen eine glückliche Festigkeit hatten, die sich, an den gelungensten Exemplaren, bis zur Knusprigkeit steigerte, begleitet von einer vom

*Roger Fry: Stilleben mit Schokoladenkuchen, New Haven,
Yale Center for British Art*

dunkelsten Ocker bis zum hellsten Gelb reichenden Farbenskala. Ich war immer glücklich, dem Werdeprozeß solchen Baumkuchens zusehen zu können. Auf einem riesigen Herde befand sich, nach der Wand hin, ein aus Ziegelsteinen aufgemauertes niedriges Halbgewölbe, das, nach oben zu dachartig vorspringend, nach unten zu schräg zurücktrat. An dieser zurücktretenden Stelle zog sich wohl ein 4 Fuß langes schmales Kohlenfeuer hin, an das nun zwei kleine Eisenständer mit aufgelegtem Bratspieß und Drehvorrichtung herangerückt wurden. Der auf diesen Ständern ruhende Spieß aber gab sich nicht einfach als solcher, vielmehr war ihm ein seiner ganzen Länge nach ausgehöhlter und nach außen hin mit gefettetem Papier überzogener Holzkegel aufgeschoben, der bestimmt war, die Seele des herzustellenden Baumkuchens zu bilden. Und nun, mit Hilfe eines an einem langen Stocke steckenden Blechlöffels, begann das Aufgießen eines dünnflüssigen, anfangs immer wieder herabtröpfelnden Teiges, so daß das eingeschlagene Verfahren eine ganze Zeitlang wie vergeblich erschien. Von dem Augenblick an aber, wo die Flüssigkeit konsistenter und das Abtropfen langsamer wurde, regten sich auch die Hoffnungen wieder, und ehe ein paar Stunden um waren, konnte der prachtvoll gebräunte, zugleich zackenreiche Baumkuchen von dem Holzkegel heruntergenommen werden. Alles dabei war von symbolischer Bedeutung. An das volle Gelingen dieses Pracht- und Schaustücks knüpfte sich das Vertrauen auf das Gelingen des Festes überhaupt. Der Baumkuchen stellte dem Ganzen das Horoskop.

Über die Küchentätigkeit des eigentlichen Gesellschaftstages gehe ich hier hinweg und führe statt dessen lieber das Fest selbst an. Es wurde dann – ein anderer Raum stand nicht zur Verfügung – ein langer Ausziehtisch in den Salon meiner Mutter geschafft, und alsbald zog sich an dem gelben Moiré-Sofa mit den 300 Silbernägeln entlang die wohlgedeckte Tafel hin. Erst wenn die Lichter brannten, schritt man zu Tische. Der der Tafel Präsidierende kehrte dem großen Spiegel aus der Schinkelzeit jedesmal den Rücken zu, während alle anderen Gäste sich in dem Spiegelglase mehr oder weniger bequem betrachten konnten.

Meiner Erinnerung nach waren es immer Herrendiners, 12 oder 14 Personen, und nur gelegentlich erschien auch wohl meine Mutter mit bei Tisch, meist begleitet von ihrer, auch zur Winterzeit oft monatelang auf Besuch bei uns weilenden, damals noch sehr jungen und hübschen Schwester. Diese letztere passend zu plazieren, erwies sich immer als besonders schwierig, und nur wenn der alte von Flemming und Hofrat Dr. Kind zugegen waren, war einigermaßen Sicherheit vor extremen Huldigungen gewährleistet. Sich vor solchen Huldigungen zu schützen, entzog sich beinahe der Möglichkeit. Man respektierte vielleicht Tugend, wiewohl mir das auch noch zweifelhaft ist, aber Tugendallüren waren abgeschmackt und wo lag immer die Grenze zwischen Sein und Schein? Daß sich die Damen gegen Ende der Tafel zurückzogen und nur noch auf eine kurze Viertelstunde wieder erschienen, um beim Kaffee die Honneurs zu machen, versteht sich von selbst.

Ich habe weiter oben von der Kochkunst der guten Frau Gaster gesprochen, aber, dieser Kochkunst unerachtet, war die Bewirtung eigentlich einfach, namentlich gemessen an dem Raffinement, das jetzt bei Gastmählern vorherrscht. Einfach sage ich und dabei stabil. Keiner wollte zurückbleiben, aber auch nicht über den anderen hinausgehen. Auf die Suppe folgte ein Fisch, dann (feststehend) Teltower Rübchen und Spickgans, dann ein ungeheurer Braten und zum Schluß eine süße Speise, samt Früchten, Pfefferkuchen und Königsberger Marzipan. Eine fast noch größere Einfachheit herrschte hinsichtlich der Weine; nach der Suppe wurde Sherry gereicht, dann aber trat ein Rotwein von mäßigem Preis und mäßiger Güte seine Herrschaft an und hielt sich bis zum Kaffee. Das Besondere, das diese Festlichkeiten hatten, lag also nicht im Materiellen, sondern, sonderbar zu sagen, in einem gewissen geistigen Element, in dem Ton, der herrschte.

W. M. Thackeray, Das Snobsbuch. 26. Kapitel:
Dinergebende Snobs

In England nehmen die dinergebenden Snobs eine äußerst wichtige Stellung ein, und es ist eine große Aufgabe, sie zu beschreiben. Es gab in meinem Leben eine Zeit, wo das Bewußtsein, das Salz eines Menschen gegessen zu haben, mich seine Fehler vergessen ließ und ich es für eine Unwürdigkeit und für einen Bruch der Gastfreundschaft hielt, von ihm Übles zu sprechen.

Warum soll man sich aber von einer Hammelkeule blenden oder durch eine Steinbutte mit Hummersauce den Mund auf ewig schließen lassen?

Je älter man wird, umso deutlicher erkennt man seine Pflichten. Ich lasse mich nicht mehr von einem Stück Wildbret blenden, und was das Stummsein anbelangt, so bin ich es natürlich – die gute Sitte gebietet es – bis ich die Steinbutte mit der Hummersauce heruntergeschluckt habe – länger aber nicht. Sobald die Schüsseln und Teller von John weggenommen worden sind, beginnt sich meine Zunge zu rühren.

Was ist ein dinergebender Snob? dürfte vielleicht ein unschuldiger Jüngling, der in der Welt nicht herumgekommen ist, oder ein naiver Leser, der noch keine Londoner Erfahrungen besitzt, fragen?

Mein lieber Herr, ich will Ihnen – wenn auch nicht alle, das ist unmöglich – einige Arten von dinergebenden Snobs vorführen.

Angenommen, Sie selbst z. B., der Sie sich in der Mittelklasse bewegen und an Hammelfleisch gewöhnt sind – Braten am Dienstag, kalter Aufschnitt am Mittwoch, Frikassee am Donnerstag usw. – der Sie geringe Mittel und einen kleinen Haushalt besitzen, geraten auf den Gedanken, die ersteren zu verschwenden und den letzteren durch unnatürlich kostbare Gastmähler von unterst zu oberst zu kehren – und sofort fallen auch Sie in die Klasse der dinergebenden Snobs.

Angenommen, Sie lassen vom Pastetenbäcker wohlfeile Pasteten und Gerichte kommen und mieten ein paar Gemüsehöker oder Teppichausklopfer als Lakaien, schicken die ehrliche Mary fort, die an gewöhnlichen Tagen bei Ihnen aufwartet, und statten Ihren Tisch, der für gewöhnlich Steingutgeschirr trägt, mit schäbigem Birminghamer Nickelgeschirr aus. Sobald Sie sich für reicher und großartiger ausgeben als Sie in Wirklichkeit sind, gehören auch Sie zu den dinergebenden Snobs und ach! ich zittere, wenn ich mir sage, wie mancher und manche von ihnen diese Zeilen lesen wird.

Kargheit ist snobig, Prunksucht ist snobig, zu viel Aufwand ist snobig, Vornehme einladen, weil sie vornehm sind, ist snobig. Aber ich gestehe, es gibt Leute, die noch snobiger sind als die, deren Fehler ich eben erwähnt habe, nämlich diejenigen Personen, die Diners geben können und nie welche geben. Derjenige, der keine Gastlichkeit ausübt, soll nie sub iisdem trabibus mit mir sitzen. Der traurige Wicht mag seine Knochen allein abnagen.

Was ist aber echte Gastlichkeit?

Ach, mein lieber Freund und Mitsnob, wie wenig bekommen wir davon zu sehen! Sind die Beweggründe, welche Eure Freunde veranlassen, Euch zum Diner einzuladen, rein? Diese Frage habe ich mir schon oft gestellt. Verlangt Euer Gastgeber etwas von Euch?

Ich bin gewiß nicht argwöhnisch, aber es ist doch auffallend, daß Hookey, wenn er ein neues Werk herausgibt, alle Kritiker zum Essen einladet; daß Walker, wenn er sein Ausstellungsbild fertig hat, ungemein gastfrei wird und seine schriftstellerischen Freunde zu einem Kotelett und einem Glas Sillery bittet.

Man kann ja seine Privatansichten über die Gastlichkeit seiner Bekannten haben und Personen, die einen aus schmutzigen Beweggründen einladen, entschieden dinergebende Snobs nennen, aber man darf doch nicht zu scharf über ihre Beweggründe urteilen. Einem geschenkten Gaul sieht man nicht ins Maul. Wenn man alles bedenkt, so beabsichtigt derjenige, der einen zum Essen einlädt, doch nicht den Gast zu beleidigen.

Und doch kenne ich einige, die sich gekränkt und beleidigt fühlen, wenn das Essen oder die Gesellschaft ihnen nicht paßt.

So z. B. Guttieton, der sich zu Hause für einen Schilling Rindfleisch aus der Garküche holen läßt. Er hält sich für beleidigt, wenn er zum Diner in einem Hause eingeladen wird, wo man ihm nicht Ende Mai schon junge Erbsen und im März Gurken zum Steinbutt vorsetzt.

„Guter Gott!" lamentiert er, „was, zum Henker, fällt den Forkers ein, mich zu einem Familienessen einzuladen!" – oder: „Welche unbeschreibliche Unverschämtheit es von den Spooners ist, sich beim Pastetenbäcker Entrees zu bestellen und sich einzubilden, daß ich die Mär von ihrem französischen Koch glaube."

Da ist ferner Jack Puddington. Der ehrliche Bursche war neulich wütend darüber, daß er zufälligerweise mit denselben Personen bei John Carver zusammenkam, mit denen er am Abend zuvor bei Oberst Cramley diniert hatte, und keine neuen Anekdoten mehr wußte.

Ihr armen dinergebenden Snobs! Wenn ihr wüßtet, wie wenig Dank ihr für eure Mühe und eure Geldausgaben erntet!

Man spottet über eure Küche und euren alten Hochheimer, glaubt nicht an die Echtheit eures Champagners und weiß, daß die heutigen Entrees die Überbleibsel vom gestrigen Diner sind und aufgewärmt wurden. Man bemerkt, wie gewisse Gerichte vom Tisch genommen werden, damit sie bei dem morgigen wieder figurieren können. Wenn ich den Oberaufwärter besonders darauf bedacht sehe, ein Frikandeau oder ein Blancmanger *[dessen Rezept im nächsten Stück lesen]* zu eskamotieren, so rufe ich ihm zu, es mir zu bringen, damit ich mit dem Löffel hineinfahren und es durchwühlen kann.

Dieses Benehmen macht den Gast bei den dinergebenden Snobs beliebt. Ich weiß, daß einer meiner Freunde in guter Gesellschaft ungeheure Sensation erregt hat, indem er bei gewissen Gerichten, die ihm angeboten wurden, sagte, daß Aspik ihm nirgends so gut schmecke, wie bei Lord Tittup und daß Lady Jiminys Koch der einzige Mensch in London sei, der Filet en serpentine und Suprême de Volaille aux truffes zu bereiten verstehe. –

Niemand glaube aber, daß dann das Birminghamer Tischgeschirr auf den Tisch gestellt wird und die zu Aufwärtern avancierten Teppichklopfer herbeigeholt werden, während das nette Dienstmädchen beiseitegeschoben wird, die Entrees beim Pastetenbäcker bestellt und die Kinder nach der Kinderschule geschickt werden, sich in Wirklichkeit aber auf der Treppe aufhalten müssen, wo sie die Geländer auf- und abrutschen, den herausgebrachten Gerichten auflauern und die Gelees, farcierten Klöße und die Suppe mit den Fingern betupfen. Niemand von uns wird daran denken, das Behagen von einem häuslichen Diner durch entsetzliche Zeremonie, gemeinen Prunk und die Verfälschung der Nahrungsmittel zu stören.

Jedermann, glaube ich, der einen guten Magen und ein gutes Herz besitzt, ladet gern seine Freunde zum Essen ein, und das lieber zweimal als einmal. Wie kann aber ein Mann von beschränkten Mitteln sich oft dieses Vergnügen erlauben, wenn er für jeden Freund fünfundzwanzig bis dreißig Schilling ausgibt? Genügt es nicht, wenn sich alle sattessen können? Ich selbst sah oft in meinem Lieblingsklub – dem Land- und Seedienstklub – wie sich Seine Hoheit der Herzog von Wellington mit einem Stück Fleisch für fünfzehn Pence und einem Pot Sherry für neun Pence zufriedengab, und wenn dies Seiner Hoheit genügt, warum nicht mir und dir?

Ich habe mir zur Regel gemacht, daß, wenn ich auch Marquis und Herzöge zu Tisch einlade, ich ihnen nur ein Stück Rindfleisch oder eine Hammelkeule mit Gemüse vorsetze. Die hohen Herren wissen einem für diese Einfachheit Dank und verstehen sie zu schätzen. Mein lieber Johns, frage alle diejenigen, welche du zu kennen die Ehre hast, ob das nicht der Fall ist. Ich bin weit entfernt zu wünschen, daß ihre Herrlichkeiten mich auch nicht besser bewirten. Der Glanz gehört zu ihrem Stande, wie die anständige Behaglichkeit zu deinem und meinem. Das Schicksal hat für den eine goldene Schüssel bestimmt und dem andern geboten, sich mit Porzellan zu begnügen.

Oh, ihr irregeleiteten, dinergebenden Snobs! Bedenkt, wievieler Freuden ihr euch mit eurem abgeschmackten Großtun und eurer Heuchelei beraubt, bedenkt, wieviel Unheil ihr damit anstiftet!

Ihr setzet einander einen unnatürlichen Mischmasch vor und bewirtet einander zum Ruine der Freundschaft – der Gesundheit gar nicht zu erwähnen – und zur Vernichtung der Gastlichkeit und Geselligkeit. Ihr, die ihr, ohne den Pfauenschweif, so behaglich schnattern und gesellig und glücklich sein könntet!

Wenn einer in eine große, steife Gesellschaft von dinergebenden und dinerempfangenden Snobs geht, so wird er, falls er einen philosophischen Geist besitzt, bedenken, welcher ungeheure Unsinn die ganze Geschichte ist, das Essen und das Trinken, die Dienerschaft wie das Geschirr, der Wirt und die Wirtin, die Unterhaltung und die Gesellschaft – den Philosophen nicht ausgeschlossen.

Der Wirt lächelt, stößt mit dem Glase an und lächelt über den Tisch hinweg, dabei im geheimen von Schrecken und Angst ergriffen, daß die Weine, die im Keller lagern, nicht genügen könnten, daß eine nach dem Pfropfen schmeckende Flasche seine Berechnung zuschanden machen werde, oder daß unser Freund, der Teppichklopfer, durch das Schießen eines Bockes seine wahre Gemüsehökereigenschaft kundgeben und man merken würde, daß er nicht der Familienkellermeister ist.

Der Wirtin Gesicht umspielt das ganze Diner hindurch ein Lächeln, sie lächelt trotz der Todesangst, daß in der Küche ein Unheil passieren könnte, daß das Soufflé zusammenfiele oder daß Wiggins das Eis nicht zur rechten Zeit schickte.

Die lächelnde, heitere Frau hat ein Gefühl, als ob sie Selbstmord begehen könnte.

Die Kinder im oberen Stock schreien, da das Kindermädchen ihnen mit heißen Zangen die Haare brennt, Miß Emmys Locken beim Kämmen ausreißt, oder Miß Pollys Stumpfnase so fest mit Seife reibt, daß das arme kleine Tierchen vom heftigen Schreien Krämpfe kriegt. Die männliche Jugend der Familie unterhält sich, wie schon gesagt, auf den Treppen.

Die Aufwärter sind keine Diener, sondern die obenerwähnten Höker. Das Tischgeschirr ist kein Silber, sondern bloß Birminghamer plattierte Ware, und ebenso falsch ist auch die Gastlichkeit und alles andere.

Das Gespräch ist fades, hohles Geschwätz. Der Witzbold der Gesellschaft leiert, Bitterkeit im Herzen, da ihn seine Wäscherin schon wieder wegen der Rechnung gemahnt hat, seine alten Geschichten herunter, und der Oppositionswitzbold ist wütend, daß er ihn nicht unterbrechen kann. Jawkins, der Gesellschaftsschwerenöter, ist ärgerlich darüber, daß die beiden ihn nicht zu Worte kommen lassen. Der junge Muscadel, der Stutzer, der seine Kleider in dem Ramschgeschäfte kauft, schwatzt über die vornehme Welt und die Almacksbälle, deren Beschreibung er in der Morning-Post gelesen hat, und Mrs. Fox, seine Nachbarin, ärgert sich, daß sie nicht mitsprechen kann, weil sie nie einen mitgemacht hat.

Der Witwe ist der ganze Abend verdorben, weil man ihre Tochter Maria neben den jungen Cambric, den armen Hilfspfarrer, und nicht neben Oberst Goldmore, den reichen ostindischen Witwer, gesetzt hat.

Die Doktorsfrau ist erbost, weil die Frau des Advokaten den Vortritt erhalten hat, der alte Doktor Cook brummt über den schlechten Wein und Guddleton spöttelt über das Essen.

Und nun bedenke man, daß sich alle diese Leute so behaglich fühlen, so vergnügt und zufrieden sein könnten, wenn sie auf eine natürliche, anspruchslose Art bewirtet würden.

Aus dem Englischen übertragen von A. E. Witte.

Voltaire, „Candide ou L'optimisme":

17. Kapitel

Cacambo trat näher an die Türe heran und hörte, wie man Peruanisch sprach; dies war seine Muttersprache. Ich will Ihr Dolmetsch sein, sagte er zu Candide, kommen Sie, hier ist ein Wirtshaus.

Alsogleich laden sie zwei Burschen und Mägde in Goldkleidern und mit bändergeschmückten Haaren ein, an dem Tisch des Wirtes Platz zu nehmen. Man trug vier Suppen auf, deren jede mit zwei Papageien verziert war, eine Kochspeise, die zweihundert Pfund wog, zwei Affen, ausgezeichnet gebraten; dreihundert Kolibris auf einem Teller und sechshundert Spatzen auf einem anderen; exquisite Ragouts, köstliche Torten, und all dies auf Tellern aus einer Art Bergkristall. Die Burschen und Mägde gössen mehrere Sorten Liköre aus Zuckerrohrsaft ein.

Die übrigen Gäste waren in der Hauptsache Kaufleute und Kutscher; alle aber von ausgesuchter Höflichkeit; sie stellten an Cacambo einige Fragen, und dies mit der denkbar größten Zurückhaltung; auch antworteten sie auf die seinigen in befriedigender Weise.

Als das Essen vorbei war, vermeinte Candide ebenso wie Cacambo, er bezahle sein Essen gut und reichlich mit zwei der jüngst aufgesammelten Goldstücke und warf diese auf den Tisch; Wirt und Wirtin brachen in

Lachen aus und hielten sich längere Zeit ordentlich die Seiten. Schließlich kamen sie wieder zu sich. Meine lieben Herren, sagte der Wirt, wir sehen, Sie müssen schon Fremde sein, die allerdings nicht allzu häufig zu uns kommen. Verzeihen Sie uns daher, wenn wir gelacht haben, als Sie uns zur Bezahlung die Pflastersteine unserer Straßen angeboten hatten. Sicherlich haben Sie die Landesmünze noch nicht gesehen, aber Sie brauchen kein Geld, um hier essen zu können. Alle Gaststätten, die dem Handel und Verkehr dienen, sind von der Regierung bezahlt. Sie haben es hier sehr schlecht getroffen, denn wir sind ein armes Dorf. Aber überall sonst wird man Sie nach Gebühr empfangen. Cacambo übersetzte dem staunenden Candide alle Reden des Wirtes. Was ist das doch für ein seltsames Land, sagte der eine zum andern, das kein Mensch auf der Erde kennt, und wo alles von unseren Sitten so grundverschieden ist? Wahrscheinlich ist dies das Land, wo alles zum Besten geht. Denn unter allen Umständen muß es eines dieser Art geben. Was auch Meister Pangloß sagen mag: Ich habe oft genug bemerken müssen, daß es in Westfalen mit allem recht schlecht ging.
Aus dem Französischen übertragen von C. S. G.

Lucians Werke:

Kapitel 38

Indessen wurde der letzte Gang aufgetragen, den man gewöhnlich den Gästen mit nach Hause zu nehmen vergönnt, auf den Mann ein Huhn, eine Portion Wildschwein- und Hasenbraten, ein gebackener Fisch, ein Sesamkuchen und Naschwerk zum Nachtisch. Übrigens wurde nicht jedem Gast eine eigene Schüssel vorgesetzt, sondern je zwei erhielten zusammen eine Schüssel auf einem Tische, so daß jeder das vor ihm Liegende nehmen sollte.

Kapitel 42

… Aristänet und Eucritus nahmen also, jeder was vor ihm lag; ebenso ich und Chäreas, Ion und Cleodemus. Diphilus aber wollte sich auch der andern, für den abwesenden Zeno bestimmten Portion bemächtigen und behauptete, das Ganze gehöre ihm, weil es vor ihm liege. Er wehrte sich gegen die Diener, die sie ihm wegziehen wollten, und so geriet das Huhn, wie einst des Patroklus Leichnam, über dem Hin- und Herzerren in Gefahr, in Stücke zerrissen zu werden: endlich aber mußte er nachgeben und seine Beute fahren lassen, was allen Gästen um so mehr zu lachen gab, je heftiger er über dieses vermeintliche Unrecht ergrimmt war.

Kapitel 43

Hermon und Zenothemis saßen, wie gesagt, nebeneinander und hatten eine gemeinschaftliche Schüssel. Solange ihre Anteile gleich waren, nahm jeder den seinigen ganz verträglich. Allein das Huhn, das vor Hermon lag, war, vermutlich aus bloßem Zufall, fetter als das andere. Anstatt nun das Seinige zufrieden hinzunehmen, greift Zenothemis – und nun wohl aufgemerkt, lieber Philo, wir stehen jetzt an der Hauptbegebenheit – greift also Zenothemis über das Seinige weg nach dem fettern Huhn des Hermon. Dieser wollte sich nicht übervorteilen lassen und greift auch darnach; darüber entsteht ein Geschrei, sie geraten aneinander, schmeißen sich die Hühner ins Gesicht, packen sich an den Bärten und rufen zu Hilfe, Hermon den Cleodemus, Zenothemis den Alcidämas und Diphilus. Alle nahmen jetzt Partei, die einen für diesen, die andern für jenen; nur Ion hielt sich neutral.

Kapitel 44

In der allgemeinen Balgerei, die jetzt entstanden war, hob Zenothemis einen großen Pokal, der vor Aristänet stand, vom Tische, und warf ihn nach Hermon.

Doch ihn selber verfehlt' er, und seitwärts flog ihm der Humpen, spaltete dem Bräutigam den Schädel und versetzte ihm eine tüchtige und tiefe Wunde. Unter gellendem Geschrei stürzten sich jetzt die Weiber zwischen die Streitenden, besonders die Mutter des jungen Menschen, als sie sein Blut fließen sah. Auch die Braut kam voller Angst herbeigerannt. Indessen arbeitete Alcidamas, als Verbündeter des Zenothemis, mit seinem Knüttel meisterlich, schlug dem Cleodem ein Loch in den Kopf, versetzte dem Hermon einen Treff auf die Kinnlade und verwundete mehrere Bediente, die ihnen zu Hilfe kommen wollten. Aber seine Gegner ließen sich nicht abtreiben. Cleodem drückte dem Zenothemis mit dem Finger ein Auge aus und zerbiß ihm die Nase; und Diphilus, der diesem zu Hilfe kommen wollte, wurde von Hermon mit dem Kopfe zur Erde gestoßen.

Aus dem Griechischen übertragen von C. S. G.

Homer, „Ilias". Neunter Gesang:

Also sprach und führte hinein der edle Achilleus;
Setzte sie dann auf Sessel und Teppiche, schimmernd von Purpur.
Eilend sprach er hierauf zu Patroklos, der ihm genaht war:
Einen größeren Krug, Menötios' Sohn, uns gestellet!
Misch' auch stärkeren Wein, und jeglichem reiche den Becher,
Denn die wertesten Männer sind unter mein Dach nun gekommen.
Jener sprach's; da gehorchte dem lieben Freunde Patroklos.
Selbst nun stellt' er die mächtige Bank im Glänze des Feuers,
Legte darauf den Rücken der feisten Zieg' und des Schafes,
Legt' auch des Mastschweins Schulter darauf voll blühenden Fettes.
Aber Automedon hielt, und es schnitt der edle Achilleus;
Wohl zerstückt' er das Fleisch und steckt' es alles an Spieße.
Mächtige Glut entflammte Menötios' göttlicher Sohn jetzt.
Als nun die Loh' ausbrannt', und des Feuers Blume verwelkt war,
Breitet' er hin die Kohlen und richtete drüber die Spieße,
Sprengte mit heiligem Salz und dreht' auf stützenden Gabeln.
Als er nunmehr es gebraten und hin auf Brote geschüttet,
Teilte Patroklos das Brot in schöngeflochtenen Körben
Rings um den Tisch, und das Fleisch verteilte selber Achilleus;
Setzte sich dann entgegen dem göttergleichen Odysseus,
Dort an der anderen Wand, und gebot, daß Patroldos den Göttern
Opferte; dieser gehorcht' und warf die Erstling' ins Feuer.
Und sie erhoben die Hände zum lecker bereiteten Mahle.
        Aus dem Griechischen übertragen von Joh. Heinrich Voß.

Virgil, „Äneis". Erster Gesang:

Auf, ihr Jünglinge denn; kehrt ein in unsere Wohnung.
Mich auch hat ein gleiches Geschick durch mancherlei Trübsal
Umgerollt, und endlich im Land hier ruhen geheißen.
Fremd nicht blieb ich dem Kummer, und lernt' Unglücklichen beistehn.
Dieses gesagt, führt Dido den Held Äneas zur hohen
Königsburg, und ordnet ein Fest für die Tempel der Götter.

Auch nicht minder indes entsendet sie seinen Genossen
Zwanzig Stier' an den Strand, und hundert gewaltige Säue,
Borstenumstarrt, auch hundert gefeistete Lämmer und Mütter;
Auch des erfreuenden Gottes Geschenk …
Aber das innere Haus, voll königlich strahlenden Prunkes,
Stehet geschmückt, und sie rüsten den Schmaus in den mittleren Kammern:
Teppiche, reich an Gewirke der Kunst, und prangendem Purpur!
Ganz von Silber die Tafeln umblinkt; und, in Golde gemeißelt,
Tapferer Ahnen Verdienst, und langgereihete Taten,
So viel Männer herab von des Stamms uraltem Erzeuger.
Jetzt wie er kommt, hat schon auf prangenden Teppichen Dido
Über dem goldnen Gestühl sich gelegt an die Mitte der Tafel,
Schon der Vater Äneas, und schon die trojanische Jugend,
Treten herein; man lagert sich rings auf gebreiteten Purpur.
Dienende reichen den Händen die Flut, und entheben der Ceres
Gabe dem Korb', und bieten die weichgeschorene Handquehl.
Fünfzig waren der Mägd' im Palast, die geschäftig den Vorrat
Langhin sorgten zu reihn, und mit Glut die Penaten umhäuften.
Hundert andere Mägd', und soviel gleichaltrige Diener,
Lasten mit köstlichem Schmause den Tisch, und setzen die Becher.
Auch die Tyrier traten herein durch stattliche Schwellen
Dichtgeschart, und sie ruhn, auf gezeichnete Polster genötigt.
    Aus dem Lateinischen übertragen von Joh. Heinrich Voß.

Aus den „Banchetti" des Christoforo di Messisbugo (um 1540):

Großes Festmahl mit Fleisch und Fisch, das der Erlauchte Herr Don Hercole da Este, Herzog von Chartres, gab zu Ehren seines Vaters, des Erlauchten und Allerhöchsten Herrn Herzogs von Ferrara, der erlauchten Madama Markgräfin Isabella von Mantua, seiner Tante, der Erlauchten und Allerhöchsten Madama Renée, seiner Mutter, S. Hochwürden des Herrn Erzbischofs von Mailand, des Erlauchten Herrn Don Francesco Gonzaga. Anwesend waren der Gesandte des Allerchristlichsten Königs von Frankreich, zwei Gesandte des Hochedlen Senats der Republik Vene-

*Frans Hals: Lustige Gesellschaft beim Mahle, New York,
Metropolitan Museum of Art*

dig, viele Edelleute mit ihren Frauen, aus Ferrara und anderwärts, insgesamt 104 an der Haupttafel. Der Erlauchte und Allerhöchste Herr Herzog von Ferrara, die Erlauchte Frau Herzogin von Chartres und die Erlauchte Frau Markgräfin von Mantua aßen an einem besonderen Tisch. Und dieses Festmahl fand statt Sonntag, den 24. Januar 1529.

Vor dem Essen war der große Hof- und Empfangssaal reich mit Filet- und anderen Teppichen ausgeschlagen. Dort wurde eine Komödie des Herrn Lodovico Ariosto, betitelt die „Cassaria" aufgeführt, nach deren Ende alle den Saal verließen. Die Vornehmsten zogen sich ins Jagdzimmer zurück, vor den Kamin. Dort vergnügten sie sich an Musik und Gesprächen, währenddessen im Saal die Tafel bereitet wurde, 55 Ellen lang. Darüber wurden drei Decken gelegt. Um nicht mit Silberleuchtern die Tafel zu beladen, wurden rings um sie doppelte Kerzenhalter mit Eisendraht am Söller aufgehängt: insgesamt 48, zu 4 Pfund jede Kerze. Dann wurden 25 Salzfässer aus Silber aufgestellt und 104 Servietten mit den Messern hingelegt. Die Servietten wurden verschieden gefaltet. Alsdann je ein Brot, ein Geschirr mit Milch und Zucker, eine Semmel, ein süßes Pistazienbrötchen, eine Serviettenhülle mit Gold- und Seidenblumen in verschiedenen Farben und parfümiert. An der rechten Seite waren drei große Tische hergerichtet für die Speiseträger mit den nötigen Dingen und Gegenständen für ihren Bedarf. Zur Linken zwei große Tische für die Mundschenke mit verschiedenen hochwertigen Weinen. Alsdann wurden 25 große Zuckerfiguren auf die Tafel getragen, als welche bedeuteten: Die Kräfte Herkules', als er den Löwen besiegte, deren Größe jeweils mehr als zweieinhalb Handbreit war. Sie waren bemalt wie lebendig und blieben auf der Tafel, bis die erste Tischdecke abgenommen wurde.

Dann wurden folgende Dinge auf den Tisch gestellt:
Salat auf Blätterteigboden mit Kapern und Trüffeln.
Endiviensalat, Radieschen, Rapunzelsalat, Gurkensalat.
Anchovissalat.
Dicke Rettiche, figurenförmig eingelegt, in Form von Tieren und Pflanzen, kleine Rettiche.
Schinkenscheiben, aufgeschnittene, gepökelte Rinderzunge, pikanter Aufschnitt mit Zucker und Zimt.
Wildeberklops.
Dicke Mortadella und Leberpastete.

Feine Salate in dunkler, süßer Tunke.

Als dies hingestellt war, bliesen die Trompeten, und alles kam in den Saal. Man reichte parfümiertes Wasser für die Hände, und alles setzte sich zu Tisch, wo man sich eine Zeitlang an den obengenannten Speisen ergötzte. Dann kam der erste Gang, der folgendes enthielt:

Kapaunenbruststücke in gebackenen Speck gewickelt, mit Streuzucker obendrauf.

Wachteln, Klopse, Kapaunenlebern, in der eigenen Haut geröstet.

Gebackene Fasanen mit offenen Orangen.

Glasierte Zwiebeln.

Fenchelblätter, saure Fleischpastetchen aus Leber und Milz von Forellen, Hechten und anderen Fischen.

Forellenschwänze mit Zitronenscheiben, Barben.

Aale in Blätterteig.

Zahnfische in Sauce.

Zu diesem Gang spielte M. Alfonso Viola und sang Madonna Dalida, von 4 Stimmen begleitet. M. Alfonso Santo war mit 5 Spielern, zwei Violen, ein zweiregistriges Clavicembalo, eine Laute, eine Klarinette und eine Flöte.

Dann wurde der zweite Gang aufgetragen:

Haselhühner und Steinfeldhühner mit Ziegenfleisch gefüllt.

Weißes Hirn in der Pfanne, Kalbsbrieschen, gebacken, mit Zucker und Zimt darauf.

Kapaune à la Tedesca in süßem Wein mit Blätterteigpasteten aus Taubenfleisch.

Gebackene Karpfen.

Große Steinbutten auf Speckscheiben.

Gebackene Krebsscheren und -schwänze mit Essig.

Pasteten gefüllt mit Forellenrogen.

Während dieser Gang serviert wurde, wurden vierstimmige Madrigale gesungen, bis man den dritten Gang auftrug, der enthielt:

Gebackene Rebhühner, tranchiert in Königssauce.

Kaninchen und gelbe Wachtelwurst.

Kapaunenfleisch ohne Knochen, à la Lombarda mit Salami gefüllt, in eigener Brühe.

Täubchen nach Hausmannsart mit Gurkenscheiben.

Gebackene Forellen in süßer Tunke mit Fenchelkonfekt.

Lampreten, gebacken im eigenen Saft.

Kastanienpurée.

Zu diesem Gang wurde achtstimmig, wechselweise, in zwei Chören gesungen: auf der einen Seite waren 4 Stimmen, von Laute, Geige, deutscher Flöte, einer Trompete begleitet; auf der anderen Seite ingleichen, und es wurde gesungen und gespielt bis zum vierten Gang:

Kleine Zicklein, geröstet.

Rotkehlchen auf Toast mit Kapaunbruststücken darunter.

Gefüllte Kapaune.

Gefüllte Täubchen à la Lombarda geröstet mit französischer Sauce.

Gesalzene Hechte in gelber Kaisersauce.

Forellen auf ungarisch in Wein mit Toast darunter.

Gebackene Steinbutten in weißer Sauce, Senf darüber gespritzt nach dem Wappen des Herrn Herzogs.

Gebackene Sardinen auf gezuckerten Orangenscheiben.

Türkischer Reis mit Zucker.

Zu diesem Gang wurde andere Musik, wieder vom Maestro Alfonso gemacht. Es waren 5 Sänger vom Herzoglichen Hofchor, 5 Geigen mit einer kleinen Zither, ein Contrabasso, genannt die Bärengeige, eine Dulzflöte nach dem Muster des Maestro Giovanbattista Leone, zwei Flöten, eine mehrregistrige Orgel, ein Waldhorn. Dann kam der fünfte Gang:

Tauben nach Hausmannsart.

Rebhühner in Speckbrühe.

Rindfleisch in Malvasier gebacken nach deutscher Art.

Spanferkel am Spieß, mit Senf darüber.

Gebackene Sperlinge mit Orangensaft.

Gebackene Seeaale.

Gehackte Kalbsleber gedämpft.

Zu diesem Gang spielten fünf Trompeten und ein Waldhorn, bis man den sechsten Gang auftrug. Vorher aber räumten Diener den Tisch ganz ab und nahmen die oberste Decke weg, kamen sofort zurück mit frischen Servietten, Messern und Salzgefäßen, dazu ein Weißbrötchen für jeden. Dann kam der sechste Gang:

Kalbfleisch gebacken mit Saurerkirschensauce darüber.

Gespickte Pfauen.

Zicklein mit Zitronen und Fleischbrühe.
Wildschwein in schwarzer Tunke mit süßen Mandeln.
Kleine Fladen aus Eiern, Käse und Zucker.
Alte Goldbrassen auf dem Rost bereitet, mit feinen Petersilien und Zwiebelchen, dann in Butter gedämpft, Gewürz daraufgestreut.
Zu diesem sechsten Gang sangen Ruzante und fünf seiner Genossen, mit zwei Frauen, Lieder und Madrigale auf Paduanisch. Sie tanzten rings um die Tafel und stritten zum Scherz miteinander von bäurischen Dingen, in jener so lieblichen Paduaner Sprache, nach ihrer neusten Erfindung gekleidet. Darauf folgte der siebente Gang:
Dreizehn Burgen und Türme aus Trüffeln.
Butterteig mit weichen Birnen.
Dunkler Gelee aus Fasanen, Rebhuhn und Kapaunenfleisch.
Weißer Gelee aus Fisch.
Frische Trauben.
Spanische Oliven.
Karavellen-Paradiesäpfel.
Parmesankäse.
Artischocken in Essig und Öl mit Pfeffer und Salz.
Dieser Gang wurde gegessen, während Narren à la Veneziana und Bergamasca und Bauern à la Padovana rings um den Tisch unter allerlei Scherzen tanzten, bis der achte Gang aufgetragen wurde:
2000 Austern.
Orangen.
1500 Waffeln.
Likör aus Zimt, Zucker, Nelken.
Zu diesem Gang spielten zwei Dulzflöten, ein Serpent, ein großes Horn und eine Trompete. Dann wurde alles abgeräumt, eine weitere Decke abgenommen, neue Figuren von gleicher Größe wie zuvor aufgestellt, Herkules, wie er den Stier besiegt, Mars, Saturn, Venus, Cupido, Eva; dann wurde parfümiertes Wasser zum Händewaschen gereicht, dann kamen die eingemachten Früchte, süßen Gurken, Melonen, Mandeln, Nespole usw.
Genueser Pfirsiche.
Kandierte Früchte à la Veneziana.
50 weiße Servietten und 104 Messer.
300 parfümierte Zahnstocher.

Nachher wurde ein großer, verzuckerter, hohler Baumkuchen hereingetragen, worin die Namen aller Eingeladenen auf Zetteln enthalten waren. Dann wurden hereingebracht: Halsketten, Armbänder, Ohrgehänge, Mützenspangen, eine Münzenkette, im Werte von 250 Scudi. Und Seine Exzellenz begann die Lotterie. Und während jeder zog und nach der Angabe des Gewinnes suchte, spielten 4 Flöten. Dann bliesen die Trompeten, die Nobilität zog sich in die nämlichen Zimmer wie zuvor zurück; im Saal wurden die Tische weggeräumt, geputzt, der Saal naß aufgewaschen, und um $1/_2 3$ Uhr früh kehrten alle unter Pfeifenklang zum Tanz in den Saal zurück, während der Herr Herzog, die Erlauchte Frau Herzogin und die Erlauchte Frau Markgräfin von Mantua in ihre Zimmer gingen. Und es wurde getanzt, bis der Tag hereinbrach.

Aus dem Italienischen übertragen von C. S. G.

Brief des Herrn Alessandro Sansedoni an Madonna Isifile Toscani:

Am 1. August war ich in Venedig zu einem prächtigen Fest geladen, das Monsignore Grimani, der Patriarch von Aquileja, dem hochehrwürdigen Herrn Prior von Venedig gab, und das nur seiner Seltenheit halber würdig scheint, Euch davon zu erzählen, wenn auch nicht in jener Süße der Sprache, die Euere Ohren verdienten, noch in jener Erhabenheit, die der Pracht des Festes gerecht würde. So werde ich also ungeschminkt zu Euch sprechen, wenn nicht die Liebe meinen Worten Geist verleiht, wie sie es schon andre Male tat. Es würde mir leichter fallen, wenn Ihr die Lage von Venedig kenntet, denn das Fest spielte sich an einem Orte ab, der Giudecca heißt, wo eine schöne Straße läuft, breit und mit den Häusern nur auf der einen Seite, auf der andern aber die Lagune, wohl sechsmal so breit wie der Platz in Siena, die gerade hier bis zum Markusplatz hin am allerschönsten ist; wer also auf der Piazza stand, konnte die Zurüstungen zum Fest und die Teilnehmer sehen. Um also der Reihe nach zu erzählen: es kamen an das Haus, wo wir wohnen, viele Gondeln mit Edelleuten, um den Herrn Prior und sein Gefolge abzuholen; ich stieg mit ihnen ein. Als uns in der Mitte des Canal Grande die Festgeber entdeckten, wurden augenblicks so viele Freudenböller abgeschossen, daß Zeus in seinem Zorn, wenn er die

Luft durchdonnert, nur halb so viel Spektakel macht. Am Ufer wurden wir von einer großen Anzahl von Leuten beim Klang von Flöten und andern Musikinstrumenten empfangen. Ich will Euch gar nicht die prächtige Aufmachung der Säle schildern, in die wir der Kühlung halber gingen; denn Ihr könnt Euch vorstellen, daß es in Venedig in einem so großen Hause nicht an feinsten Teppichen, an purpurnen und vergoldeten Betten, an ausgezeichneten Gemälden und allen nur erdenklichen Kostbarkeiten gemangelt hat. Doch sah ich keine Frauen; und schon begann ich zu murren, denn Ihr wißt, daß ohne sie die Welt mir nicht schön dünkt, noch ich ein Heiliger sein möchte ohne eine Heilige. Aber gleichwie die Juwelenhändler, nachdem sie Eure Augen an weniger vollkommenen Stücken ergötzt haben, Euch erst am Schlüsse ihre besonderen Schätze vorführen und Euch so baß verwundern und Euer Herz vor Süßigkeit jubeln lassen, also auch hier: es erschienen zwölf Edelleute im Festgewand aus grünem Atlas und rot gefüttert und jeder am Arm eine junge Edelfrau, alle erlesen hübsch, mit neuen weißen Kleidern. So zu Paaren geordnet glichen sie ebenso vielen guten Seelen im Gewände der Hoffnung, die durch die Hand ihres Engels ins selige Leben eingeführt werden. Sie schritten im Tanz auf uns zu; aber sie blieben nicht allein; denn kurz darauf erschienen andere, so daß ihrer bald an die Dreißig waren, alle gleich gekleidet und die schönsten von ganz Venedig. Sie nahmen in einem großen Hof Platz, wo an 2000 Personen aus dem besten Adel der Stadt und unendlich viele Fremde und hohe Geistliche versammelt waren. Dort trat ein Türke auf und machte zum Erstaunen und zur Begeisterung aller die seltensten Kunststücke. So zerbrach er mit einer Faust einen festen, guten Bronzestößel, balancierte auf Stirn und Kinn 3 Schwerter und hielt mit dem Mund einen Balken aufrecht, der nach allgemeiner Meinung seine 300 Pfund schwer war. Jedenfalls war er 12 Ellen lang und so dick wie meine Taille. Denselben Balken balancierte er auf der Schulter und warf ihn, ohne ihn mit der Hand zu berühren, 8–10mal von der einen auf die andere, womit er den Umstehenden großen Schrecken einjagte, die wie Verrückte nach allen Seiten auseinanderstoben; ich aber hatte meinen Posten genau berechnet, so daß der Balken beim Fallen mich doch nicht treffen konnte, und empfand deshalb eine rechte Schadenfreude. Nach diesem Schauspiel verließen die Frauen den Hof, und alle anderen natürlich hinterher; und man bereitete sich zuzusehen, wie an einem Seil, das von einem hohen Campanile ins

Wasser hinunter gespannt war, viele Leute hinabkletterten, jeder in seiner Art. Ringsum aber lagen an die 3000 Gondeln, alle mit Edelleuten, Edelfrauen, großen Prälaten, Fremden von Rang und berühmten Kurtisanen, die sich das ansehen wollten, und die selbst ob ihrer großen Anzahl und ihrer adligen Herkunft eine Sehenswürdigkeit waren.

Endlich wurden die Frauen gebeten, sich in den Hof zu den Tänzen zu begeben, so lange bis man sie zum Essen riefe. Als die Kavaliere dann ihre Damen einholten, um sie zu Tische zu geleiten, gingen sie auf die Straße hinaus, wo für hundert Personen gedeckt war. Zuerst erschienen viele Knaben, die in reichen Silbergefäßen Wasser für die Handwaschung herbeibrachten, und gleichzeitig donnerten wieder alle Böller los wie aus einem Höllenschlund, und große Blitze zuckten auf, daß einem ganz furchtsam zumute ward; so schrieen die verängstigten Frauen laut auf, lachten aber gleich darauf über sich selber. Die Tischordnung ging dem Rang nach, der Herr Prior war am Kopf der Tafel. Ich konnte mich wirklich nicht über sie beklagen, denn ich saß neben 3 wunderschönen Frauen, denen ich mit all der Liebe diente, die ich schönen Dingen immer entgegenzubringen pflege. Die Gerichte kann ich nicht alle aufzählen, denn es waren ihrer an die neunzig, und die Mahlzeit dauerte vier Stunden lang. Aber Ihr könnt Euch vorstellen, daß es alles nur erdenklich Gute gab; denn unser lieber Monsignore, der das Fest gab, ist der großzügigste und edelmütigste Prälat, den ich je gesehen habe, der die große Welt kennt und zu Zeiten ihren Gepflogenheiten gern folgt. Das Essen wurde ständig von Musik begleitet, geistvolle Narren und andere spaßige Zwischenspiele verkürzten das Mahl. Lustig waren die Vögelchen und anderen Tiere, die aus den Pasteten hervorkamen, so daß am Schluß keine Dame war, die nicht das ihre in der Hand hielt; und auch die Männer waren nicht leer ausgegangen. Rings um die Tische stand ein großer Haufe Volks, so dicht, daß die Bedienung dadurch gehindert wurde; und am Ufer lagen eine Unmenge Gondeln mit Edelfrauen und anderen Kavalieren von Rang.

Als es Gott gefiel, wurde auch das reiche Abendmahl serviert, wo wieder, als man sich zu Tisch setzte, das Gedonner der Böller losging und dazwischen Raketen aufzuckten wie Freudenblitze inmitten großen Schreckens; und als man von Tisch aufstand, stimmten die Querpfeifer und Geiger ihre Liedlein an und ermunterten zum Tanz, der schließlich auch bis 7 Uhr dauerte, zum großen Vergnügen aller Teilnehmer; denn man tanzte an der Riva, angesichts all der vielen Gondeln, die ihrerseits wieder dem festlichen Treiben zusahen.

Und so will ich die Gelegenheit ergreifen und mit dem Schluß des Festes auch selber Schluß machen und Euch bitten, Ihr möget, solltet Ihr ob der Breite meiner Erzählung Langeweile empfunden haben, meinen armen Geist entschuldigen, der noch um ein weniges von dem Nachgeschmack solcher Geselligkeit getrübt wird; denn sie hat mich an unsere eigene Hochzeit erinnert, die in keiner Weise hinter diesem Fest zurückstehen brauchte, wenn nicht diese blöde Viktoria sich so schandbar betrunken hätte. Ich lege Wert darauf, daß dieser Brief nicht die Runde macht, quasi als Dokument meiner Eitelkeit; jedoch bleibe es Euch anheimgestellt, ihn einigen Freunden und Vertrauten des Hauses zu zeigen. Womit ich mich all diesen und vor allem Euch empfehle und mich als der wahre und treue Diener erbiete, der ich immer war.

    Mit Gott
    Buon servitore
Aus Venedig am 8. August 1542.   Alessandro Sansedoni.
    Aus dem Italienischen übertragen von L. M. K.

Giorgio Vasari, „Lebensbeschreibungen der hervorragendsten Maler, Bildhauer und Architekten" (um 1550):

Die Kumpanei „Paiuolo" der Florentinischen Künstler

In den Gemächern der Weisheit versammelte sich eine Kumpanei von Künstlern, die sich den Namen „Compagnia del Paiuolo" beilegte, und es durften nicht mehr als 12 Mitglieder sein: Zu ihren Gastmählern durfte keiner von den Zwölfen mehr als vier Gäste einführen. Die Anordnung dieser Gastmähler war folgende (ich erzähle sie um so lieber, als der Brauch solcher Gesellschaften fast verschwunden ist): Jeder mußte irgendein Gericht aus freier Erfindung zubereiten und zum Gastmahl mitbringen; bei seiner Ankunft übergab er es dem Präsidenten, der immer einer unter ihnen war; dieser überreichte das Gericht, wem danach Gefallen stand, und vertauschte so das Gericht des Einen mit dem eines Anderen. Wenn sie nun bei Tisch saßen, zeigten sie einander ihre verschiedenen Gerichte; diejenigen, welche gleiche Gerichte mitgebracht hatten oder ähnlich zubereitet hatten, mußten Strafe zahlen. Eines Abends veranstaltete Giovanfrancesco Rustici das Gastmahl und ordnete an, daß als Tisch ein ungeheurer Kochkessel in der Art eines Bottichs dienen sollte, binnen welchem alle stehen mußten, und es sah aus, als befänden sie sich im Kochkesselwasser; in der Mitte wurden die Speisen rings aufgetragen und der Griff des Topfes, der hoch stand, gab ein ausgezeichnetes Licht, so daß sich alle ganz scharf ins Gesicht sehen konnten. Als sie nun in dem Topf Platz nahmen, wuchs aus der Mitte ein Baum mit vielen Zweigen, den sie mit Speisen beluden, immer von oben nach unten, wo Spielleute saßen; dann kam von oben herab der zweite Gang, hierauf der dritte und so weiter; ringsherum standen Diener und mischten köstliche Weine: Die Erfindung dieses Kochtopfes, der mit Bildern und Malereien trefflich geschmückt war, wurde von den Kumpanen sehr gelobt. Bei diesem Essen war die Speisegabe des Rustici ein Kessel aus Tortenteig, binnen welchem Odysseus seinen Vater eintauchte, um ihn zu verjüngen; beide Figuren waren gekochte Kapaune mit menschlicher Gestalt: so prächtig waren die Gliedmaßen mit allerlei Dingen hergerichtet, und doch war alles zum essen. Andrea del Sarto bot einen achteckigen Tempel wie das Baptisterium, aber auf Säulen gesetzt: Der Fußboden war eine große Platte aus Gelatine in verschiedenen Farben wie Mosaik; die Mauergrenze Zuckergebäck und die Tribüne aus Marzipan. Inmitten stand ein Chorpult aus kaltem Kalbfleisch mit einem Nudelbuch, worauf Buchstaben und Singnoten aus Pfefferkörnern zusammengesetzt waren; die Sänger vor dem Pult waren gekochte Wachteln mit offenem Schnabel; sie standen aufrecht da und trugen eine Art Hemd aus Spanferkelhaut; hinter diesen standen als Kontrabässe zwei dicke Tauben mit sechs Fettammern als Soprane. Der Maler Spillo bot als sein Gericht einen Schlosser, den er aus einer großen Gans oder einem ähnlichen Vogel gebildet hatte; dieser trug alle Werkzeuge, um, wenn nötig, den Kochtopf zu flicken. Domenico Puligo machte aus einem gekochten Ferkel eine Dienstmagd mit einer Spindel zur Seite, diese schaute hin auf eine Kükenbrut; sie sollte dazu dienen, den Kochtopf wieder abzuspülen. Der Goldschmied Robetta machte, um den Kochtopf gut zu erhalten, aus einem Kalbskopf mit allerlei Salben und Schmalz einen Amboß; dieser war sehr schön und gut, wie übrigens auch alle anderen Gerichte, die ich hier nicht alle nacheinander aufzählen kann.

Aus dem Italienischen übertragen von C. S. G.

Johann Peter Hebel, Schatzkästlein:

Das Mittagessen im Hof

Man klagt häufig darüber, wie schwer und unmöglich es sei, mit manchen Menschen auszukommen. Das mag denn freilich auch wahr sein. Indessen sind viele von solchen Menschen nicht schlimm, sondern nur wunderlich, und wenn man sie nur immer recht kennete, inwendig und auswendig, und recht mit ihnen umzugehen wüßte, nie zu eigensinnig und nie zu nachgiebig, so wäre mancher wohl und leicht zur Besinnung zu bringen. Das ist doch einem Bedienten mit seinem Herrn gelungen. Dem konnte er manches Mal gar nichts rechtmachen und mußte vieles entgelten, woran er unschuldig war, wie es oft geht. So kam einmal der Herr sehr verdrießlich nach Hause und setzte sich zum Mittagessen. Da war die Suppe zu heiß oder zu kalt oder keines von beiden; aber genug, der Herr war verdrießlich. Er faßte daher die Schüssel mit dem, was darinnen war, und warf sie durch das offene Fenster in den Hof hinab. Was tat hierauf der Diener? Kurz besonnen, warf er das Fleisch, welches er eben auf den Tisch stellen wollte, mir nichts, dir nichts, der Suppe nach auch in den Hof hinab, dann das Brot, dann den Wein und endlich das Tischtuch mit allem, was noch darauf war. „Verwegener, was soll das sein?" fragte der Herr und fuhr mit drohendem Zorn von dem Sessel auf. Aber der Bediente erwiderte ganz kalt und ruhig: „Verzeihen Sie mir, wenn ich Ihre Meinung nicht erraten habe. Ich glaubte nicht anders, als Sie wollten heute in dem Hofe speisen. Die Luft ist so heiter, der Himmel so blau, und sehen Sie nur, wie lieblich der Apfelbaum blüht und wie fröhlich die Bienen ihren Mittag halten!" – Diesmal die Suppe hinabgeworfen und nimmer! Der Herr erkannte seinen Fehler, heiterte sich im Anblick des schönen Frühlingshimmels auf, lächelte heimlich über den schnellen Einfall seines Aufwärters und dankte ihm im Herzen für die gute Lehre.

Homer, „Odyssee". Vierzehnter Gesang:

Aber seinen Gehilfen befahl der treffliche Sauhirt:
Bringt das fetteste Schwein, für den fremden Gast es zu opfern
Und uns selber einmal zu erquicken, da wir so lange

Um weißzahnichte Schweine Verdruß und Kummer erduldet,
Während andre umsonst all unsere Mühe verprassen!
   Also sprach er und spaltete Holz mit dem grausamen Erze.
Jene führten ins Haus ein fett fünfjähriges Mastschwein,
Stellten es drauf an den Herd. Es vergaß der treffliche Sauhirt
Auch der Unsterblichen nicht, denn fromm war seine Gesinnung;
Sondern begann das Opfer und warf in die Flamme das Stirnhaar
Vom weißzahnichten Schwein, und flehte den Himmlischen allen,
Daß sie dem weisen Odysseus doch heimzukehren vergönnten;
Schwang nun die Eichenkluft, die er beim Spalten zurückwarf,
Schlug's, und sein Leben entfloh; die anderen schlachteten, sengten
Und zerstückten es schnell. Das Fett bedeckte der Sauhirt
Mit dem blutigen Fleische, von allen Gliedern geschnitten;
Dieses warf er ins Feuer, mit feinem Mehle bestreuet.
Und sie schnitten das Übrige klein und steckten's an Spieße,
Brieten's mit Vorsicht über der Glut und zogen's herunter,
Legten dann alles zusammen auf Küchentische. Der Sauhirt
Stellte sich hin, es zu teilen; denn Billigkeit lag ihm am Herzen.
Und in sieben Teile zerlegt' er alles Gebratne:
Einen legt' er den Nymphen, und Hermes, dem Sohne der Maja,
Betend den anderen hin; die übrigen reicht' er den Männern.
Aber Odysseus verehrt er den unzerschnittenen Rücken
Vom weißzahnichten Schwein und erfreute die Seele des Königs.
Fröhlich sagte zu ihm der erfindungsreiche Odysseus:
   Liebe Dich Vater Zeus, wie ich Dich liebe, Eumäos,
Da du mir armen Manne so milde Gaben verehrtest!
   Drauf antwortetest du, Eumäos, Hüter der Schweine:
Iß, mein unglückseliger Freund, und freue dich dessen,
Wie du es hast. Gott gibt uns dieses, und jenes versagt er,
Wie's seinem Herzen gefällt; denn er herrschet mit Allmacht.
Sprach's und weihte den Göttern die Erstlinge, opferte selber
Funkelnden Wein und gab ihn dem Städteverwüster Odysseus
In die Hand; er saß bei seinem beschiedenen Anteil.
Ihnen verteilte das Brot Mesaulios, welchen der Sauhirt
Selber sich angeschafft, indes sein König entfernt war:
Ohne Penelopeia und ohne den alten Laertes

Hatt' er von Taphiern ihn mit eigenem Gute gekaufet.
Und sie erhoben die Hände zum lecker bereiteten Mahle.
Und nachdem die Begierde des Tranks und der Speise gestillt war,
Trug Mesaulios wieder das Brot von dannen, und alle,
Von dem Brot und dem Fleische gesättigt, eilten zur Ruhe.

    Aus dem Griechischen übertragen von Joh. Heinrich Voß.

Fénélon, „Les aventures de Télémaque". VIII. Buch

Während Pygmalion sich dergestalt im Banne seines Mißtrauens befand, eine Beute seiner Liebe und seines Geizes, trachtete ihm Astarbe nach dem Leben. Sie sah, daß alle Hauptleute der Palastwache bereit waren, ihre Hände mit dem Blut des Königs zu besudeln; alltäglich hörte sie von einer neuen Verschwörung gegen den König reden und munkeln; aber sie hatte Angst, sich einem dieser Leute anzuvertrauen, denn sie könnten sie am Ende verraten. Die beste Lösung deuchte sie, den Pygmalion zu vergiften.

Er aß meistens allein mir ihr und rüstete selbst die ganze Mahlzeit, da er nur seinen eigenen Händen vertraute. Er schloß sich in den entlegensten Teil seines Palastes ein, um sein Mißtrauen besser zu verbergen und um nie beobachtet zu werden, wenn er seine Mahlzeiten zubereitete. Er wagte es nicht mehr, sich irgendeiner Tafelfreude hinzugeben, konnte sich kaum zu essen entschließen, wofern nicht er selbst alles fertiggemacht hatte. So durften nicht nur alle von den Köchen zubereiteten Ragouts, sondern auch der Wein, das Brot, Salz, Öl, Milch und alle sonstigen täglichen Nahrungsmittel auf seiner Tafel nicht gebraucht werden; er aß nur die Früchte, die er selber in seinem Garten gepflückt, oder Gemüse, die er mit eigener Hand gesät hatte: diese kochte er selber ab. Im übrigen trank er nur das Wasser einer Quelle, das er selber geschöpft hatte; und diese Quelle befand sich in einem Teil seines Palastes, dessen Schlüssel er sorgfältig aufbewahrte. Obwohl er äußerlich Astarben jedes Vertrauen bezeigte, so unterließ er es doch nicht, alle Vorsichtsmaßnahmen auch ihr gegenüber zu treffen; sie mußte immer vor ihm von allen für das Mahl bestimmten Speisen voressen, damit er nicht von ihr vergiftet werden könnte (oder ohne sie) und damit sie nicht Hoffnung haben dürfe, länger zu leben als er. Sie aber ließ sich von einer alten Frau, die noch schlechter war als sie, Gegengift geben – es war die Vertraute ihrer sündigen Leidenschaft –, damit versehen fürchtete sie die Rache und den Zorn des Pygmalion nicht mehr.

Im Augenblick, als sie sich zur Tafel setzten, machte besagte Alte an der Tür Lärm. Der König, der in steter Angst schwebte, man könne ihn umbringen, gerät in Aufregung und eilt zur Tür, um nachzusehen, was geschehen, und ob sie gut verschlossen sei. Er bleibt verdutzt stehen, wagt aber nicht, die Türe zu öffnen. Astarbe spricht ihm Mut zu, wirft ihm Gift in seinen Goldbecher, während er an der Tür steht, geht zu ihm hin, schmeichelt ihm und lockt ihn zum Essen. Pygmalion läßt sie seiner Gewohnheit gemäß als erste trinken: sie trinkt ohne Zagen im Vertrauen auf das Gegengift. Dann trinkt auch Pygmalion; kurze Zeit darauf sinkt er tot zu Boden.

Aus dem Französischen übertragen von C. S. G.

Ottavante Barducci aus Florenz, „Böse Mahlzeit" (1468):

Ich stecke jetzt in Deutschlands tiefsten Gauen
Voll soviel Suppen, soviel feisten Schmieren:
Ich würde meine Magerkeit verlieren,
Müßt' ich das Zeug auch wirklich ganz verdauen.

Kein Hund würd sich an dieses Brot hier trauen,
Ich saufe Wein – Retortendestillieren
Wie kranker Eselpiß – schon das Visieren
Würd' dir den Magen in zwei Stücke hauen.

Ich hock' beim Mahl in einer Tafelrunde,
Der Tisch gedeckt mit einer Tüncherschürze,
Die Löffel, Näpfe gehn von Mund zu Munde.

Ich steck' in einer Beize, deren Würze
Mit unsren Kerkerdüften steht im Bunde;
Würd' besser sagen: Bockmiststank und Fürze.

Geduldig – daß ich's kürze –
Trag ich das Jammerleben dieser Länder;
Sag mir daheim nur ja nicht mehr: „Verschwender."
Aus dem Italienischen übertragen von C. S. G.

Drei Engel als Gäste Abrahams.

Micha bin Gorion „Sagen der Juden":

Am dritten Tage ging Abraham aus seiner Hütte und setzte sich vor die Tür; er wollte sich in der Sonne wärmen, denn das Fleisch schmerzte ihn. Da erschien ihm der Herr im Haine Mamre und schickte zu ihm drei Engel von seinen Dienern, die sollten nach ihm sehen. Als nun Abraham am Eingang der Hütte saß, erhob er seine Augen und sah von ferne drei Leute auf ihn zukommen. Da machte er sich auf und lief ihnen entgegen; er bückte sich vor ihnen, brachte sie in sein Haus und sprach zu ihnen: Geht doch nicht an mir vorüber; habe ich Gnade in euren Augen gefunden, so kehrt ein zu mir und eßt einen Bissen Brot.

Also nötigte er sie, und sie kehrten zu ihm ein. Er gab ihnen Wasser, daß sie ihre Füße wüschen, und setzte sie unter den Baum vor der Tür seiner Hütte. Danach lief er schnell und nahm ein gutes zartes Kalb von den Rindern, schlachtete es und gab es seinem Knechte Elieser, der sollte es zubereiten. Alsdann ging er in die Hütte zu Sara und sprach zu ihr: Beeile dich, nimm drei Maß Mehl, koche und backe Kuchen, daß man den Fleischtopf damit zudecke. Und sie tat also.

Abraham lief schnell, trug den Engeln Butter und Milch auf von Schafen und Rindern und gab es ihnen zu essen, ehe das Kalb fertig war, und sie aßen. Danach setzte er ihnen das Fleisch des Kalbes vor und sie aßen.

Da sie nun gegessen hatten, sprachen sie: Wir wollen wiederkommen zu dir über ein Jahr um diese Zeit, und dann, siehe, wird Sara, dein Weib, einen Sohn haben. Danach standen die Männer auf und gingen ihres Weges, den sie ausgeschickt waren.

Adolph Menzel: Das Ballsouper, Berlin, Alte Nationalgalerie

Orfino aus Lodi, „Vom klugen Stadthauptmann" (1230):

Oftmals, speise auf Wiesen im Schatten des rauschenden Laubes,
Liebreich Freunden gesellt, wo Diener rüsten das Gastmahl!
Zirpend klinge die Zinke und süßer erschalle die Harfe,
Samt dem Saitengespiele der Geigen und Knieviolinen;
Rundlicher Hörner Gedröhn durchbrause die heiteren Lüfte.
Lieder begleiten das Mahl. Laut jubeln die Pfeifen und Pauken:
Heiliger Vogelgesang durchzwitschert zärtlich die Zweige.

Aus dem Lateinischen übertragen von C. S. G.

Aus der Beschreibung eines Sieneser Festes anläßlich des Ritterschlags des Francesco Bandinelli, 1326:

Fazio, Sohn des Naddo, und Forigia schenkten 2 Pfauen, 20 Paar Fasanen, 40 Paar Rebhühner, 2 große Marzipantorten und andres Wildpret, so reichlich, daß es für ein großzügiges Geschenk angesehen wurde. Vor und nach dem eigentlichen Essen gab es mehrere Sorten von Konfekt. Von jeder Speise wurden 300 Teller aufgetragen. Auch die Minoritenbrüder bekamen: Kalbfleisch für 60 Teller. Und die andern Mönche erhielten Brot, Wein und etwas Fleisch. Es wurde so reichlich Essen aufgetragen, daß gar vieles übrigblieb und dann verteilt wurde.

Aus dem Italienischen übertragen von L. M. K.

Anonimo Fiorentino, Vom Festessen, das der Kardinal Pelagrù dem Papst Clemens V. gab (1308):

… So nahte die Essenszeit heran. 16 Kardinale begleiteten den Papst aus dem Schlafzimmer in den prächtig geschmückten Saal. Dort segnete er die Tafel und nahm an der Spitze des Saales Platz. Zur Handwaschung kamen, außer den eigenen 4 Edelleuten und 12 Knappen, noch einmal ebensoviele von Herrn Hannibal. Diese 4 Edelleute trugen neue Gewänder aus goldgewirktem Tuch auf der einen und Seide auf der andern Seite. Und jeder erhielt vom Kardinal einen silbergestickten Gürtel und einen Geldbeutel im Wert von 25 Goldgulden zum Geschenk. Und auch die 12 Knappen trugen seidene Gewänder; jeder von ihnen bekam gleichfalls einen Gürtel und eine Börse im Wert von 12 Goldgulden, nur weil sie den Papst bedienten. Und außerdem halfen noch 50 Knappen des Herrn Hannibal, alle neu gekleidet in gelbe und rote Seide.

Und der Saal, in dem Unser Herr mit 16 Kardinälen und 20 andern hohen Prälaten und Edelleuten von Stand speiste, war folgendermaßen ausgerüstet: Da war ein Tisch mit 12 Knaben, alle unter 12 Jahren, alle verwandt mit dem Papst, mit ihren Lehrern und Edelleuten und Knappen, die sie unterrichten, erziehen und bedienen. Die Wand am Kopf des Saales und noch ein Strich der beiden Seitenwände war bis hoch hinauf mit den erlesensten Gold- und Seidentüchern ausgekleidet. In der Mitte, hinter dem Sessel des Papstes, lief von oben bis unten ein meterbreiter Streifen scharlachroten Tuches, den der Sessel selbst auffing. Es war herrlich anzusehen und von so schöner Farbe, wie man sie noch kaum kannte. Der ganze übrige Saal war mit großen Teppichen behängt, auf denen verschiedene neue Geschichten dargestellt waren. Und ebenso war der Boden mit Teppichen belegt und mit Fußkissen ausgestattet. Die Tischtücher waren in edlen Mustern reich gestickt.

Es gab 9 Gänge zu je 3 Gerichten, im ganzen also 27 Speisen, von solcher Mannigfaltigkeit, daß, wollte man sie beschreiben, man darüber sterben würde. Meine Feder würde müde werden und sie hat doch wahrlich noch vieles andere zu berichten. Es gab alles, was man nur will, alles was teuer, gut, besser und am besten ist.

Nach den ersten 3 Gängen kam als Intermezzo ein riesengroßer Berg herein, aus lauter Wild aufgebaut: ein mächtiger Hirsch, der lebend schien und doch gekocht war, ein Wildschwein, Rehböcke, Hasen, Kaninchen; alle schier lebendig und doch gekocht. Der Berg wurde von den Knappen hereingeschoben und von den Edelleuten begleitet. Und eine laute Freude brach aus, deren Getöse man wohl bis nach Vignone gehört haben mag.

Darauf kam der vierte Gang; als der beendet war, erschienen die Knappen von Herrn Hannibal und sprachen so zu Unserm Herrn: Heiliger Vater, dort unten wartet ein edles Schlachtroß, und hier sind zwei Ringe und ein Pokal. Der Kardinal bittet, daß Eure Heiligkeit geruhen möge, diese Dinge entgegenzunehmen. Der Heilige Vater nahm die Ringe, einen mit einem großen Saphir, den anderen mit einem riesigen Topas. Und er steckte sie sich an den Finger. Und er ergriff den Pokal und befahl, das Schlachtroß in Empfang zu nehmen. Den Pokal schenkte er allsogleich einem der 4 Edelleute, die ihn bedienten. Man erzählt, das Pferd habe einen Wert von 400 Goldgulden; die Ringe von 140 Goldgulden und der Pokal von 100.

Nach diesem gingen die Knappen zu den 16 Kardinälen, und einem jeden überreichten sie einen wertvollen Ring; dann bekam jeder von den 12 dem Papst verwandten Knaben einen Gürtel und eine Börse im gleichen Wert wie die den 4 Edelleuten geschenkten, also von 25 Goldgulden. Und jeder der 24 Diener, die die Tracht des Hauses trugen, bekam einen silbergestickten Gürtel im Wert von 3 Gulden das Stück.

Jetzt kam der fünfte Gang. Danach wurde von ein paar Männern ein Brunnen hereingetragen, der in der Mitte einen Turm hatte und auf dem

Turm eine Säule, die von 5 Seiten Wein hervorsprudelte. Auf der einen Vernaccia, auf der zweiten Griechenwein, auf der dritten Bielna, auf der vierten Sanporciano und auf der fünften Seneser Wein. Am Brunnenrand kauerten Pfauen, die lebendig schienen, aber gekocht waren; außerdem Fasanen, Rebhühner, Wachteln und andere Arten von Wildvögeln.

Danach gab es den sechsten Gang und den siebenten. Als der zu Ende war, kamen 10 große Schlachtrosse mit 10 bewaffneten Reitern in den Saal. Der erste war nur leicht bewaffnet und trug eine Fahne mit dem Wappen des Herrn Hannibal; hinter ihm kamen die übrigen, einer nach dem andern. Als sie alle im Saal versammelt waren, begann ein Turnier, einer gegen den andern. Da gab es wackere Hiebe; dort fiel Pferd und Reiter; und herrlich erklang der Lärm der Waffen. Das dauerte wohl eine Stunde lang. Endlich ging einer der Ritter als Sieger hervor, der mit dem roten Kreuz im goldenen Feld. Die Pferde aber waren keine Pferde; sondern je 6 Männer trugen einen Überbau, der die Form eines großen Pferdes hatte, und der war bis zur Erde mit Tüchern behangen, so daß man die 6 Mann nicht sehen konnte. Und auf diesen Reittieren waren richtige Sättel, ganz neu, und darauf die schwer bewaffneten Reiter. Das war schön anzusehen und eine ganz neue Erfindung.

Dann kam der achte Gang. Und danach erschienen 6 Fechter im Saal, die vor dem Tische des Papstes in einer ganz ungewohnten, stolzen und strengen Art zu fechten anfingen; so gut, daß, wenn man nicht hinsah und nur zuhörte, man nach dem Klirren der Waffen hätte meinen können, es seien mindestens ihrer dreißig. Das dauerte eine Weile; dann hörten sie auf und verließen den Saal.

Nun wurde der neunte Gang aufgetragen. Und dazu wurde gesungen, aber man sah die Sänger nicht. Alle Arten von Stimmen waren dabei, kräftige, mittlere, zarte und kindliche voll milder Süße, so daß alles im Saal schwieg, weil die aufmerksamen Ohren den plappernden Mündern Schweigen geboten, ergriffen von der Süße der Melodie. Nach dem Gesang wurde der letzte Gang abgeräumt und die Früchte aufgetragen. An den Tisch des Papstes wurden 2 Bäume geschafft; der eine schien ganz aus Silber zu sein, mit Äpfeln, Birnen, Feigen, Pfirsichen und Weintrauben; der andere, immergrün in der Art des Lorbeer, trug Früchte aller Arten. Das waren aber keine Früchte, sondern feinstes Gebäck in Gestalt von Früchten.

Die verschiedenen Yernacciasorten, Weine von Roccella, Bielna, Sanporciano und Rheinweine strömten nur so in die Münder hinein. Als die Früchte aufgetragen waren, erschien der Herr Küchenmeister des Kardinals mit einer Gesellschaft seiner Gehilfen. Es mochten ihrer dreißig sein. Sie trugen Schellen und andere Instrumente und bimmelten und tanzten vergnügt im Saal herum. Nach 3 bis 4 Touren verließen sie wieder den Saal.

2 andere Säle im Erdgeschoß, alle Gänge, die Höfe und Vorhöfe, ja jeder entlegenste Teil des Hauses war mit prächtigen Teppichen behangen, mit Truhen und Tischen ausgestattet. Und dort wurden auch Speisen gereicht, 9 Gänge zu je 2 Gerichten, also 18 im ganzen; und die gleichen Weine, Obst, Spiele und Unterhaltungen mit Instrumenten, Gesängen und allerlei Scherzen. Und wirklich, alles atmete Frohsinn und lud zum Lachen ein.

Aus dem Italienischen übertragen von L. M. K.

Brief des Venezianer Humanisten Ermolao Barbaro an den Rechtsgelehrten Pietro Cara:

Der im Krieg und Frieden treffliche Trivulzio hat eine Neapolitanerin aus vornehmer Familie in die Ehe geführt. Man lud mich zur Hochzeit ein, und zwar zur Trauung und zum üppigen Mahl. Ich hatte aber wenig Lust zum Essen und war deshalb eher Zuschauer als Tafelgenosse. Vielleicht hast Du ein Vergnügen daran, wenn ich Dir (und damit auch gewissermaßen der Nachwelt!) in kurzen Strichen den Gang der Mahlzeit schildere: nicht wie der Römer Macrobius, nicht wie der Grieche Athenäus in richtigen Büchern, sondern knapp, wie es sich für einen vielbeschäftigten Mann und auch für den Rahmen eines Briefes gehört. Zuerst also reichte man Wasser zum Händewaschen, aber nicht, wie bei uns üblich, im Stehen, sondern im Liegen: es war ganz rosenduftend. Dann brachte man dicke Würzpastillen aus gezuckerten Pinienkernen, dazu Kuchen aus gezuckerten Mandeln, die gewöhnlich „Marzipan" (Martios panes) heißen. Zweitens: geröstetes Brot mit künstlich großgezogenen Spargeln. Drittes Gericht: gekochte Tintenfische mit kleinen Lebern (man bekommt dies sonst nur in guten Wirtschaften!). Viertens: geröstetes Gazellenfleisch. Fünftens: zarten Kalbskopf von ganz jungen Tieren, in der Haut gesotten. Sechstens: Kapaune und fette Tauben; Hühnchen mit Rinderzunge,

Schinken und Saueutern – alles ineinander gekocht, dazu ein Gefäß mit Gewürzsaft, den wir Salmiak heißen! Siebtens: ein ganzer gebratener Ziegenbock. Achtens: Tauben, Rebhühner, Fasanen, Wachteln, Krammetsvögel, Drosseln: und noch allerlei weich und fein gebratenes Geflügel; eingemachte Oliven als Zuspeise. Neuntens: ein Haushahn in Zucker und Rosenwasser eingeweicht: für jeden Gast einen, je auf silbernem Teller (wie auch bei den übrigen Speisen) oder in ebensolchen Gefäßen. Zehntens: ein ganzes gebratenes Schwein, dazu eine prächtige Tunke. Elftens: gebratene Pfaue mit dunkler Sauce, die nach Eisen schmeckte, aus Pistazien und wertvollen Gewürzen gebraut. Zwölftens: einen wahren Berg aus Eiern, Milch, Salbei und Zuckerpuder. Dreizehntens: Gezuckerte Quitten. Vierzehntens: Artischoken, Fichtenkerne kleine und große. Fünfzehntens: als Nachspeise Datteln, Obst, Zuckerwerk, süße Weine und Vieles aller Art. Bald hernach kamen Gaukler, Tänzer, Akrobaten, Parasiten, Seilspringer, Chorflötisten und Zitherspieler. Vor den einzelnen Speiseplatten wurden Fackeln und Trompeten einhergetragen. An den Fackeln baumelten Käfige mit Geflügel und Wildbret; aber die Tiere waren lebend, und zwar von der Spezies jeweils, die von den Erfindern und Bereitern des Mahles als nächster Gang bestimmt war. Die Tische selbst standen schachfelderartig, und hinter jedem ein Diener. Vor allem aber herrschte ein so ehrfürchtiges Schweigen während des Essens, daß nicht einmal die Pythagoräer damit hätten wetteifern können. Lebe wohl!

Mailand, am 15. Mai 1488.

Aus dem Lateinischen übertragen von C. S. G.

Aus den „Diarii" des Marino Sanudo:

16. Januar 1521

Am Abend selbigen Tages war in Sant'Angelo am Canal Grande im Hause des Herrn Marco Antonio Venier ein prächtiges Fest- und Abendessen, das die Gesellschaft der „Ortolani" auf ihre Kosten dem Fürsten von Bisignano gab. Zunächst wurde das Haus in der Halle und in den Zimmern mit glänzenden Gobelins und Gemälden ausgestattet, Silberzeug im Wert von 5000 Dukaten wurde angeschafft und goldgewirktes Tuch für die Sessel des Fürsten und des Hausherrn; dann wurden 40 der schönsten Frauen der Stadt eingeladen, reich in Gold und Seide gekleidet. Zuerst wurde getanzt und der Fürst tanzte viel, weil er hübsch und jung ist, feurig und leicht verliebt. Dann gab's Musik und Lieder so viel man nur wollte, mit Trompeten, Dudelsäcken, Pfeifen, Hörnern und Flöten. Dann das Abendessen für den Fürsten mit zwölf der Seinen. Das Essen war im großen Saal mit Pfauen, Fasanen, Rebhühnern, Berghähnchen usw. Die Mitglieder der „Ortolani" trugen selbst die Speisen auf; draußen aber in der Halle aßen die anderen Frauen mit ihren Männern. Dann wurde noch lange getanzt. Und so dauerte das Fest bis 2 Uhr, bis der Fürst von den „Ortolani" nach Hause geleitet wurde. Und da man nur seine Leute und 40 Edelleute zum Feste zugelassen hatte, war vom ganzen Silberzeug nur eine Tasse abhanden gekommen.

Aus dem Italienischen übertragen von L. M. K.

Brillat-Savarin, „Physiologie du Goût":

Definition der Gastronomie

Gastronomie ist die vernunftmäßige Kenntnis alles dessen, was bei den Menschen Bezug hat auf seine Nahrung.

Ihr Ziel ist es, die Erhaltung der Menschen zu überwachen, und zwar vermittels der bestmöglichen Ernährung. Sie erreicht dieses Ziel, indem sie auf Grund bestimmter Prinzipien alle diejenigen Menschen leitet, die anbauen, liefern oder zubereiten, diejenigen Dinge, welche sich in Nahrungsmittel verwandeln lassen.

Sie ist es in Wahrheit, die die Bauern, die Winzer, die Fischer, die Jäger und die zahlreiche Schar der Köche in Betrieb setzt.

Die Gastronomie bezieht von:

Der Naturgeschichte die Klassifikation der Nährsubstanzen.

Von der Physik die Prüfung ihrer Zusammensetzung und Qualität.

Von der Chemie die Methode der Analysen und Zerfällungen.

Von der Küche die Kunst, Gerichte zuzubereiten und sie dem Geschmack angenehm zu machen.

Vom Handel die möglichst billigen Einkaufs- und Verkaufsquellen.

Von der Nationalökonomie die Hilfe für die Steuern und die Tendens zur Völkerversöhnung.

Die Gastronomie beherrscht das ganze Leben; denn das Weinen des Neugeborenen gilt der Brust der Amme; und der Sterbende empfängt noch mit einem Rest von Befriedung den letzten Trunk, den er nicht mehr verdauen soll.

Sie hat es mit allen gesellschaftlichen Schichten zu tun, denn sie leitet die Bankette von Königen, außerdem hat sie aber auch genau die Zahl der Minuten errechnet, die ein Ei braucht, um genau und wirklich gekocht zu sein.

Aus dem Französischen übertragen von C. S. G.

Pascal, „Provinciales" XI, 17 (17. Jahrh.):

Ein barmherziger Mann tut seinem Leibe Gutes.

Aus dem „Theatro de' Vari' e Diversi Cervelli Mondani" des Thomaso Garzoni (16. Jahrh.):

Wenn du mit solchen Alleswissern anfängst, gar von der Küche zu reden, so werden sie wie ein Strom darauflos reden, von Suppen und von Vor- und Nachspeisen; werden dir aufzählen die Truchsesse und die verschiedensten Arten von Köchen, wie sie Athenäos in seinem „Gelehrtenmahl" schildert; dann die erlesensten Leckerbissen von den Pfauen von Samos bis zur phrygischen Ente, vom Zicklein aus Ambrakia, dem Schinken von Chios bis zu den Austern von Tarent, von der tartessischen Muräne, den thasischen Nüssen und ägyptischen Feigen bis zu den päonischen Tauben, den afrikanischen Hühnern, den Hasen von den Balearischen Inseln, den Fischen aus dem Gardasee und den paphlagonischen Rebhühnern, von den kampanischen Oliven, den thessalischen Feigen, den aquitanischen Kastanien, den spanischen Artischocken bis zu den Kapern aus Alexandria; dann die sieben weisen Meister der Küche, von Euphron beschrieben; dann die berühmten Feinschmecker: Filoxenes, Lucullus, Aristipp, Dionysos, Epikur, Sardanapal, Heliogabal, Milon von Kreta, der an einem Abend 30 Brote verschlang; und Phagus, der an der Tafel des Kaisers Aurelian ein ganzes Wildschwein, hundert Brote, einen Hammel und ein

Ferkel verspeiste und dazu aus einem Faß soff, und mehr in sich hineingoß, als ein Walroß hätte vertragen können.

Aus dem Italienischen übertragen von L. M. K.

Ciacco in den „Miniature Letterarie" (17. Jahrh.):

Die Freuden der Tafel mögen sich allen andern Genüssen gesellen, die das Leben uns bietet. Sie sind die beständigsten, die uns über den Verlust aller andern noch trösten können; sie passen für jedes Alter, für jedes Land und für jede Jahreszeit.

Eine gute Küche ist der Lustgarten eines guten Gewissens; die Enthaltsamkeit aber verrät einen schlechten Magen. Ein Feinschmecker, der keinen guten Magen hat, gehört in die Klasse der Invaliden.

Um bei Tisch eine fröhliche Stimmung herzustellen, sind die Austern als Vortrupp das beste Mittel, vorausgesetzt, daß sie gehörig in gutem Weißwein gebadet werden.

Der wahre Feinschmecker wird niemals ein Gespräch beginnen, bevor er nicht mit dem ersten Gang zu Ende ist; es wäre ein zu gewagtes Unternehmen, in diesem feierlichen Augenblick seine Aufmerksamkeit zu teilen.

Gesetzt den Fall, es gäbe einen Kapaun mit Trüffeln ... vor der Würde dieser Erscheinung müßte jedes Gespräch verstummen.

Ein Stück Hammelbraten, vorausgesetzt, daß es windelweich wie das bereuende Herz eines Sünders sei, werde mit demselben Herzklopfen empfangen wie ein erstes Liebesgeflüster.

Das Schwein ist der Held des Karnevals. Wie die kecke Jugend liebt es, sich unter verschiedenen Masken zu verbergen; immer aber, auch unter den gelungensten, erkennt man sein wahres Wesen.

Die ganz bescheidenen Trüffeln kann man mit Recht und Fug die Diamanten der Tafel nennen.

Die Kartoffeln aber sind für den erfahrenen Koch ein Stück jungfräuliches Wachs; sie sind zu allem zu gebrauchen.

Aus dem Italienischen übertragen von L. M. K.

Brillat-Savarin, „Physiologie du Goût": Unterschied zwischen Essensfreuden und Tafelfreuden

Essensfreude ist die gegenwärtige und unmittelbare Empfindung einer Notdurft, die gestillt werden will.

Die Tafelfreude ist die rückwirkende Empfindung aus verschiedenen tatsächlichen, örtlichen, dinglichen und persönlichen Umständen, die die Mahlzeit begleiten.

Die Essenslust haben wir mit den Tieren gemein, sie setzt nur den Hunger voraus und die Möglichkeit, diesen zu stillen.

Die Tafelfreude ist dem Menschengeschlechte eigentümlich; sie setzt Sorgfalt voraus, die dem eigentlichen Mahl durch Wahl des Ortes und Versammlung der Gäste vorhergeht.

Die Essenslust verlangt, wo nicht gerade Hunger, doch mindestens Appetit; die Tafelfreude ist sehr oft von beiden unabhängig.

Beide Zustände kann man fast immer bei unseren Mählern beobachten: Zu Beginn der Tafel, beim ersten Gang, ißt jeder gierig, ohne zu reden und ohne auf Gesagtes zu achten. Wenn aber die Notdurft anfängt gestillt zu sein, dann kehrt die Überlegung zurück, das Gespräch beginnt und alles ändert sich: Wer bis dahin nichts als Speisenhascher gewesen war, wird alsdann mehr oder weniger ein erträglicher Gast.

Aus dem Französischen übertragen von C. S. G.

Lafontaine, 18. Fabel: Der Fuchs und der Storch

Gevatter Fuchs gedacht einmal als Gastherr sich zu brüsten,
Zum Abendessen lud er sich Gevatter Storchen ein.
Das Mahl war karg und klein und ohne vieles Rüsten:
Um stets etwas versorgt zu sein
Verwahrte er ein Süppelchen; sonst fraß er Kinkerlitz.
Die Suppe tat er da auf einem Teller bringen:
Dem Storchenschnabel will auch nicht ein Pick gelingen;
Aufschlapperte der Strick das Mahl in einem Blitz.
Damit er ihm die List vergelte,

Zehn Tag hernach der Storch ihn zu sich herbestellte.
„Gern", sagt der Fuchs; „die Lust am Freundesschmaus
Ich nie durch Zieren mir vergällte."
Zur festen Stunde lief er schon ins Haus
Zum Storchen, seinem Wirte.
Wie er ihn da hofierte!
An Essen mangelt's nicht:
Auch nicht am Appetit: den Füchsen fehlts da nicht.
Am zarten Fleisches Duft tat er sich baß erlaben,
Dort lag es, Stück für Stück; ihn deuchten's leckre Gaben.
Man trug, als wie zur Spötterei,
In hohem Glas das Mahl mit enger Eingußstraße,
Wo aber unser Storch dank Schnabel kam vorbei;
Die Schnauze von Sir Fuchs jedoch hat andre Maße.
Und hungrig hat er sich langsam nach Haus geplackt,
Voll Scham wie nur ein Fuchs, den eine Henne zwackt,
Den Schwanz geklemmt, die Ohren eingepackt.
          Aus dem Französischen übertragen von C. S. G.

Savinien de Cyrano Bergerac, „L'autre Monde ou les Etats et Empires de la Lune" (17. Jahrh.):

Das Mahl im Mond

Mein Führer geleitete mich in einen prächtig eingerichteten Saal; ich sah aber keinerlei Zurüstung zum Essen. Ein so langes Fernsein von allem Fleisch, während ich doch vor Hunger fast umkam, zwang mich schließlich, ihn zu fragen, ob man denn nichts zu essen auftrage. Ich hörte kaum auf seine Antwort hin, denn im gleichen Augenblick kamen drei oder vier junge Burschen, Söhne des Wirtes, auf mich zu und entkleideten mich in aller Zuvorkommenheit bis aufs Hemd. Diese ganz sonderbare und neuartige Zeremonie setzte mich in solches Erstaunen, daß ich weder die Jünglinge noch meinen Führer zu fragen den Mut hatte; mein Führer aber erriet augenscheinlich, was ich wollte: ich selber brachte nur stoßweise die zwei Worte hervor: „Eine Suppe!" – Alsogleich stieg mir der Duft des zartesten und appetitlichsten Gerichtes in die Nase, das jemals einen Reichen erfreut hat; ich wollte aufstehen und nach der Quelle dieses willkommenen Geruches schnuppernd Ausschau halten, aber mein Führer hielt mich fest und sagte zu mir: „Wohin wollen Sie gehen? Hernach wird spazieren gegangen, jetzt aber wird gegessen. Essen Sie Ihre Suppe zu Ende, dann kommt ein anderes Gericht." – „Zum Teufel, wo ist denn diese vermaledeite Suppe?" schrie ich ihn rot vor Zorn an, „haben Sie es vielleicht darauf angelegt, sich über mich lustig zu machen?" – „Ich dachte", versetzte er, „Sie hätten schon in der Stadt, aus der wir gerade kommen, gesehen, wie Ihr Herr oder sonst jemand die Mahlzeiten zu sich nimmt. Darum habe ich auch gar nicht weiter mit Ihnen über die Art, in diesem Lande zu essen, gesprochen; aber da Sie noch ganz im unklaren darüber sind, so sollen Sie jetzt wissen, daß man hier nur vom Dunst lebt.

Die Kochkunst besteht darin, daß man in eigens dazu angefertigten Gefäßen den Fleischdunst einfängt. Hat man dann verschiedene Sorten beieinander, die unterschiedlichen Geschmack haben, je nach dem Appetit des Gastes, so öffnet man zunächst eines und läßt den gesammelten Dunst hinaus, dann deckt man ein zweites auf und so weiter, bis die Tischgesellschaft genug hat.

Wenn Sie es nicht mit Ihren eigenen Augen gesehen haben, so glauben Sie gewiß nicht, daß die Nase ohne Zähne noch Gaumen ganz allein bei der Ernährung des Menschen die Stelle des Mundes vertritt." –

Er hatte noch nicht zu Ende gesprochen, als ich nacheinander in den Saal so viele angenehme Düfte hereinschweben spürte, und so nahrhaft und wohltuend, daß ich mich im Laufe von weniger als einer halben Viertelstunde bereits völlig gesättigt fühlte. Als wir aufgestanden waren, sagte er: „Das braucht Sie gar nicht so sehr in Verwunderung zu setzen, denn auch wenn Sie noch nicht lange leben, so ist es Ihnen sicher nicht entgangen, daß auf Ihrer Welt Köche und Bäcker, wiewohl sie weniger essen als Menschen anderer Berufsstände, doch viel viel fetter sind; woher beziehen sie nun ihren Bauch anders als von dem Fleischesdunst, von dem sie unaufhörlich umgeben sind, der in sie eindringt und ihren Leib ernährt? Auch erfreuen sich die Menschen unserer Welt einer viel beständigeren und kräftigeren Gesundheit, weil unsere Nahrung fast ohne jede Exkremente ist, und gerade diese sind die Ursache der meisten Krankheiten. Wahrscheinlich waren Sie auch recht überrascht, als man Sie vor dem Essen entkleidete, zumal man in Ihrem Land diesen Brauch nicht kennt.

Aber das ist die Mode von hierzuland, und man verwendet sie, auf daß der Mensch den Dunst besser in alle Poren aufnehmen kann."

„Lieber Herr", versetzte ich da, „das mag ja alles schön und gut sein, was Sie mir da sagen, und ich habe eben die Probe aufs Exempel gemacht. Aber ich muß Ihnen gestehen, daß ich mich so schnell nicht entbarbarisieren kann und jetzt nichts auf der Welt lieber hätte als etwas Kaubares zwischen den Zähnen."

Er versprach mir dies auch, immerhin aber erst für den nächsten Tag, weil, wie er sagte, sofortiges Essen nach einem so reichen Dunstmahl mir den Magen verderben könnte. Wir redeten dann noch ein paar höfliche Worte miteinander, dann stiegen wir nach oben und legten uns schlafen.

Aus dem Französischen übertragen von C. S. G.

Die Abenteuer des Herrn Dassoucy, von ihm selbst geschrieben, V. Kap. (um 1650):

Obwohl Gott so viele Biedermänner nach einer und der nämlichen Schablone gemacht hat, so hat er mich doch anders gedreht als die Mehrzahl, die doch lieber an gute fette Bissen denken als an ihre Freiheit, wohingegen ich meine Freiheit lieber habe als gute Bissen und vergnügtes Leben; während all der unaufhörlichen Festlichkeiten machte es mir schließlich kaum mehr Spaß, auch nur zu schnaufen, denn ich langweilte mich baß bei der langen Folge üppiger Mähler; wenngleich das Fleisch erlesen war und nichts an der Köstlichkeit der Saucen mangelte, so fand ich sie doch geschmacklos, weil mir die Sauce der Saucen fehlte, der Appetit. Und ich glaube, daß sich, ebenso wie sich beim vielen Laufen an den Füßen Hühneraugen bilden, in meinem Magen vom vielen Essen ein Fettpfropf geformt hat, der in mir diese Teilnahmslosigkeit erzeugte. Deshalb bekamen wohl auch die Juden in der Wüste das ewige Mannaessen über und seufzten nach ihren Kochkesseln und Fleischtöpfen mit Wildpret gefüllt bis oben hin und gestopft voll von kleinen Kalbsfüßen ... so seufzte auch ich nach einer Rinderbrust und einem Stück Ochsenfleisch, gedachte mit Wehmut des zarten Geschmackes, den ich allerwegen und ohne überdrüssig zu werden, gesucht und gefunden habe in dem gehaltreichen Fleisch dieser lieben Tiere; ich fand, daß die Natur eine brave Frau ist, und war ihr sonderlich dankbar dafür, daß sie ein Schaf größer gemacht hat als eine Lerche und einen Ochsen mächtiger als ein Rebhuhn. Und wenn sich zu all diesen Betrachtungen noch der Gedanke an alle die endlosen Zeremonien und ekelhaften Unbequemlichkeiten gesellte, die mit der scheußlichen Ehre, am Tisch der Großen mitspeisen zu dürfen, unweigerlich verbunden sind, so wollte es mich bedünken, daß das Vergnügen, selbst Freunde an seiner eigenen Tafel zu bewirten, um vieles wertvoller und schöner sei als selbst an der Tafel eines andern geehrt zu werden, insonderheit an der Tafel der großen Herren, denn wenn du dort als Schöngeist aufgenommen wirst, so mußt du, statt deinen Gaumen an der Erlesenheit der Speisen zu erletzen, stets deine Einbildungskraft angespannt halten und deinen Geist angezogen wie eine Arkebuse, um irgendeinen Witz zu visieren und nach einem Scherzwort zu schießen.

Vor solchen guten Tischen möge Gott Menschen von meiner Gemütsart bewahren, denn dort muß man alles mit anhören, darf aber ja nicht wagen, auszusprechen, was man denkt, man muß alles loben und beweihräuchern, gelegentlich sogar die Schwätzereien eines frechen Parasiten.

Dort darf man sich nicht erkühnen, in geistiger Freiheit zu reden, man darf nur mit den Augen sprechen und in sich hineinlachen.

Dort ist man, auch wenn das Mahl ein ganzes Jahr dauern sollte, wie in einem Käfig festgehalten, dort ist jede Bewegung verboten außer dem Händereichen und dem Kauen.

Dort muß man bei dem dichten Gedränge, das an der Tafel meistens herrscht, noch heilfroh sein, wenn man auf der Hälfte eines Stuhles noch Platz findet für eine der Hinterbacken.

Dort ist der noch am glücklichsten, der gleich einem einarmigen Krüppel nur über einen Arm verfügt und so in gerader Linie seinen Bissen zum Munde führen kann, ohne ihn zu verlieren.

Dort dauert der Ritus des Händewaschens und Platznehmens länger als ein Drittel des ganzen Essens, dort beginnt man mit dem Essen erst, wenn alles kalt ist.

Dort sieht man ohne Erbarmen und nur aus Furcht, man könnte sich beim Suppenessen die Zunge verbrennen, zu, wie eine elendige Brühe kalt wird, indes man auf irgendein verspätetes „Mahlzeit" wartet.

Dort bringt der Überfluß die Übersättigung und das Über-den-Hunger-essen den Ekel mit sich.

*David Teniers d. J.: Mahlzeit kostümierter Affen, Aschaffenburg,
Staatsgalerie im Schloss Johannisburg*

Dort bringen dir, auch wenn du gar keinen Durst hast, drei Diener auf einmal zu trinken; verlangst du aber zu trinken, so achtet man nicht auf dich und würdigt dich keines Blickes.

Dort gießt man, wie einem eingefleischten Weinpichler, einem armen Sterblichen, der nur einen Tropfen Wein zu seinem Essen zu nehmen pflegt, soviel Wein in sein Glas, als man brauchen würde, um eine Traufe vollzufüllen; hernach soviel Wasser, als hätte er hitziges Fieber.

Dort muß jeder mit einem Barbierbecken unter dem Kinn beim Trinken den König Artus vorstellen.

Dort kannst du nicht in Gemütsruhe deinen Teller ausessen, sondern mußt dir die Frechheiten irgendeines vermaledeiten Pagen gefallen lassen, der dir unter dem Vorwand, er müsse den Teller auswechseln, das schönste und beste Stück Fleisch unter der Nase wegzieht.

Dort reicht dir ein Obertranchiermeister mit der vorgeblichen Absicht, dich besonders ehren zu wollen, stets fette Bissen, wenn du magere haben willst, und magere, wenn du fette willst.

Dort darfst du es nicht wagen, etwas Gebackenes zu verlangen oder dir eine Sauce aufwärmen zu lassen oder einem zuzutrinken oder ein Trinklied zu singen oder dich sternhagelvoll nach Herzenslust zu saufen oder auch nur abgemessen zu trinken. Dort – mit einem Wort – verläßt du die Tafel aufgebläht wie ein Ballon, gefüllt mit Ragouts und zum Platzen voll von Fleisch, doch nie zufrieden noch eigentlich gesättigt.

Aber obwohl die Tafel meines Herrn zum größten Teil nicht diese Unannehmlichkeiten aufwies, so konnte es, wie man sich eben manchmal auch langweilt, wenn es einem gut geht, nicht ausbleiben, daß ich dessen überdrüssig wurde. Mich deuchte, daß ich an meinem eigenen Tisch mich viel wohler fühlte, mehr Appetit hatte, mehr Freude und mehr Freiheit. Denn gibt es überhaupt ein größeres Vergnügen, als in seinem eigenen kleinen Reich zu kommandieren, Herr seines Essens zu sein und sich unmittelbar aus dem Topf heraus ein Schafskotelette noch glühheiß herauszunehmen? Welch ein Spaß ist es doch, ein Messer am andern abzuziehen, bevor man tranchiert, und nach dem Tranchieren zu entdecken, daß unten im Topf noch halb blutige Stücke in einem herrlichen Schuß Saft herumschwimmen! Welch ein Heidenspaß, wenn man nach dem Vorbild der klügeren Hunde, die sich über uns lustig machen, wenn wir ihnen die Knochen hinwerfen, ohne sie erst noch gehörig abgenagt zu haben, wie sie es dann tun, die Knochen erst fein säuberlich abnagt und sie dann geschickt auf der Handfläche zerdrückt und, um den weißen Hunden zu beweisen, daß wir zum mindesten ebenso weise und raffiniert sind wie sie, das Mark heraussaugt und dieses dann unserem eigenen Leib als Sonderatzung zuführt! Ebenso wenn ich mich vergangener Zeiten erinnere, da ich noch, die Mütze überm Ohr, Pantoffel an den Füßen und bewaffnet mit einem wohlgeschliffenen Messer meinen Herrn Pagen eine Lammschulter vorservierte – so bedauerte ich über all diesen verschiedenen Gerichten, Zwischengerichten und Mischmaschereien meine glückliche Vergangenheit, und wenn ich gar an meine teure, heißgeliebte Hammelschulter oder Lammkeule dachte, so gab ich meinem Leid in folgender schmerzlich bewegten Arie Luft:

Wie konnte es nur sein,
Daß ich von dir geschieden sei,
Wie kam ich her, o Himmel mein,
Und du, meine Ehr, bist nicht dabei,
Du Schulter, du mein Phantasei,
O Schulter, ich geh langsam ein,
So komm doch, mich zu arzenein,
Schon bei der nächsten Tafelei
Zu Hilfe mir in meiner Pein!

Dann richtete ich meine Seufzer nach der Lammkeule mit klagendem und jammervollem Ton und besang sie in folgenden traurigen Versen:

Und du, mein liebes saftiges Stück,
Du Zierde jeder Schlächterei,
Die du beim ersten Messerzück
Zergehst so zart wie Eierbrei,
Nichts bleibt bei dir im Munde rück,
Du nährst des Leibes Dreierlei,
Du Herzens, Leber, Hirnes Glück!
Du Vorderblatt, du Liebelei,
Komm her zu mir und bleib und schmück
Des weisen Kenners Tafelei!
Das Rebhuhn ist mir einerlei,
Lammkeule, dich nur kost mein Blick.
Für dich, du teure Schenkelbrück
Ging ich in jede Wüstenei;
Wie schön ich überall dich spick!
Du Keule, Seelenmelodei,
Mein Leben dir empfohlen sei,
Bis ich zu Staube kehr zurück.
                Aus dem Französischen übertragen von C. S. G.

Aus den Memoiren des Olivier de la Marche „Der Hausstand Karls des Kühnen von Burgund" (15. Jahrh.):

Ich „will nun angeben, wie sich der Oberbrotmeister benehmen muß, wenn er den Fürsten bei der Tafel bedient. Kommt der Fürst zum Essen und ist bereits die Tafel gedeckt, so holt der Saaldiener den Oberbrotmeister, der gerade an diesem Tage zu bedienen hat, und führt ihn in die Brotkammer. Dort übergibt ihm der Kammerbeschließer eine Serviette und küßt sie mit einer Verbeugung; der Oberbrotmeister legt sie über seine linke Schulter, die Zipfel jeweils nach vorn und hinten; dann reicht ihm der Beschließer das Zugedeckte Salzfaß, welches besagter Oberbrotmeister so in der Hand tragen muß, daß er mit den Fingern Fuß und Bauch des Salzfasses umklammert, zum Unterschied von dem Becher, den man nur am Fuß anfassen darf. Dann geht der Oberbrotmeister hinter dem Saaldiener unbedeckten Hauptes, ihm folgt der Beschließer, der in seinen Armen das silberne Schiff für die Almosen trägt: in besagtem Silberschiff sind die Silberbestecke, die kleine Salzbüchse und ein anderes schiffförmiges Gefäß zusammen mit dem Silberstab und dem Einhorn, womit man das Fleisch des Fürsten auf seine Weichheit prüft. Sind sie nun in den Saal gekommen und stehen vor der Tafel, so muß der Beschließer das Schiff niedersetzen, wo es ihn der Oberbrotmeister heißt, und zwar immer am unteren Tischende; der Oberbrotmeister deckt das Salzfaß auf, nimmt mit dem Deckel eine Prise Salz, reicht diese dem Beschließer, der sie in Gegenwart des besagten Oberbrotmeisters versuchen muß; dann setzt der Oberbrotmeister sein Salzfaß und die großen Messer, das kleine Salzfaß, das kleine Schiff und die Probierwerkzeuge ab und hängt seine Serviette an das Schiff. Will sich der Fürst die Hände waschen, so reicht der Oberbrotmeister die Serviette dem Haushofmeister, der mit der Bedienung an der Reihe ist. Dieser muß sie dem ersten Kämmerer reichen, und der erste Kämmerer reicht sie nach Gutdünken einem anderen Kämmerer, der im Rang höher steht, wenn es einen Höherstehenden gibt, und gibt dann dem Haushofmeister besagte Serviette zurück. Hat sich dann der Fürst die Hände abgetrocknet, dann gibt der Haushofmeister sie wieder dem Oberbrotmeister zurück; dieser faltet sie und legt sie wieder über die Schulter, dann geht er mit dem Haushofmeister in die Küche; und bevor die Gerichte zu Tisch getragen werden, hebt der Oberbrotmeister die Deckel auf, und der Haushofmeister probiert die Speisen; hernach deckt besagter Oberbrotmeister die Schüsseln wieder zu und reicht die zugedeckten Schüsseln nacheinander den Edelleuten, die ihm gefolgt sind, um dem Fürsten das Fleisch hineinzutragen: alle sind unbedeckten Hauptes. Ist das Fleisch zugerichtet, so bietet der Saucenbereiter dem Oberbrotmeister eine Probe der Sauce, und der Oberbrotmeister versucht sie auf ihre Güte; er selbst muß besagte Saucen hereintragen, und darum muß auch der Oberbrotmeister und nicht der Haushofmeister die Probe abnehmen. Der Haushofmeister und der Koch versuchen nichts, sondern übergeben das Fleisch zur Besorgung dem Oberbrotmeister, welcher es dem Seneschall reicht, der es zu tragen hat. Ist dieses erledigt, so tritt der Saaldiener vor den Haushofmeister und den Oberbrotmeister, dann folgen die Träger mit den Gerichten. Der Küchenmeister läuft hinter dem Fleisch her, der Saaldiener kniet vor dem Fürsten nieder und macht Platz und freie Bahn, dann stellt sich der Haushofmeister ans Ende der Tafel, wo er verbleiben muß, bis das Fleisch fertig aufgetragen ist, und darauf muß er immer besonders achten. Der Oberbrotmeister stellt das Fleisch auf den Tisch, versucht es und reicht auch den andern dann Kostproben. Dann stellt sich der Oberbrotmeister ans Ende der Tafel vor das Schiff und bedient den Herzog zu zwei Malen, jedesmal zwölf oder dreizehn Gerichte: beim Abendessen jedoch nur einmal. Der Oberbrotmeister muß ein Messer nehmen, das Salz aus dem großen Faß in das kleine schütten, es versuchen und vor den Fürsten hinstellen. Der Oberbrotmeister nimmt von der Kredenz die Brotfladen. Ist zum Bankett geladen, so darf er die Fladen nur vor diejenigen hinstellen, die an der Tafel des Fürsten sitzen, nicht aber vor die anderen; dann bringt der Bäckereibeschließer dem Oberbrotmeister eine kurze, gefaltete weiße Serviette, küßt sie, und der Oberbrotmeister schlägt sie in seine Serviette ein, die er über der Schulter hängen hat. Darum steckt auch der Oberbrotmeister die beiden Zipfel der Serviette in seinen Leibgurt, auf daß er die ihm überreichte zweite Serviette besser halten und bewahren kann. Hat der Oberbrotmeister besagte Serviette erhalten, so übergibt er dem Beschließer die großen Messer, das kleine Schiff und die Salzfässer. Und was das große Schiff anbelangt, so muß es der Großalmosenier nehmen, dann wickelt der Oberbrotmeister die Serviette auseinander, küßt sie und reicht sie dem Fürsten; hat sich der Fürst die Hände abgetrocknet, so muß sie besagter Oberbrotmeister wieder nehmen und sie dem Beschließer mitsamt der ersten zurückgeben. Fehlt gerade einmal der Haushofmeister, so muß der diensthabende Oberbrotmeister seine Stelle vertreten und in seiner Abwesenheit alles herrichten.

Aus dem Französischen übertragen von C. S. G.

Aus den Fioretti des hl. Franz von Assisi (14. Jahrh.):

Die Küche des Bruder Ginepro.

Einmal blieb Bruder Ginepro allein im Hause zurück. Und der Pater Guardian sagte: „Bruder, wir gehen alle aus, sieh zu, daß, wenn wir zurückkommen, du ein wenig Essen für uns bereitet hast." Sagte Bruder Ginepro: „Sehr gerne, laßt mich nur machen." Als denn endlich alle fort waren, sagt Fra Ginepro bei sich selber: „Was eine überflüssige Sorge, daß immer ein Bruder in der Küche herumstehen soll, statt zu beten. Ich bin heute nun einmal in die Küche verschlagen. Sicherlich will ich da so viel auf einmal kochen, daß es für 14 Tage reicht." Und so ganz in Gedanken versunken holt er große Schüsseln herbei, und frisches und gedörrtes Fleisch, Hühner, Eier und Grünzeug; und zündet ein gutes Feuer an, stellt alles auf, die Hühner mit den Federn und die Eier mit der Schale. Und ähnlich alles andere. Als die andern Brüder zurückkamen, ging einer, der um die Einfalt unseres guten Ginepro wußte, in die Küche, und sieht die vielen großen Schüsseln und das übermäßige Feuer. Und ohne etwas zu sagen, setzt er sich hin und sieht zu, mit welcher Sorgfalt Bruder Ginepro dieses Essen bereitet. Denn weil das Feuer so groß war und er nicht nahe an die Töpfe herankam, um den Schaum abzuschöpfen, band er sich mit einem Strick ein Brett fest um den Leib und rutscht mit dessen Hilfe von Topf zu Topf, daß es eine wahre Freude ist. Unser Bruder, der alles wohl besehen hatte, geht aus der Küche und sagt zu den andern: „Das kann ich euch sagen, Bruder Ginepro rüstet eine wahre Hochzeit." Die Brüder hielten das für einen Scherz. Fra Ginepro aber nimmt die Schüsseln vom Feuer und läutet zum Essen. Und die Brüder gehen zu Tisch; und auch Ginepro kommt, ganz rot vor Anstrengung und vom Feuer, angelaufen. Und sagt zu den Brüdern: „Eßt gut, dann gehen wir alle beten, und keiner vermeine, weiterhin kochen zu müssen; denn ich habe heute so viel gekocht, daß es für

14 Tage reicht." Und er stellt sein Gebräu auf die Tafel, von dem keine noch so hungrige Sau in ganz Rom auch nur das geringste berührt hätte. Fra Ginepro lobt seine Küche, um die Brüder zum Essen zu ermuntern, denn er sieht, daß sie die Speisen nicht berühren: „Diese Hühnchen sind ein wahrer Trost fürs Gehirn; und dieses Gericht wird euch den Körper erfrischen, so gut ist es." Die Brüder aber staunen nur so vor der Einfalt Ginepros; der Pater Guardian aber, dem das vergeudete Fleisch leid tut, zankt heftig auf Ginepro ein. Dieser aber wirft sich ganz plötzlich auf die Knie vor dem Pater Guardian und bekennt ihm und allen versammelten Brüdern demütig seine Schuld. Und jammerte: „Der und der hat die und die Sünde getan; und wurde dafür aufgehängt. Ich aber habe Schlimmeres verdient, weil ich so viel köstliche Gottesgabe und Ordens gut vergeudet habe." Und ließ sich den ganzen Tag nicht mehr sehen. Der Pater Guardian aber meinte: „Geliebte Brüder, möchte dieser Bruder doch jeden Tag ebenso viel Ware verschwenden, und mehr noch, wenn wir es hätten, wenn er dabei nur seine Einfalt behält, denn nur wahre Herzensgüte hat ihn veranlaßt, so zu handeln."

Aus dem Italienischen übertragen von L. M. K.

Cervantes, Don Kichote de la Mantzscha, das ist: Junker Harnisch auss Fleckenland:

Das Glück hatte es also gefügt / dass gleich damahls Freytag war / vnd in der gantzen Schenke nichts zu essen vorhanden / als etliche Stücklin vnd vbrige Bröcklin von eim Stockfisch / so man in Castillien Bachstelze vnd in Andalusien Americaner Fisch / etlicher Enden Amerdan / vnd anderswo kleine Forellen nennt. Sie fragten ihn / ob seine Liebde vielleicht kleine Forellen möchte / weil vor dissmal kein anderer Fisch vorhanden / so ihm könte fürgesetzt werden. Wo derer viel seyn / antwortete Don Kichote, mögen ihrer ein Hauffen gleich soviel ausrichten / als eine einige große: dann mir ist wenig dran gelegen / es geb mir einer einen Reichsthaler an halben Orthen in Müntze / oder einen gantzen Thaler an einem Stück / zumahln weils sichs vielleicht zutragen könte/ dass die kleinen Föhrlin gegen die grossen ausgerechnet der Art weren / wie das Fleisch von jungen Kälbern / so besser ist / als das von Kühen und das Zickelfleisch / so schmackhafter als der Böcke. Aber sie seyen wie sie wollen / so bring man sie nur eilends her / dann grosse Arbeit vnd die Last der Rüstung mag nicht anders ausgestanden vnd ertragen werden / als durch hülffe vnd Regierung der Kaidaunen vnd Eingeweide. Also wurd ihm der Tisch an die Tür der Schenke gesetzt / damit er fein im frischen Taffei hielte / vnd bracht ihm der Wirt ein Stück von demvbel gewässerten vnd noch vbeler gekochten Stockfisch /vnd ein Brodt gleich so Schwartz vnd vnsauber / als seine Waffen waren.

Nun war es in Wahrheit wol lächerlich anzusehen / wie er ass. Denn weil eer die Sturmhaube stets vffm Kopff stehen vnd das Visier etwz erhoben hatte / vermochte er nichts mit eignen Händen im Mund zu stecken / sondern mußte jemand anders jm alles ins Maul geben: welchen Dienst dann die eine von den zweyen Fräulin verrichtete. Aber da es zum trinken kam / wer es nicht möglich gewesen ihn zu tränken / wo nicht der Wirth ein Schilffrohr genommen es ausgehölet / das eine Ende ihm in den Mund gesteckt vnd zu dem andern den Wein eingefüllet hette: welchen er mit großer Langmütigkeit vnd Geduld also in sich empfieng / nur damit ihme die Stricke seiner Sturmhauben gante vnd vnzerschnitten verblieben.

In dem er also vber diesen Verrichtungen war / nahete ohngefehr zu der Schenke ein Schweinschneider / vnd gleich als er dabey kam / fieng er an zu vier oder fünff mahlen seine Rohrpfeiffe zu blasen. Vnd hierdurch ward Don Kichote vergewissert vnd in seiner Meining bekräfftiget / daß er in eim berühmbten Castell were / darinn sie ihm mit solchem Seitenspiel zu Tisch hoffierten / vnd daß der Stockfisch Fohren / das schwartze Brodt Herrn Semmel / die zuchtlosen Dirnen / Fräulin / vnd der Schenke Schloßhauptmann oder Burgvoigt were. Das einige so ihn kränkte / war dieses / dass er befand / wie er noch nicht zum Ritter geschlagen were / vnd deswegen sich bedünken Hess / daß er mit gutem Gewissen in einigen Kampff vnd Ritterliche That sich nicht einlassen würde können / ehe vnd er den Orden der Ritterschaft empfangen hette.

       Auss Hispanischer Spraach in hochteutsche
       übersetzt durch: Pahsch Basteln von der Sohle.

Charles de Coster, Vlämische Mären:

Smetse Smee

Im Garten angelangt, begann Smetse neuerdings zu seufzen. „Ach", sagte er, „seht nur die Pflaumen, Herr; würde es Euch nicht belieben, daß ich hinaufsteige und ich mich noch einmal anesse?"

„Steig hinauf", sagte der Teufel.

Auf dem Baume begann Smetse geschmackig zu essen und den Saft mit lautem Schmatzen zu schlürfen. „Ach", rief er, „Paradiesespflaumen! Christenpflaumen! Wie gut sie sind! Fürstenpflaumen! Hundert Teufel würden sich daran erlaben, die in dem Grunde der Hölle brennen! Süße Pflaumen, gebenedeite Pflaumen, ihr habt mir den Durst aus der Kehle gejagt. Liebliche Pflaumen, holde Pflaumen, ihr habt mir die bittere Trübsal aus dem Magen vertrieben. Frische Pflaumen, zuckerige Pflaumen, unendliche Süßigkeit bringt ihr in mein Blut. Ach, ihr saftigen Pflaumen, ihr fröhlichen Pflaumen, ihr Zauberpflaumen, daß ich euch nicht immerdar essen darf!"

Bei solchen Reden pflückte, aß und schmatzte Smetse ohne Unterlaß.

„Geizhals", sagte der Teufel, „du machst mir das Wasser im Munde zusammenlaufen; warum wirfst du mir nicht etliche von diesen Pflaumen herunter?"

„Ach, Herr", sagte Smetse, „das geht nicht; im Herabfallen würden sie zergehen, so zart sind sie. Aber vielleicht beliebt es Euch, auch auf den Baum zu steigen; Ihr werdet ein großes Vergnügen haben."

„Meinetwegen", sagte der Teufel.

Kaum hatte er sich auf einem starken Ast festgesetzt und sich gemächlich an den Pflaumen zu weiden begonnen, so stieg Smetse behend herab, langte sich einen Stock, der auf dem Rasen lag, und begann ihn aus Leibeskräften zu prügeln.

Bei den ersten Streichen wollte der Teufel auf den Schmied herabspringen; aber er konnte nicht, da die Haut seines Gesäßes an dem Aste haftete, und so pfiff, schäumte, knirschte er vor grimmiger Wut und auch vor Schmerz ob der Zerrung seiner Haut.

Und Smetse stäupte ihn weidlich ab, liebkoste ihn mit dem Stocke allerorten am Leibe, salbte ihn bis auf die Knochen, zerfetzte ihm den Kittel und gab ihm fröhlich die allerschönsten und allerkräftigsten Prügel, die je einer im Lande zu Flandern heimtrug. Und er sagte zu ihm: „Ihr sprecht ja kein Wort von meinen Pflaumen, gnädiger Herr; sie sind doch so gut!"

Aus dem Französischen übertragen von Albert Wesselski.

Ovids Verwandlungen. Prokne und Philomela:

Rasch nun schleppt sie den Itys hinweg: wie am Ganges der Hindin
Saugendes Kind die Tigerin schleppt durch finstere Wälder.
Und da im Inneren des erhabenen Hauses sie weilten,
Wie er die Händ' ausstreckt', und schon sein Schicksal erkennet,
Schon: Ach Mütterchen! ruft mit Geschrei, und den Hals ihr umwindet,
Sticht mit dem Schwert ihn Prokne, wo Brust und Seite sich fügen,
Ohne zu wenden den Blick. Ihm war zum Tod auch die eine
Wunde genug; doch öffnet mit Stahl die Kehl' Philomela.
Siehe, die noch seelvollen und schwach aufatmenden Glieder
Werden zerfleischt. Bald hüpfet ein Teil im gehöhlten Kessel,
Anderes zischt um den Spieß; rings strömen in Blut die Gemächer.
Prokne ruft zu dem Schmause den nichts argwöhnenden Tereus;
Und den Gebrauch vorschützend des vaterländischen Opfers,
Daß ein Mann es vollend', entfernt sie Gefährten und Diener.
Tereus, doch dasitzend auf stattlichem Throne des Ahnherrn,
Schmaust und häufet sich selbst sein eigenes Fleisch in den Magen.
Und, so nachtet der Sinn! ruft, saget er, ruft mir den Itys.
Nicht zu verhehlen vermag die grausamen Freuden die Gattin;
Gierig, vom eigenen Wehe zu sein die Verkünderin, sprach sie:
Drinnen hast du ja, was du verlangest! Um schauet sich Tereus,
Fraget, wo jener denn sei. Da der Fragende wieder verlanget,
So wie sie war, bluttriefend vom gräßlichen Morde die Haare,
Springet hervor Philomela und wirft dem Vater des Itys
Blutiges Haupt ins Gesicht; und niemals hätte sie lieber
Reden gemocht, und die Freude durch würdige Worte bezeugen.
Tereus mit grassem Geschrei, da den schrecklichen Tisch er zurückstößt,
Regt aus dem stygischen Tale die schlangenumringelten Schwestern.
Und bald ringt er, womöglich herauszuwürgen des Jammers
Mahl aus geöffneter Kehl', und die halbverzehrten Glieder;

*Paul Cézanne: Stilleben mit Zuckerdose, Hakone (Japan),
Pola Museum of Art*

Bald dann weint er und nennt sich das klägliche Grab des Erzeugten.
Jetzo mit blinkendem Schwert verfolgt er die Töchter Pandions.
Fittiche scheinen den Lauf der cekropischen Weiber zu heben;
Fittiche hoben den Flug. Die flieht in die Wälder; die andre
Schwingt sich unter das Dach; noch unerloschen am Busen
Haftet vom Morde die Spur, und Blut befleckt das Gefieder.
Jene, von eigenem Schmerz und Begier der Strafe beschleunigt,
Wandelt zum Vogel sich um: dem ein Busch auf dem Scheitel hervorsteht,
Und unmäßig entragt mit langer Spitze der Schnabel.
Wiedehopf ist der Nam'; es erscheint wie gewaffnet das Antlitz.
        Aus dem Lateinischen übertragen von Johann Heinrich Voß.

Calderon de la Barca, Das Festmahl des Belsazer:

Abgötterei: Mein Ruhm soll einer Stimme nicht erliegen;
Nicht soll ein Scheinbild meinen Stolz besiegen!
Es überstrahle meine hehre Macht
An diesem Abend noch des Tages Pracht.
Belsazer, hoher Fürst, göttlicher Geist,
Den alle Welt als übermenschlich preist:
Da deine Sinne tiefen Friedens pflagen,
In Waffenstillstand die Gedanken lagen,
Wacht' ich für deinen Ruhm, erhabner Mann,
Weil rechte Liebestreu' nie schlummern kann.
Ein reiches Mahl voll Köstlichkeit und Pracht,
Wie nie des Gaumens höchste Kunst erdacht,
Hab' ich bereitet, habe aufgefunden
Für jeden Sinn die Schüsseln, die ihm munden.
Auf Tafel und Kredenztisch ringsumher
Aus Gold und Silber flammt ein Strahlenmeer,
Und übersättigt beinah' das Verlangen,
Der Augen Eifersucht. Dazwischen prangen
Smaragdne Vasen, draus die Düfte fließen
Von Blumen, die Arabiens Flur entsprießen:
Ein Schaugericht, das nur dem König gilt,
Das dir den Hunger des Geruches stillt.
Musik, der Töne süßer Widerstreit,
Nicht allzunah bei dir und nicht zu weit,
Lädt ein mit ihres Jubels hellem Chor
Den Durst, der anerschaffen ist dem Ohr.
Die weißen Decken, drauf die Schüsseln glänzen,
Umsäumt mit Nelken und mit Lilienkränzen,
Mit Zeichnungen so mannigfach durchwebt,
Daß sich ihr Schnee beinah buntfarbig hebt,
Sind Wunderwerke, die gleich einem Pfühl
Von weichem Flaume schmeicheln dem Gefühl.
Ambrosia, Nektar, deiner Götter Speise,
Und Sorbet, durchgekühlt, zu dessen Eise

Sich Rosen und Orangedüfte mischen,
Soll zwischen den Gerichten dich erfrischen;
Denn Schenk und Truchseß sollen dir beim Mahle
Die Schüsseln wechseln stets mit dem Pokale.
Und solche Becher soll man vor sich setzen,
Daß sie mit deinem höchsten Ruhm dich letzen:
Laß die Gefäße bringen, die vordem
Dem Gott Israels in Jerusalem
Geheiligt, bis Nebukadnezars Hand
Sie weggeraubt, da er des Ostens Land
Erobert und gestürzt in Schutt und Graus;
Nimm sie, und trink der Götzen Heil daraus!
Und laß die Götter dir den Sieg verleihen,
Den Schatz aus ihrem Tempel zu entweihen.
– Den Nachtisch koste dann in meinen Armen:
Sie schlingen Netz um dich; in ihren warmen
Umwindungen quillt deines Glückes Bronnen,
Und Himmelsmanna, Inbegriff der Wonnen,
Beim Mahl der Liebe, wo zur Tafel gehn
Geruch, Geschmack und Hören, Fühlen, Sehn.
               Aus dem Spanischen übertragen von Ludwig Braunfels.

Aus der „Semiramis" von A. G. Barrili:

Es war Brauch in Babylon, daß die Könige für sich an einem eigenen Tisch saßen, die hervorragendsten Gäste aber an einem andern, der dem königlichen nahe, aber durch einen dichten Vorhang von ihm getrennt war, so daß der König zwar seine Gäste, diese aber nicht ihn sehen konnten, wodurch sie in genügender Distanz blieben. Anders aber an den hohen Festtagen: da gab es nur eine große Tafel, und der König zeigte sich und saß familiär unter den Geladenen; nur hatte er seinen goldenen Sessel, und Wein und Wasser eigens für sich. Davon durfte nur auf seinen Befehl etwas getrunken werden, und an wen dieser Befehl erging, für den war es eine große Gnade und Auszeichnung.

Man aß nur einmal am Tag, ein langes Essen, bis spät in den Abend hinein. Für den Bedarf des Hofes benötigte man eine ungeheure Menge von Lebensmitteln; oft fielen bis zu 1000 Köpfe am Tag von Ochsen, Pferden, Wildeseln, Kamelen, Hammeln und Widdern. Auch Wildbret und Fisch standen in gutem Ansehen. All dieses wurde zuerst an den Tischen der großen Würdenträger angeboten; sodann an den Tischen der kleineren Beamten, bis die Reste endlich in den Küchen landeten, wo die Diener und die Palastsoldaten daran ihren Hunger stillten.

Zum Essen gab es Wein aus Palmen- und Granatapfelsaft; denn in der Gegend von Sennaar kannte man zur damaligen Zeit die Traube noch nicht; sie wurde mehr in der Küstengegend bei Kanaa gezogen. Das Brot bestand gemeinhin aus dem Mehl der Mohrenhirse; Getreide konnte man nur mit ungeheuren Ausgaben als wahrhaft königlichen Luxus aus den entfernten Ebenen von Mesraim, die der Nil befruchtete, herbeischaffen. Die größeren Bankette wurden von Schalen mit brennendem Erdöl, in richtigen Abständen auf bronzenen Kandelabern angebracht, erleuchtet. Kleinere Gesellschaften empfingen ihr Licht vom sesamölgetränkten Byssusdocht, der in Lampen aus Kupfer oder aus rotem Ton, hübsch mit schwarzen Ornamenten verziert, brannte.

An diesem Tag nun, beim Festmahl zu Ehren des armenischen Königs, waren die Tafeln in einem weiten Saal zu ebener Erde, nach drei Seiten offen und von Säulen eingefaßt, aufgestellt. Weiße und violette Tücher, mit silbernen Ringen an roten Schnüren befestigt, spannten sich von Säule zu Säule und kräuselten sich im leichten, duftenden Winde, der über einen Jasmin- und Zitronenhain daherstrich.

Dort also standen in schöner Ordnung die Tafeln aus wohlriechendem Holz, bedeckt mit sauberen, rot eingesäumten Tischtüchern. Am Kopf des Saales stand erhöht der reicher geschmückte Tisch mit dem goldenen Sessel der Königin und silbernen Liegebänken ringsherum, auf einem Fußboden von Porphyr und weißem Marmor. Auf dem weißen Tischzeug erglänzte das goldene Geschirr, der Stolz des Landes; und in bunten Porzellanvasen neigten sich seltenste Blumen.

Silberne Becher, erlesene babylonische Arbeit, und gläserne Karaffen standen vor den Gästen; dazu Tellerchen aus bunter Majolika und Elfenbein-Eßstäbchen mit Metallgriff, die dazu dienten, die Speisen zum Mund zu führen; dazu Messer aus Stein, fein zugeschnitten, um die Speisen zu schneiden. Und während die Mundschenke den süßen Palmenwein mit dem frischen Wasser mischten, kamen die Eunuchen in langer Reihe aus der Küche und trugen auf bronzenen Platten ganze Ochsen-, Esel- oder Widderviertel, deren sich die Truchsesse bemächtigten, um sie an die vornehme Gesellschaft zu verteilen.

Außerdem gab es Fasanen, Rebhühner, Straußeneier, Fische und Oliven und Zwiebeln von Mesraim. Als letztes wurden Zitronenscheiben herumgereicht, fein säuberlich geschnitten, als Würze für die Speisen; Amomenkerne, die ein so lebhaftes Aroma verleihen; Dill, der erschlaffende Lebenskräfte anreizt; äthiopischer Kümmel, der das Trinken fördert und cyrenäisches Asandkraut, dessen Saft eine der erlesensten aber auch der teuersten Köstlichkeiten der Welt ist.

Bei jedem neuen Gang erklang Musik von Harfen, Leiern und Flöten, die das Ohr sanft umstreichelten. Die Musiker befanden sich nicht im Saal selber, wohl aber im anstoßenden Garten; wodurch die Töne abgedämpft wurden, wie ein ferner Hauch, der die fröhlichen Gespräche, die die Tafel verschönen, nicht zu stören vermag. Licht, Überfluß an erlesenen Gerichten, Wohlgerüche und Harmonien schufen ein wahres Fest, ein Schwelgen der Sinne.

Aus dem Italienischen übertragen von L. M. K.

Micha bin Gorion, „Sagen der Juden":

Das Linsengericht.

Einer, der Langmut übt, gilt mehr als ein Hochmütiger. Unser Vater Jakob übte stets Geduld mit Esau; dieser Übermütige aber aß Tag für Tag von seinem Weidwerk und gab in seiner Härte dem Jakob nichts ab.

Einst war er auf die Jagd gegangen, er hatte aber kein Glück; da sah er Jakob ein Linsengericht essen, und er hatte Lust dazu. So sprach der denn: Laß mich von dem roten Essen kosten. Da erwiderte ihm Jakob: Rot bist du aus der Mutter Leibe herausgekommen und ein rotes Gericht begehrst du zu essen.

Man sagte, Linsen seien ein Traueressen. Als Habel getötet wurde, aßen Adam und Eva ein Linsengericht in Trauer und Betrübnis. Als Harau im Kalkofen verbrannt wurde, aßen sein Vater und seine Mutter ein Linsen-

Martin Drolling: In der Küche, Paris, Musée du Louvre

gericht in Kummer und Gram. Jakob aber aß ein Linsengericht, weil ihn die Herrschaft Esaus und seine Erstgeburt bedrückte und weil an diesem Tage Abraham, unser Stammvater und seines Vaters Vater, gestorben war. Die Kinder Israel aber essen Linsen, wenn sie der Zerstörung des Tempels gedenken und über ihre Verbannung trauern.

Geschichte des Herodotus. Viertes Buch:

Bei allen ihren Gottesdiensten wird von den Skythen einerlei Opfer auf einerlei Art gebracht. Das Opfer selbst steht mit den zwei Vorderfüßen gebunden; der Opfernde steht hinter dem Vieh, zieht an dem Ende des Seiles und wirft es nieder; wenn es fällt, ruft er den Gott an, dem er opfert; darauf wirft er dem Tiere einen Strick um den Hals, steckt einen Stock durch denselben, führt es damit herum und erwürgt es. Ohne ein Feuer anzuzünden, ohne zu beten, ohne ein Speise- oder Trankopfer dabei zu bringen, erdrosselt er das Opfertier, zieht ihm die Haut ab und macht Anstalten zum Kochen.

Aus dem Griechischen übertragen von C. S. G.

Josaphat Barbaro, „Reise nach dem Kaspischen Meer" um 1440:

Allein da ich von den Moriern einige Nachricht habe, will ich von ihrer Religion und Zustande so viel sagen, als mir davon bewußt ist. Zu einer gewissen Jahreszeit pflegen sie ein Pferd zu nehmen, das sie mitten in ihre Versammlung führen, und binden seine 4 Füße an 4 Pfähle und auch den Kopf an einen in die Erde geschlagenen Pfahl. Darauf nimmt einer unter ihnen seinen Bogen und Pfeil und stellt sich auf einen guten Abstand und schießt so lange nach dem Herzen, bis er es umgebracht hat. Darnach zieht er ihm das Fell ab und stopft es aus. Das Fleisch aber speisen sie, nachdem sie damit gewisse Zeremonien vorgenommen: Das Fell stopft man mit Stroh aus, näht es zusammen, als wenn es noch ganz wäre, und steckt gerade Hölzer durch die Beine desselben, so daß es, als wenn es noch lebte, auf den Füßen stehen könnte. Zuletzt bekappen sie die Zweige eines großen Baumes, machen oben darauf ein Gerüst, und setzen da das Pferd auf; und dann beten sie es an. Und opfern ihm Zobeln, Hermeline, Grauwerke, – und Füchse, die sie an dem Baume anhängen, so wie wir die Wachskerzen opfern, dergestalt, daß diese Bäume ganz mit Pelzwerk behangen sind. Des Volkes Nahrung besteht größtenteils aus Fleisch und vornehmlich aus Wildbret und auch aus Fischen, die sie in den Flüssen fangen. So weit von den Morianern. Von den Tartaren habe ich nichts weiter zu melden, als daß ihrer viele Götzendiener sind, die Götzenbilder anbeten, welche sie auf ihren Karren herumführen; zuweilen trifft man einige an, welche die Gewohnheit haben, einen jeden Tag das Tier anzubeten, welches ihnen, wenn sie von Hause ausgehen, zuerst begegnet.

Aus dem Italienischen übertragen von C. S. G.

Geschichte des Herodotus, Zweites Buch:

35.

Bei den Ägyptern geschieht das Opfer folgendermaßen: Wenn das gezeichnete Vieh zu dem Altar, auf dem sie opfern, gebracht worden, zündet man den Holzhaufen an. Hernach schütten sie Wein darauf gegen den Tempel zu, rufen den Gott an und schlachten das Opfervieh; sie hauen ihm darauf den Kopf ab, und dem Leibe ziehen sie die Haut ab. Gegen den Kopf sprechen sie viele Flüche aus; und wenn sie einen Markt haben, wo fremde griechische Kaufleute sich einfinden, so bringen sie ihn auf den Markt und verkaufen ihn. Wo aber keine Griechen sind, da werfen sie den Kopf in den Fluß. Die Köpfe aber verfluchen sie mit den Worten: Wenn ihnen selbst, den Opfernden, oder ganz Ägypten ein Unglück bevorstünde, so solle es auf diesen Kopf kommen. Alle Ägypter beobachten mit den Köpfen der geopferten Tiere und mit der Ausschüttung des Weines ebendiese Gebräuche bei allen Opfern. Und eben wegen dieses Gebrauchs wird kein Ägypter von dem Kopfe irgendeines Tieres essen.

36.

Das Zerlegen der Opfer und die Art, dieselben zu verbrennen, geschieht nicht bei Allen auf einerlei Weise. Jetzt will ich sagen, welche Göttin sie für die größte halten und welcher sie das größte Fest feiern. Wenn sie vorher gefastet und gebetet haben, so schlachten sie ein Kalb, ziehen dasselbe ab und nehmen die Gedärme heraus; das Eingeweide aber und das Fett lassen sie in dem Leibe. Die Beine, das äußerste der Lenden, die Schultern und den Hals schneiden sie ab. Wenn dieses geschehen, füllen sie den Rumpf mit reinen Broten, Honig, Weintrauben, Feigen, Weihrauch, Myrrhen und anderem Rauchwerke. Den also gefüllten Leib verbrennen sie und gießen Öl in Menge darauf. Sie fasten allezeit vor dem Opfer. Wenn das Opfer brennt, schlagen sie sich insgesamt selbst. Nach diesem Schlagen geben sie von dem, was von dem Opferfest übriggeblieben, eine Mahlzeit.

37.

Die reinen Ochsen und Kälber schlachten alle reinen Ägypter; aber die Kühe dürfen sie nicht schlachten, weil dieselben der Isis geheiligt sind. Denn das Bild der Isis ist weiblich und hat Kuhhörner auf dem Haupte, so wie die Griechen die Jo beschreiben. Die Kühe verehren alle Ägypter insgesamt weit mehr als alles andere Vieh. Daher wird auch kein ägyptischer Mann oder Frau einen Griechen küssen oder den Bratspieß oder den Topf eines Griechen gebrauchen oder reines Rindfleisch, das mit dem Messer eines Griechen geschnitten ist, genießen. Das sterbende Rindvieh begraben sie also: die Kühe werfen sie in den Fluß, die Ochsen aber begraben sie in den Vorstädten, so daß das eine Horn oder beide als ein Zeichen hervorragen. Wenn sie aber verfault sind und die verordnete Zeit da ist, so kommt bei einer jeden Stadt aus der Insel Prosopitis ein Schiff an. Diese Insel ist im Delta und hat im Umkreis viele Häuser und viele Städte. Diejenige aber, aus welchen die Schiffe kommen, die Rinderknochen abzuholen, heißt Atarbechis und hat einen Tempel der Venus. Aus dieser ziehen viele Leute herum, einer in diese, der andere in jene Stadt, graben die Knochen aus, führen sie weg und begraben sie auf einem Platze. Auf ebendie Weise begraben sie auch alles andere verstorbene Vieh. Denn das ist in ihren Gesetzen verordnet; und auch dieses töten sie nicht selbst.

Aus dem Griechischen übertragen von C. S. G.

Woodards Nachrichten von der Insel Celebes, 18. Jahrh.:

Bei den Malaien ist die Beschneidung gewöhnlich. Männliche Personen werden gegen ihr fünfzehntes Jahr, oder ein Jahr zuvor, ehe sie cäsired werden, beschnitten.

Cäsired werden alle junge Männer und Frauenspersonen: dies geschieht dadurch, daß man ihnen die Zähne befeilt und sie dann schwarz färbt, welches man für eine Schönheit hält. Ich befand mich einmal gerade zu Dungally, als die Tochter des Rajah sollte cäsired werden, und da ich wünschte, an diesem Feste, an welchem der Rajah seine Gäste mit gekochtem Reis, Fischen und Konfekt, welch letzteres köstlich ist, bewirtet, teilzunehmen, sprach ich mit meinem alten Freunde Tuan Hadschi darüber, der mir sagte, daß ich niemand etwas davon sagen sollte – und ich befolgte seinen Wink.

Als der Rajah und die Häupter des Volkes aber abgespeist hatten, näherte ich mich ihnen und stellte mich so, daß mich der alte Mann sehen mußte, der mich auch sogleich bei meinen Namen rief und sagte: Steersmann, morri de cini, oder komm her. Zugleich nahm er aus mehreren Schüsseln Konfekt, füllte damit eine leere Schüssel an und überreichte diese mir; und ich trug sie nach Hause und teilte sie mit meinen Leuten. Das war ein Traktament für uns, und gab uns wahrhaftig ein köstliches Mahl. In der Folge benutzte ich immer Gelegenheit der Art, wobei wir uns nicht schlechter befanden.

Ihre größten Feste sind aber ihre Erntefeste. An diesen bringen sie einen großen Baum mit allen seinen Ästen und Zweigen, von denen sie vorher die Blätter abgestreift haben, in die Mitte der Stadt, schneiden die Spitze der Zweige ab und befestigen ihn in der Erde. Darauf nehmen sie Zweige von der Kokos- oder Sagopalme und spalten sie der Länge nach auf und binden die eine Hälfte eines solchen Zweiges an einen Ast jenes Baumes, die andere aber an einen andern, so, daß die Blätter niederwärts hängen, und so behängen sie den ganzen Baum. Dann kochen sie Reis, tun ihn in kleine Kokosblätter und hängen auch diese an den Baum.

Wenn nun dieser so verziert worden, so bereitet man vormittags in allen Häusern des Festes wegen gute Gerichte von Reis, Fleisch, Vögeln usw. und gegen Abend versammeln sich alle Malaien bei dem Baume und tanzen um ihn her. Den auswendigen Kreis machen die Alten, den zweiten die Krieger und Weiber und den inneren die jungen Mannespersonen und Mädchen. So tanzen sie bis gegen zwölf Uhr, da sie dann auf dem Tanzplatze ihre Abendmahlzeit einnehmen, indem sie den Platz durch ein großes Feuer, und wenn es nicht windig ist, auch mit kupfernen und messingnen Lampen erleuchten. Wenn die Mahlzeit vorbei ist, tanzen sie noch eine kurze Zeit, und dann fallen sie alle über den Baum her, um den Reis zu plündern; und hat sich dieser Plünderungstumult, der eigentlich das Hauptvergnügen dabei ausmacht, wieder gelegt, so ist das Fest zu Ende.

Aus dem Brief des Indienfahrers Filippo Sassetti an den Kardinal Ferdinando de' Medici vom 10. Februar 1585:

… die Brahmanen sind die verzärteltste Kaste unter ihnen, denn sie essen nichts, was ein anderer berührt hat; auch trinken sie kein Wasser außer Hauses. Auch die Edelsten ihrer Kaste (denn innerhalb der Kaste gibt es Rangstufen) dürfen nicht essen, was ihnen behagt; sie schaudern vor dem Tod auch des kleinsten Tierleins zurück; und falls es bei ihnen im Hause einmal vorkommen sollte, daß Hühner oder Zicklein geschlachtet werden, so kaufen sie neue um teures Geld auf dem Markt und schenken ihnen die Freiheit. Und mag es unter ihnen auch gewisse Sekten geben, die Fleisch essen, so doch niemals Kuhfleisch, denn die Kuh wird bei ihnen wie Gott selbst verehrt und angebetet. Ein alter Brahmanenarzt sagte mir, der Grund, daß sie kein Fleisch äßen, sei der: sie wollen mit so starker Nahrung nicht ihre Meditationen stören, denen die ganze Kaste ergeben ist; außerdem schaudern sie vor dem Tod jedes Tieres, ja sogar der Schlangen und Taranteln, deshalb zurück, weil sie an die Seelenwanderung glauben, was sie damit begründen, daß aus den Leichen Würmer entstehen: deshalb sei nicht nur der Stoff, sondern auch das Wesen dem Mensch und Tier gemeinsam.

Aus dem Italienischen übertragen von C. S. G.

Walmiki, Rama:

Und Bäume fällte Lakschmana,
Und baute eine Hütte schnell,
Und als sie fertig war, sprach Ram:
Jetzt weihen wir die Hütte ein.
Wir wollen lange wohnen hier,
Drum laßt uns opfern feierlich!
Drauf eilte Lakschmana und schoß
Ein reines Antilopentier;
Das warf er mit den Gliedern ganz
Aufs Feuer hin und briet es gar.

Ram aber wusch sich säuberlich,
Und nach der Ordnung wohlbelehrt
Vollendete er jeden Brauch
Und murmelte die Sprüche her,
Altär' und Opferbäume auch
Errichtet er und sättigte
Mit Wurzeln, Früchten, Wasser und
Gebrat'nem Fleische und sodann
Mit Sprüchen aus den Veden und
Mit Kusagras die Wesen all.
Dann gingen beide, Raghawer
Und Sita, in die Hütte ein.
  Aus dem Indischen übertragen von Adolf Holtzmann.

Lucian, Prometheus.

Kapitel 12

Wenn man nun ein Opfer darbringen soll, so werden Gefäße mit Weihwasser rings um den Altar gestellt, die Formel, welche den Profanen sich zu nähern verbietet, feierlich ausgesprochen, und hierauf das Tier herbeigeführt. Der Landmann bringt einen Pflugstier, der Schäfer ein Lamm, der Ziegenhirt eine Ziege; ein anderer liefert Weihrauch oder Honigkuchen. Der Arme versöhnt seinen Gott auch wohl mit einem bloßen Handkusse. Das Tier aber wird (um auf die Opfer zurückzukommen) bekränzt, und damit nichts Unreines geopfert werde, zuvor genau untersucht, ob es vollkommen tadellos ist; dann führt man es zum Altare und schlachtet es im Angesichte des Gottes. Wenn nun das arme Tier jammervolle Töne von sich stößt, so werden sie, wie natürlich, als Laute guter Vorbedeutung ausgelegt, und das Röcheln seiner hinsterbenden Stimme ist die Musik zu dieser feierlichen Handlung. Wie kann man zweifeln, daß das Ganze den Göttern ein höchst genußreiches Schauspiel sein müsse?

Kapitel 13

Eine Tafel mit einer Aufschrift verbietet zwar den Zutritt innerhalb jener Weihwassergefäße jedem, der nicht reine Hände habe: demungeachtet steht der Opferpriester selbst mit Blut über und über besudelt mitten im heiligen Kreise, zerstückt wie ein zweiter Zyklop das geschlachtete Tier, löst die Eingeweide und reißt das Herz heraus, umgießt den Altar mit dem Blute, und verrichtet, was weiß ich was für manche andere heilige Zeremonien. Hierauf wird das Feuer angezündet, der Priester legt die Ziege samt ihrem Fell, das Schaf mit seiner Wolle auf die Flamme, und nun wallt jener köstliche götterwürdige Opferdampf hoch empor und verbreitet sich allmählich durch den ganzen Himmel. Den Szythen hingegen sind tierische Opfer für die Götter zu gemein: sie bringen daher ihrer Diana Menschen dar, und erwerben sich so das besondere Wohlgefallen dieser Göttin.

Aus dem Griechischen übertragen von Wieland.

Il Libro di Sidrach, 28. Kap. (14. Jahrh.):

Der König fragt: Warum kann die Seele nicht im Körper bleiben, wenn kein Blut mehr in ihm ist? Sidrach antwortete:

Die Seele kann nicht im Körper bleiben, denn siehe, sie ist wie eine Quelle voll von Fischen, und dann kommt der Mensch und leitet das Wasser aus dieser Quelle ab, ganz nach und nach, bis alles Wasser verlorengegangen ist und die Fische auf dem Boden liegen, und sie müssen sterben. Dann kommt der Mensch und nimmt sie auf, und der Eine brät sie, der andere kocht sie, wieder ein anderer bäckt sie, je nachdem es seine Lust ihm vorschreibt. So geht es auch mit der Seele: Wenn der Leib sein Blut verliert, wie dies auch kommen möge, dann wird die Seele immer schwächer; und wenn das Blut ganz heraus ist, dann bleibt die Seele wie die Fische ohne Wasser, die auf dem Erdboden zappeln; und dann scheidet sie sich aus dem Herzen, denn sie kann dort nicht mehr länger herbergen, weil sie ihre Nahrung eingebüßt hat, ganz ebenso wie der Fisch ohne Wasser: und darum muß sie widerstandslos abscheiden. Der Fischer der guten und bösen Seelen, wobei du unter Fischer den Engel oder den Teufel verstehen mußt, packt sie, trägt sie und gibt ihr das Los, je nachdem sie im Leibe gewirkt und geherrscht hatte. Hat sie gut gewirkt, so wird sie in die Gesellschaft des Gottessohnes eingehen und bei IHM sein, wenn ER aufersteht.

Aus dem Italienischen übertragen von C. S. G.

Aus der Predigt des Fra Giordano da Rivalto vom Sonntag, 20. Oktober 1303:

… So wie der Körper Hilfe nötig hat, so braucht sie auch die Seele, wenn sie leben will. Dieses Allerheiligste Sakrament aber ist die Nahrung der Seele; sie tut gut daran, es oft zu fordern, genau so, wie der Körper oft Nahrung verlangt. Wer dieses Sakrament nicht nimmt, dessen Seele kann kein Leben haben. Wer also lange Zeit nicht zur heiligen Kommunion geht, des Seele ist leblos, da sie sich doch nur davon ernährt. Der Mensch ist aber nicht nur da, um zu leben, sondern auch um Kraft zum Kampf gegen den Feind zu gewinnen. Ebenso gibt diese göttliche Nahrung der Seele Kraft, all ihre Feinde zu besiegen, und ohne sie unterliegst du einer jeden Versuchung.

Aus dem Italienischen übertragen von L. M. K.

Angelus Silesius, „Heilige Seelenlust", XCII:

Psyche seufzet nach Jesu im heiligen Sakrament

Verzücke mich, verzücke mich,
Mein Jesu, ganz in dich!
Denn mein Herze muß zerfließen,
Und mein Geist muß ganz aus mir,
Ob der großen Liebsbegier,
Die er hat, dich zu genießen.
Ach zeuch, ach zeuch mich zu dir hin,
Mit Leib, Geist, Mut und Sinn!
Oder komm in meine Seele,
Geh durch diesen offnen Mund,
Heil mich, daß ich sei gesund,
Edle Salbe, süßes Öle.

Wie wünsch' ich dich, mein Himmelsbrot,
Verborgner Mensch und Gott!
Selig ist, der da kann haben,
Deiner starken Gottheit Kraft!
Und sein Herze mit dem Saft
Deiner süßen Menschheit laben.

O gib dich mir und zücke mich,
Mein Jesus, ganz in dich!
Laß mich dich in dir genießen,
Denn ich kann in Ewigkeit
Sonst von keiner Lust und Weid
Als von dir, mein Manna, wissen.

Evangelium Johannes. Kapitel 6:

Darnach fuhr Jesus weg über das Meer an der Stadt Tiberias in Galiläa.

Und es zog ihm viel Volks nach, darum, daß sie die Zeichen sahen, die er an den Kranken tat.

Jesus aber ging hinauf auf einen Berg, und setzte sich daselbst mit seinen Jüngern.

Es war aber nahe die Ostern, der Juden Fest.

Da hob Jesus seine Augen auf, und siehet, daß viel Volks zu ihm kommt, und spricht zu Philippo: Wo kaufen wir Brot, daß diese essen?

(Das sagte er aber, ihn zu versuchen; denn er wußte wohl, was er tun wollte.)

Philippus antwortete ihm: Zweihundert Pfennige wert Brotes ist nicht genug unter sie, daß ein jeglicher unter ihnen ein wenig nehme.

Spricht zu ihm einer seiner Jünger, Andreas, der Bruder Simonis Petri:

Es ist ein Knabe hier, der hat fünf Gerstenbrote, und zween Fische; aber was ist das unter so viele?

Jesus aber sprach: Schaffet, daß sich das Volk lagere. Es war aber viel Gras an dem Ort. Da lagerten sich bei fünftausend Mann.

Jesus aber nahm die Brote, dankte, und gab sie den Jüngern, die Jünger aber denen, die sich gelagert hatten; desselbigen gleichen auch von den Fischen, wieviel er wollte.

Da sie aber satt waren, sprach er zu seinen Jüngern: Sammelt die übrigen Brocken, daß nichts umkomme.

Da sammelten sie, und fülleten zwölf Körbe mit Brocken, von den fünf Gerstenbroten, die überblieben denen, die gespeiset worden.

Da nun die Menschen das Zeichen sahen, das Jesum tat, sprachen sie: das ist wahrlich der Prophet, der in die Welt kommen soll.

Evangelium Johannes. Kapitel 6, 30–35:

Da sprachen sie zu ihm: Was tust du für ein Zeichen, auf daß wir sehen und glauben dir? Was wirkest du?

Unsere Väter haben Manna gegessen in der Wüste, wie geschrieben stehet: Er gab ihnen Brot vom Himmel zu essen.

Da sprach Jesus zu ihnen: Wahrlich, wahrlich, ich sage euch: Moses hat euch nicht Brot vom Himmel gegeben, sondern mein Vater gibt euch das rechte Brot vom Himmel.

Denn dies ist das Brot Gottes, das vom Himmel kommt, und gibt der Welt das Leben.

Da sprachen sie zu ihm: Herr, gib uns allerwegen solches Brot.

Jesus aber sprach zu ihnen: Ich bin das Brot des Lebens. Wer zu mir kommt, den wird nicht hungern. Und wer an mich glaubet, den wird nimmermehr dürsten.

Klopstock, Messias, Neunzehnter Gesang:

Also sagt er, und blickt umher, und sah, in dem Schatten
Eines Hügels, Gefäße mit Speise und Trank, des Halmes
Frucht und der Rebe stehen. Schon redete Lazarus wieder:

Sondert Brot und Wein des Brudermahles, und setzet
Vor den Zeugen es nieder, damit es geheiliget werde.
Ihr, die seiner Erscheinung harren, lasset sein Mahl uns
Halten, das heilige Mahl zu seines Todes Gedächtnis.

Und sie hörten es freudig ihn sagen, und sendeten sieben
Jünglinge, Brot zu sondern, und Wein und lagerten näher
Sich aneinander, und schon begannen viele zu knien,
Viele die Hände gen Himmel zu falten mit Tränen im Blicke.
Und die Jünglinge brachten das Brot und den Wein und setzten

Vor der Versammlung es nieder. Als Lazarus aber hinzutrat,
Stand, und die fest gefalteten Händen mit dankendem Blicke

Hoch gen Himmel erhub, und zu reden jetzo beginnen
Wollte; da drangen von allen Seiten, mit Schauer der Wonne,
Und mit ihren Tränen, die Auferstandnen und Engel
Zu der Gemeine Christus herzu, und Lazarus sagte
Feierlich ernst, und als fleht er zugleich dem Geopferten Gottes:

Jesus Christus unser Versöhner in unsrer Leiden
Schrecklichen Nacht, da er verraten wurde zum Tode,
Nahm er Brot und dankte, und brach's und gab es den Jüngern:
Nehmet und esset. Das ist mein Leib, den ich für euch gebe.
Dieses tut, so oft ihr es tut, zu meinem Gedächtnis.

Jesus Christus, unser Versöhner, in seiner Leiden
Schrecklichen Nacht, da sein Schweiß und sein Blut in Gethsemane träufte,
Nahm er den Kelch und danket, und gab ihn den Jüngern und sagte:
Trinket alle aus dem Kelch des neuen Bundes, gestiftet
Durch mein Blut, das ich für eure Sünden vergieße.
Dieses tut, so oft ihr ihn trinket, zu meinem Gedächtnis.

Racine, „IV. Geistliches Lied" um 1680:

Ein Ruf dröhnt, uns zu lehren,
Von ewiger Weisheit erhellt:
Wohin laßt ihr fruchtlos kehren
Eure Sorgen, Brut der Welt?
Warum zieht ihr, eitle Seelen,
Stets in irrendem Verfehlen
Aus eurem reinsten Blut empor
Nicht ein Brot, des Lab ihr esset,
Doch den Schatten, der euch lässet
Hungriger denn je zuvor?

Denn das Brot, für das ich glühe,
Ist der Engel Himmelssold,
Gott selbst buk in steter Mühe

Seines Kornes Sommergold,
Dieses Brot wird euch erfrischen,
Welt reichts nie an ihren Tischen,
Dort wo ihr euch hinbegebt.
Wer mir folgt, dem will ichs geben.
Kommt herbei! Sucht ihr nach Leben?
Greift danach und eßt und lebt!
            Aus dem Französischen übertragen von G. S. G.

F. A. Chateaubriand, „Génie du christianisme", I. Teil:

Die Eucharistie entstand aus dem Abendmahl, und wir wollen uns auf die Maler berufen, wenn wir an die Schönheit des Bildes denken, wo Jesus dargestellt ist, wie er ausruft: Hoc est corpus meum. Vier Dinge, alle vier gleichermaßen ungeheuerlich, liegen darin:

1. Im stofflichen Brot und Wein sieht man die Weihung der menschlichen Ernährung, die von Gott kommt und die wir aus seiner freigebigen Gnade erhalten. Wenn es bei der Kommunion nur dieses Angebot der Reichtümer dieser Erde gäbe, so würde das allein schon genügen, um sie in eine Reihe zu stellen mit den schönsten Opferriten der Griechen.
2. Die Eucharistie läßt denken an die Ostern der Juden, welches Fest bis zur Pharaonenzeit zurückreicht; sie kündet an das Aufhören der Blutopfer; sie ist auch das Gleichnis der Berufung Abrahams und des ersten Bundes zwischen Gott und Mensch. Alles Große im Altertum, in Geschichte, Gesetzgebung, Heiligenbildern findet sich also in der christlichen Kommunion.
3. Die Eucharistie verkündet die Vereinigung aller Menschen in einer einzigen großen Familie von Brüdern; sie lehrt schließlich noch, den Feindseligkeiten ein Ende machen, lehrt die natürliche Gleichheit und den Beginn eines neuen Gesetzes, das nicht Jud noch Heiden kennt und das alle Söhne Adams an den gleichen Tisch lädt.
4. Das Vierte, was man in der Eucharistie entdeckt, ist das unmittelbare Mysterium und die wirkliche Gegenwart Gottes in dem geweihten Brot.
            Aus dem Französischen übertragen von C. S. G.

Angelus Silesius, „Die ewigen Freuden der Seligen":

Drauf gibt man mit Trompetenschall
Den Ton zum Hochzeitsmahle,
Da komn die lieben Engel all
Und dienen in dem Saale.
Die Heilgen, jeder wie er kann,
Springt auf für großen Freuden,
Sie machen all einander an,
Kommt, nun wolln wir uns weiden.

Nun wollen wir des ewgen Gut's
Mit ew'ger Lust genießen,
Nun woll'n wir recht sein gutes Muts
Und uns aus uns ergießen.
Nun woll'n wir uns mit bestem Wein
Und bestem Balsam füllen,
Mit Rosen krönen und die Pein
Des vor'gen Leides stillen.

Der Herr, dem fröhlich wohlgefällt
Ihr heiiges Jubilieren,
Beginnt alsbald die selge Welt
Zum Sitzen anzuführen.
Er setzt sich selber an den Tisch
Und ehret sich mit ihnen,
Er traget auf behend und frisch
Und tut sich selbst bedienen.

Bald anfangs bringt er ihnen dann
Die zärtlichsten Gerichte,
Von seiner Kindheit erstem Jahr
Und kleinem Angesichte.
Er setzet auf sein junges Blut,
Sein Unschuld, seinen Namen,
Und zieret alle Speisen gut
Aus seiner Weisheit Kramen.

Zum andern trägt er ihnen auf
Die Anmut seiner Jugend,
Die Klugheit, den verdeckten Lauf
Und alle seine Tugend.
Die Arbeit, die er früh und spat
Bei'n Eltern hat verrichtet,
Und den Gehorsam, der ihn hat
Zu solchem Werk verpflichtet.

Er füllt die ganze Tafel an
Mit dem, was er erworben,
Da er, der teure Pelikan,
Verwundt am Kreuz gestorben,
Und spickt bei allen Trachten ein
Den Zucker seiner Liebe,
Die ihn solch unerhörte Pein
Für ihn zu leiden triebe.

Er setzet ihnen ferner vor
Die Klarheit seiner Seele,
Und hebt sie etwas mehr empor
In der durchlauchten Höhle,
Zuletzte läßt er das Konfekt
Von seiner Gottheit kommen,
Da bleibt die Tafel stets bedeckt
Und wird nie abgenommen.

Jean Paul, Jeans Paul's Leben:

3. Vorlesung. Abendmahl

Als ich nun endlich von meinem Vater das Abendmahlbrot empfing, und von dem jetzo rein geliebten Lehrer den Kelch: so erhöhte sich die Feier nicht durch den Gedanken, was sie mir beide waren, sondern mein Herz und Sinn und Feuer war bloß dem Himmel, der Seligkeit und dem Empfange des Heiligsten hingegeben, der sich mit meinem Wesen vereinigen sollte; und die Seligkeit stieg bis zum körperlichen Gefühlblitze der Wundervereinigung.

Die ganze Erde blieb mir den ganzen Tag ein aufgedecktes unabsehliches Liebemahl, und das ganze Gewebe und Gespinst des Lebens stand vor mir als eine leise, sanfte Wind- oder Ätherharfe, welche der Atem der Liebe durchweht. Wenn denn der Menschenfeind sogar ein künstliches Vergnügen aus einem von keiner Ausnahme beschränkten Abneigen erpressen kann: von welcher unsäglich süßen Seligkeit ist erst ein allgemeines Lieben aller Herzen in dem schönen noch von keinen Verhältnissen verletzten und verwickelten Alter, dessen Sehkreis noch eng ist, und dessen Arme noch kurz, dessen Glut aber desto dichter. Und wollen wir uns nicht die Freude gönnen, den überfließenden Himmel uns auszuträumen, welcher uns aufnehmen müßte, wenn wir ebenso im höheren heißeren Brennpunkte einer zweiten Weltjugend mit höheren Kräften liebend ein größeres Geisterreich umfaßten und das Herz von Leben zu Leben immer weiter machten für das All? –

Novalis, Hymne:

Wenige wissen
Das Geheimnis der Liebe,
Fühlen Unersättlichkeit
Und ewigen Durst.
Des Abendmahls
Göttliche Bedeutung
Ist den irdischen Sinnen Rätsel;
Aber wer jemals
Von heißen, geliebten Lippen
Atem des Lebens sog,
Wem heilige Glut
In zitternde Wellen das Herz schmolz,
Wem das Auge aufging,
Daß er des Himmels
Unergründliche Tiefe maß,
Wird essen von seinem Leibe

Edouard Manet: Die Bar, London, The Courtauld Institute of Art

Und trinken von seinem Blute
Ewiglich.
Wer hat des irdischen Leibes
Hohen Sinn erraten?
Wer kann sagen,
Daß er das Blut versteht?
Einst ist alles Leib,
Ein Leib,
In himmlischem Blute
Schwimmt das selige Paar. –
Oh! Daß das Weltmeer
Schon errötete,
Und in duftiges Fleisch
Aufquölle der Fels!
Nie endet das süße Mahl,

Nie sättigt die Liebe sich.
Nicht innig, nicht eigen genug
Kann sie haben den Geliebten.
Von immer härteren Lippen
Verwandelt wird das Genossene
Inniglicher und näher.
Heißere Wollust
Durchbebt die Seele,
Durstiger und hungriger
Wird das Herz:
Und so währet der Liebe Genuß
Von Ewigkeit zu Ewigkeit.
Hätten die Nüchternen
Einmal gekostet,
Alles verließen sie,
Und setzten sich zu uns
An den Tisch der Sehnsucht,
Der nie leer wird.
Sie erkennten der Liebe
Unendliche Fülle,
Und priesen die Nahrung
Von Leib und Blut.

Paul Verlaine aus „Sagesse" (Fampeux 1877):

Getreidefest ist hier, Brotfest ist hier gerad
Auf lieben Feldern, die mich einst geborgen hatten.
Und alles summt, Natur und Mensch, in einem Bad
Von grellem weißem Lichte mit den rosa Schatten.

Das goldne Stroh sinkt hin im schrillen Sichelflug:
Ihr Strahl taucht nieder, leuchtet auf, durchblitzt die Länge
Der Ebene; dort wogt's in dichtem Sensenzug,
Hat allerwärts ein neu Gesicht: bald froh, bald strenge.

Und alles atmet, alles ist nur Fleiß und Kraft,
Im Sonnenlicht, dem Schöpfer unsrer reifen Ähren,
Das immer weiter, unermüdlich weiterschafft
Am Hang die sauren Trauben süß zu gären.

O schaffe, alte Sonne, unser Brot und Wein,
Nähr' uns mit Milch der Erde, gib dem müden Munde
Im Wein das lächelnd selige Vergessensein ...
O Erntevolk ... o Winzervolk ... o gute Stunde!

Denn aus des Brotes Blüte, Weines Blüte, Spiel
Und Frucht der Menschenkraft, die überall entsproßte,
Ist's Gott, der lesend, erntend, stets zu ihrem Ziel
So Fleisch und Blut bereitete für Kelch und Hostie.
                Aus dem Französischen übertragen von C. S. G.